Müller – Wohin Musik?

Harald Müller

WOHIN MUSIK?

Klassik, Jazz, Pop-Rock
Ursprünge, Bausteine, Aussichten

Bibliografische Information der Deutschen Nationalbibliothek

Die Deutsche Nationalbibliothek verzeichnet diese Publikation in der Deutschen Nationalbibliografie;
detaillierte bibliografische Daten sind im Internet unter http://dnb.d-nb.de abrufbar.

978-3-95983-560-2 (Paperback)

978-3-95983-561-9 (Hardcover)

978-3-95983-584-8 (e-Book)

© 2018 Schott Music GmbH & Co. KG, Mainz

www.schott-buch.com

Umschlagmotiv: Lucia Müller und Harald Michael Müller

Printed in Germany

Inhalt

Vorwort 11

Erster Teil - Die Rhythmen 15

A. Zu den Ursprüngen des Rhythmus 16

A.1. Die Bausteine der ersten Ebene: Impuls und Bezugswert, der gefühlte Puls des Rhythmus 16

Rhythmus ist eine Form des Messens 16

A.2. Trainingsvorschläge – Impulse und Eieruhren 18

Gruppen von Impulsen 18

Die elektronische Eieruhr 19

A.3. Die Bezugswerte 25

B. Die zweite Ebene: Zählzeit, Takt, Metrum 27

B.1. Wie fügen sich die Bausteine des Rhythmus zueinander? 29

C. Die Taktarten 36

C.1. Einfache Takte 36

C.2. Gleichmäßig zusammengesetzte Takte 36

C.3. Ungleichmäßig zusammengesetzte Takte 37

C.4. Natürliche und künstliche Betonungen 40

C.5. Variable Takte, unregelmäßige Folgen von binären und ternären Zellen .40

C.6. Akzentäquivalente Takte. Deutsche und französische Auffassung von Zählzeit 41

C.7. Binäre und ternäre, »verlängerte Zählzeiten«. Messiaen und die Folklore-Rhythmen 43

Trainingsvorschlag 44

C.8. Ungleichmäßige Takte mit unterteilten Zählzeiten 45

D. Die Unterteilung der Notenwerte, Akzentevererbung 47

D.1. Reguläre Unterteilungen binärer Notenwerte 47

D.2. Reguläre Unterteilungen ternärer Notenwerte... 48

D.3. Irreguläre Unterteilungen binärer und ternärer Notenwerte;
deutsche und französische Orthografie 49

E. Akzentabhängige Elemente und Formeln... 52

E.1. Synkopen, Pseudosynkopen 52

Trainingsvorschlag.. 54

E.2. Die Hemiole... 55

E.3. Die Rolle der Pausen im Rhythmus 59

E.4. Contretemps... 59

F. Dehnbare Rhythmen und Metren... 62

F.1. Inegalité im Barock, Tonwiederholungen in der indischen Bollywood-
Musik, Shuffle im Jazz, binärer und ternärer Swing, Backbeat 62

F.2. Barock.. 63

F.3. Bollywood 64

F.4. Jazz und Pop-Rock.. 65

Shuffle.. 65

Swing... 66

Backbeat.. 70

Klassisch-romantische Interpretationen.. 71

Verspätete Anschläge der Melodiestimme 74

G. Doppelgleisige Rhythmen: Polymetrik... 75

Trainingsvorschlag.. 82

G.1. Mechanismen der Polymetrie.. 84

Drei Bezugswerte gegen zwei / zwei Bezugswerte gegen drei 84

Triphasische Rhythmen... 86

Swing-Triphasen.. 90

Vier Bezugswerte gegen drei / drei Bezugswerte gegen vier.................91

H. Irreguläre Unterteilungen auf mehreren Zählzeiten 93

H.1. Der Algorithmus 93

Triole auf zwei Zählzeiten................95

Duole auf drei Zählzeiten................96

Quartole auf drei Zählzeiten................98

Triole auf vier Zählzeiten................99

Zwei Literaturbeispiele aus der Klassik................99

Quintole auf zwei Zählzeiten................102

Trainingsvorschlag................103

Quintole auf drei Zählzeiten................104

Quintole auf vier Zählzeiten................107

X-tolen auf Y Zählzeiten................108

I. Rhythmus sehen und verstehen 111

I.1. Visualisierung des Metrums – die Gruppierung der Notenwerte 111

Trainingsvorschläge................111

Die Arbeit mit binären rhythmischen Wörtern 111

Die Arbeit und das Training mit ternären rhythmischen Wörtern................114

Betonungseigenarten der ternären Wörter 116

J. Das Musikdiktat und die musikalische Intelligenz 118

Zweiter Teil – Die Klänge................121

K. Die Wurzeln 122

K.1. Präpentatonische Musik – die Oligochordien 123

Zwei Töne – die Bitonie................123

Drei Töne – die Tritonien................124

Vier Töne – die Tetratonien 126

K.2. Die pentatonischen Skalen 128

Hemitonische und anhemitonische, diatonische und chromatische
Pentatoniken 130

Der Durchbruch zu den heptatonischen Skalen 136

L. Dreitausend Jahre dokumentierter Tonkunst – eine Kurzgeschichte .. 137

Heptatonik und der Tritonus – Diabolus in Musica 137

L.1. Das zehnte Jahrhundert n.Chr. – Die erste Revolution in der
Musikgeschichte 137

L.2. 1600 – Die zweite Revolution in der Musikgeschichte 139

L.3. 1900 – Die dritte Revolution in der Musikgeschichte 140

M. Die Skalen 141

M.1. Die diatonischen Modi 141

Bausteine der diatonischen Modi 143

M.2. Wege zur Chromatik und Tonalität 145

M.3. Die Skalen der funktionstonalen Musik 150

M.4. Die chromatischen Heptatoniken 157

Tonale chromatische Skalen 157

Orient-Skalen 158

N. Akkorde und Funktionen 161

N.1. Modale und tonale Akkorde und Akkordverbindungen 161

Authentische und plagale Akkordverbindungen 162

Debussys Akkord-Quellen – die Obertöne 167

N.2. Strukturen und Funktionen der Akkorde 170

N.3. Sequenzen 173

Die Bausteine der Sequenzen – ein bisschen Mathematik 173

Kontrapunktisches Hightech: die Quintfallsequenz in doppeltem Kanon .. 176

Chromatische Sequenzen 178

Authentische, plagale und gemischte Sequenzen 180

O. Die Dissonanzen 185

  O.1. Die Emanzipation der Dissonanz 185

    Die Dreiklänge 185

    Die Macht des Basstons 185

    Dissonante Nebentöne 187

    Die Vier- und Fünfklänge 187

    Jazz-Dissonanzen und Blues 190

    Die dritte Blue Note 192

    Die Blues-Form 194

    Die Blues-Skala 195

    Die Akkord-Türme und das Outside-Spiel im Jazz 196

    Die Skalentheorie 200

    Modulation in Jazz und Pop 202

    Freiheiten der Jazz-Orthografie 203

  O.2. Blues-Übung 204

    Trainingsvorschlag 204

P. Brücken zwischen den Strömungen: Die Dominanten 206

  P.1. Hart verminderte Dominanten und Substitutdominanten 206

  P.2. Der Flamenco und seine Akkorde 210

Q. Schritte über Grenzen 218

  Q.1. Polymodale Musik 218

  Q.2. Zusammenfassung: Was ist tonal, was ist modal? 224

  Q.3. Synthetische Tonsysteme 226

    Freitonale Strukturen 226

    Radikal synthetisch: die Zwölftonmusik 229

    Synthetisch non plus ultra: der Serialismus 230

R. Die Weltmusik und ihre Imperien...233

    R.1. Die modale Weltkarte 233

    R.2. Sowjetische Musik 234

S. 1950 – Beginn eines neuen Zeitalters 237

    S.1. E-Musik 237

    S.2. U-Musik 237

        Jazz 237

        Pop-Rock...240

Dritter Teil – Wohin?...247

    Was bewegt die Musik in uns? 248

    Wohin gehen Musik-Folklore, Volkslied und Volksmusik?......................250

    Wohin geht die E-Musik? 251

    Wohin geht der Jazz?..253

    Wohin geht der Pop-Rock? 254

    Was nun?...259

Index 261

Vorwort

In den letzten 120 Jahren hat sich eine enorme Vielfalt von Musikrichtungen entwickelt. Frühmoderne, Jazz, Avantgarde, Rock, Minimal Music, Disco, zeitgenössische Musik, Schlager, Free Jazz und andere mehr. All diese Richtungen verästeln sich in Unter-Richtungen und Varianten von Unter-Richtungen. Den vollen Durchblick hat wohl niemand. Stark vereinfacht gibt es die Stränge Ernste Musik (»E-Musik« – von Palestrina und früher über Mozart und Messiaen bis Ligeti, Pärt – und später) und Unterhaltungsmusik (»U-Musik« Jazz – ab ca. 1900, sowie Pop-Rock – nach ca. 1950).

Die Hörerschaft besiedelt diese Stränge zahlenmäßig unterschiedlich. In Europa stellen die Klassik-Fans vielleicht um die 5 Prozent der Musikliebhaber, woanders weniger. Jazz-Fans stellen in Nordamerika vielleicht um die 10 Prozent, woanders weniger. Pop-Rock-Fans bilden die überdeutliche Mehrheit der Musikkonsumenten, fast überall. Unbedingt zu erwähnen sind auch der Schlager, die Volksmusik und die Folklore, die naturgemäß regional verankert sind.

- Echte Klassik-Fans schotten sich in ihrer Welt ziemlich stark ab und ignorieren oft andere Musikarten. Eventuell nehmen sie wohlwollend den Jazz wahr. Dem Pop-Rock begegnen sie bestenfalls mit Gelegenheitstoleranz.

- Jazz-Fans sind der Klassik nicht abgeneigt, manchmal kommen sie sogar von dort. Pop-Rock ist für sie »Kommerz«. Als Profimusiker praktizieren sie den Pop oft aus finanziellen Gründen.

- Pop-Rock-, Schlager- oder Volksmusik-Fans stellen sich keine Fragen. Sie geben sich der Musik hin, die sie glücklich macht.

- Schwer einzuschätzen, wie viele »unechte« Fans es gibt, die in all diesen Musikarten Schönes für sich entdecken und lieben.

In den Grauzonen in und zwischen den Strängen passieren manchmal merkwürdige Dinge: Unerwartet viele Musikstudenten der E-Musik, die sich redlich und kompetent um ihren Beruf kümmern (Instrumentalspiel, dann Harmonielehre, Formenlehre, Gehörbildung etc.), kennen große Werke der Klassik nicht, weil ihre Hörerfahrungen meist auf das eigene Instrument beschränkt sind. Oft sind sie jedoch bestens über die Pop-Szene informiert, ohne sich dabei um die Satztechnik dieser Musik Gedanken zu machen.

- Es gibt Musikliebhaber, die erkennen, dass ihnen der Zugang zur Klassik fehlt. Sie möchten in diesem Sinne etwas tun, und legen sich Konzert-Abos zu. Meist ist das nur ein Strohfeuer. Sie haben es versucht, doch das Aha-Erlebnis bleibt aus.

- Musikkritiker rezensieren zuweilen in Zeitschriften über Konzerte, die sie nicht besucht haben; sie fragen einfach einen Bekannten, der bei der Aufführung war, was denn da so los war. Oder nicht einmal so viel: Sie saugen sich den Text der Kritik aus den Fingern. Und der Bericht wird gelesen und ernst genommen. Schwer zu glauben, aber es passiert, wenn auch selten.

- Bei einer Aufnahmeprüfung für eine Musikhochschule mit streng geregelter Zensurenvergabe bekommt eine Violinistin von einem Prüfer die Note 1, von einem anderen die Note 4. Die Erklärungen dazu: (Note 1): »Mitreißendes Temperament«, (Note 4): »Hysterisch!«

Sehen wir das Positive daran: den außerordentlichen Facettenreichtum in der Wahrnehmung der Musik.

*

Die Musiktheorie der Klassik ist über Jahrhunderte gereift, sie ist das Rückgrat von ziemlich allem, was mit Musik zu tun hat und niedergeschrieben werden kann. Nur wenn es um das 20. Jahrhundert geht, wirkt sie manchmal unsicher und aufgesetzt, zumindest wenn sie versucht, entweder ihre bislang bewährten und fest etablierten Begriffe und Prinzipien mit der Brechstange anzuwenden, oder im Extremfall fast alles über Bord zu werfen (siehe Zwölftonmusik, Zufallsmusik), um Neues um jeden Preis durchzusetzen.

Der Kern der Jazz-Theorie ist und bleibt klassisch, aber auch mit eigenen Sichtweisen, Abwandlungen und mit neuen Begriffen.

Eine definierbare Pop-Rock Musiktheorie gibt es eigentlich nicht. Sie bedient sich der klassischen Musiklehre und einiger Jazz-Elemente. Das ist zum Teil verständlich, denn die Sprache des Pop-Rock ist meist einfacher als die der Klassik und des Jazz. Aber es ist auch bedauerlich, weil der Pop-Rock eigene, ausdrucksstarke Klangelemente hat, die im Jazz oder in der Klassik nicht oder seltener auftauchen – und die theoretisch nicht, oder nicht spezifisch beschrieben worden sind.

Um Erwartungen an eine mögliche Pop-Rock-Theorie zu bedienen, werden in diesem Buch die Bilder, die in diesem Sinne verwertbare Bausteine enthalten, mit der »Katzenpfote« ❖ markiert. Die gute Kenntnis dieser Bausteine ist noch keine Satzlehre, doch das Üben und das Betrachten der Umgebungstheorie kann dem Songwriter, dem Klassik-Musiker oder dem interessierten Hörer helfen, ein wenig Ordnung in die Fülle der Musikstile zu bringen.

Das Bild einer Zwei- oder Drei-Klassen-Musik dominiert den größten Teil des letzten Jahrhunderts, doch in den letzten Jahrzehnten hat in dieser Hinsicht ein Umdenken begonnen. Der Standort des Pop-Rock beginnt, von der Klasse der Anspruchsvollen nicht mehr als Schmuddelecke angesehen zu werden. Es vermehren sich die Lehrstätten, in denen ausdrücklich Pop-Rock unterrichtet wird.

Dieses Buch bringt einen Beitrag zu einem Grenzen überschreitenden Verständnis der Musikrichtungen. Schwerpunkt sind die Musiktechniken. Doch das allein reicht nicht. Um ihre Rolle und die möglichen Weiterentwicklungen erahnen zu können, müssen die Ursprünge und der Faktor Zeit mit einbezogen werden. Deshalb ist auch ein bisschen Musikgeschichte dabei. Und ganz viele Notenbeispiele, sonst riskieren die Wörter, sich zu inhaltsleeren Phrasen zusammenzufügen.

Auch das Soziale, in Zusammenhang mit der Informationsrevolution, muss im Blickfeld sein, sonst bleibt allzu oft eine gewisse Betriebsblindheit bestehen. Hunderttausende angehende Musiker wachsen in eine Welt hinein, deren kulturelle Gestalt sie mit offenen Augen und Ohren betrachten müssen, um ein klein wenig zu erahnen, wohin die Reise gehen könnte.

* *

Die Musikbeispiele sind oft vereinfacht, um der Aufmerksamkeit das Wesentliche zu bieten. Manchmal sind sie transponiert, um sperrige Orthografien zu vermeiden. Ziel ist es, auch Nicht-Pianisten ein unkompliziertes Hörerlebnis auf der Tastatur zu ermöglichen. Viele Beispiele sind nicht nach gedruckten Vorgaben, sondern aus dem Gedächtnis notiert oder von Tonträgern transkribiert. Abweichungen von den Partituren – insofern diese überhaupt existieren – sind unbedenklich, weil das Notenbeispiel das darstellt, was gehört wird. Schließlich ist die Musik, trotz unzähliger hochtheoretischer Abhandlungen, immer noch eine Kunst fürs Hören.

Auch aus diesem Grund ist es sehr empfehlenswert, die Tonbeispiele auf einem Tasteninstrument zu spielen und wann und wo immer möglich im Original anzuhören. YouTube ist da eine wahre Fundgrube.

Besonders detaillierte Analysen – etwa die Zerlegung unregelmäßiger Unterteilungen auf mehreren Zählzeiten, Sequenzen bei Mozart, harmonische Deutungen bei Jobim oder ähnliche Theorie-Monster können übersprungen werden – jedenfalls besser, als das Buch an die Wand zu schmeißen.

Zieladressen von Verweisen (»Bild …«) sind vornehmlich Notenbeispiele. Sind die Notenbeispiele nicht in unmittelbarer Nähe der gelesenen Stelle, lautet der Verweis »siehe Bild …« oder »siehe auch Bild …«.

Die Begriffe im Index sind nicht immer in der gleichen grammatikalischen Form wie im Text. Der Sinn eines Begriffs lässt sich so besser im Kontext darstellen, ohne den Index zu überfrachten. Ein Glossar würde den Papierkonsum unnötig steigern. Sinnvoller ist es, dem Index zu folgen, zumal neue Begriffe erscheinen, deren Definitionen nicht kurzgefasst werden können.

Der differenzierte Einsatz von Groß- oder Kleinbuchstaben und Anführungszeichen verdeutlicht, welcher musikalische Baustein gemeint ist. Zum Beispiel:

Cis-Dur, D-Moll   = Tonarten

Cis-dur, D-moll   = Akkorde

#C, Dm   = Akkorde in Jazz-Notation

»cis«, »d«   = einzelne Noten

Die gängigen Bezeichnungen für Akkordelemente Grundton – Terz – Quint – Septime sind manchmal anfällig für Missverständnisse. Deshalb werden im Buch die Bezeichnungen Grundton – Terz**ton** – Quint**ton** – Sept**ton** verwendet. So weiß der Leser sofort, dass ein Akkordelement gemeint ist.

Erster Teil - Die Rhythmen

A. Zu den Ursprüngen des Rhythmus

Hans von Bülow sagte: Am Anfang war der Rhythmus. Stimmt das auch? Genauer: Ist die musikalische Wirklichkeit auch so klar wie diese Aussage? Rhythmus ist der meist verkannte und am wenigsten systematisierte Bestandteil der Musiktheorie, weil er sich grafisch-arithmetisch glasklar darstellt, was dazu verleitet, weitere Erklärungen als überflüssig zu betrachten. Die vordergründig klare Grafik des Rhythmus ist aber nur die Spitze eines Eisbergs von komplexen Verhältnissen. Um die Frage zu beantworten, müssen wir mit Adam und Eva beginnen.

Das Gehirn des Homo sapiens hat ca. 500.000 Jahre nach der Trennung vom Neandertaler gebraucht, um sich zu dem zu entwickeln, was wir heute haben und kennen. Man darf vermuten, dass es viele zehntausend Jahre gedauert hat, bis sich das individuelle Von-Sich-Geben von rhythmischen Tonimpulsen zu einem gemeinsamen rhythmischen Erlebnis der Gruppenmitglieder entwickelt hat. Bewusst und willentlich, jederzeit abrufbar – nicht wie etwa die synchronen Ballett-Aufführungen von Flamingos in der Balz.

Wie sieht es mit den Tonhöhen aus, mit der Melodie? Die Wälder sind voller Vogellaute, Wölfe heulen, Elefanten trompeten und Delfine singen in durchaus bestimmbaren Tonhöhen. Man muss kein Biologe sein, um zu erkennen, dass auch diese Art von Signalen beim Homo sapiens ähnliche Ursprünge hat. Also was war zuerst: der Rhythmus oder die Melodie?

Die Frage ist genauso relativierungsbedürftig wie das berühmte »Was war zuerst, die Henne oder das Ei?«

A.1. Die Bausteine der ersten Ebene: Impuls und Bezugswert, der gefühlte Puls des Rhythmus

Rhythmus ist eine Form des Messens

Um die Strecke zwischen zwei näheren Bäumen in der Landschaft zu messen, brauchen wir ein mehr oder weniger gleichbleibendes Maß – etwa ein Schritt, eine Fußlänge o.ä. Ein Maß, das in unserem Erfahrungsbereich liegt. Für größere Strecken brauchen wir andere Maße – etwa Tagesmärsche. Ganz große und ganz kleine Strecken – im Bereich der Durchmesser von Galaxien oder von Atomen – können wir mit unseren körpereigenen Fähigkeiten nicht erfassen. Dazu setzen Physiker komplizierte Geräte ein.

Mit der *Einschätzung der Zeit* geschieht Ähnliches. Im Bereich der Kurzzeitmessung (wenige Minuten, Sekunden oder nicht zu kleinen Bruchteile von Sekunden) können wir ohne Hilfsmittel ziemlich gleichmäßige Maßeinheiten einsetzen – etwa Laufschritte oder Händeklatschen. Wenn wir versuchen, längere Zeitspannen einzuschätzen – eine oder mehrere Stunden - wird's schwieriger. Nicht selten liegen wir da um sogar mehr als 20 oder 30 Prozent daneben. Wenn das Maß einer Sekunde eintrainiert wird, verfehlen Musiker die sechzig Sekunden einer Minute oft um weniger als 2-3 Sekunden. Das ist eine ziemlich genaue Einschätzung.

Mit Hinblick auf die Evolution der Lebensformen ist die Notwendigkeit der Kurzzeitmessung verständlich: Diese Fähigkeit kann über Leben oder Tod von Jäger oder Beute entscheiden. Ameisen messen ihre Wegstrecken, indem sie die Schritte quasi zählen. Wenn man ihre Beinchen mit Mikroprothesen verlängert, laufen sie zu weit und verfehlen die Futterquelle – das ist das Rhythmusgefühl der Ameisen.

Mit Musik hat das nicht viel zu tun, doch der Vergleich hilft, unseren menschlichen Rhythmus zu verstehen. Um von *musikalischem* Rhythmus zu sprechen, müssen einige Voraussetzungen gegeben sein. Töne mit einer Frequenz von mehr als 20.000 Hertz nennen wir Ultraschall – Hunde, Fledermäuse und andere Tiere können sie hören – wir nicht. Ab 20.000 Hertz abwärts können sehr junge Menschen die Töne hören. Diese Schwelle fällt mit dem Alter bis auf 12.000 Hertz und weniger. Musik bewegt sich glücklicherweise im Bereich von 20 bis etwa 5000 Hertz, sie ist also allen Menschen im Normbereich zugänglich. Bei ca. 16 Hz (16 Impulse pro Sekunde) beginnt das tiefe Brummen, wo wir nicht mehr sicher sind, ob wir Töne oder ein Zittern wahrnehmen. Tiefer noch, bei ca. 10-12 Hz (entspräche einer Sechzehntelnote bei einer Metronomangabe von Viertel = 150-180) beginnen wir das Rattern getrennter Impulse wahrzunehmen. Hier beginnt der Bereich des Rhythmus. Das Respektieren des Frequenzbereichs allein reicht aber noch nicht, um von Rhythmus sprechen zu können.

VORAUSSETZUNG 1 für musikalischen Rhythmus ist eine regelmäßige Folge nahezu gleichlanger Zeitstrecken bzw. Töne oder Impulse, deren Ausdehnungen sich in unserem Wahrnehmungsbereich befinden.

A.2. Trainingsvorschläge – Impulse und Eieruhren

Hören wir uns das Klackern einer **mechanischen** Eieruhr an: ta-ta-ta-ta-ta-ta-ta-ta ... Sie klackert mit ca. 270 Impulsen pro Minute – etwas mehr als 4 Impulse pro Sekunde (entspricht in etwa einer Sechzehntelnote bei einer Metronomangabe Viertel = 65).

Bild 1 Impulse

Wir drehen eine mechanische Eieruhr auf, lassen sie klackern und versuchen, die Impulse zu zählen. Das können wir, allerdings ist das auf die Dauer anstrengender als erwartet; wir ermüden schnell und verlieren den Faden. *Impulse, die wir gefühlt nicht weiter unterteilen können, nennen wir* **primäre Impulse**. Die Impulse der Eieruhr können nur mühsam in jeweils zwei Zweiunddreißigstel (um beim Bild 1 zu bleiben) unterteilt werden.

VORAUSSETZUNG 2 ist unsere Fähigkeit, gleichmäßige Impulse in Gruppen hierarchischer Rangordnungen zu bündeln. Es ist der gleiche Mechanismus, der uns befähigt, in einem sprachlichen Text nicht nur Buchstaben zu lesen, sondern auch Wörter und Sätze.

Gruppen von Impulsen

Erheblich erfolgreicher sind unsere Zählbemühungen, wenn wir nicht jeden einzelnen Impuls zählen, sondern *Zweiergruppen*: ta-ka, ta-ka, ta-ka, ta-ka ... Die binäre Gruppierung liegt uns, nicht nur weil sie die einfachstmögliche ist, sondern auch weil wir ein Leben lang binär schreiten und laufen – links-rechts-links-rechts ... Solche Zweiergruppen sind **binäre Gruppen erster Ordnung**, zwei Impulse – »ta« und »ka«. Das »ta« empfinden wir als betont, das »ka« als unbetont.

Diese subjektive Strukturierung der Impulse in betonte und unbetonte ist ein Wahrnehmungsgesetz, das nicht vom Instrument abhängt. Auch die Kirchenorgel vermittelt uns u.U. das Gefühl von Betonungen, obwohl das Instrument völlig außerstande ist, irgendeinen Klang zu betonen.

ta   ka   ta   ka   ta   ka   ta   ka   ta   ka   ta   ka   ta   ka   ta   ka etc.

Bild 2 Zweiergruppen

Zwei binäre Gruppen erster Ordnung bilden eine **binäre Gruppe zweiter Ordnung (vier Impulse)**: Ta-ka-ta-ka, wobei wir dem »Ta« die stärkste Betonung zuschreiben, dem »ta« die nächststarke Betonung. Die beiden »ka«s bleiben unbetont:

Ta - ka - ta - ka   Ta - ka - ta - ka   Ta - ka - ta - ka   Ta - ka - ta - ka

Bild 3 Vierergruppen ❖

Die elektronische Eieruhr

Wir machen nun das gleiche Experiment mit einer **elektronischen** Eieruhr. Auch jetzt hören wir zwar deutlich jeden einzelnen Impuls, doch diesmal ist die Frequenz erheblich höher, um die 8-9 Impulse pro Sekunde. Ganz am Anfang glauben wir, einzelne Impulse zählen zu können, doch sehr schnell merken wir, dass das nicht geht.

Hier kommt uns die Gruppierung der Impulse zu Hilfe. *Nicht einzelne Impulse sollten wir zählen, sondern* **Gruppen** – zunächst Vierergruppen. Wir stellen unser rhythmisches Gefühl auf die Wahrnehmung von Vierergruppen ein, indem wir jeden ersten Impuls einer Gruppe als betont empfinden. Jetzt zählen wir nicht mehr Einzelimpulse, sondern Vierergruppen, was im Ergebnis wesentlich sicherer und einfacher ist. Im Bild 4.a ist das unstrukturierte, gleichmäßige Knattern des Kurzzeitmessers dargestellt. Das Bild 4.b zeigt das, was wir uns bemühen, zu hören und zu zählen.

a)

1   2   3   4   5   (6...

b)

Bild 4 Impulse zählen ❖

Wir können auch überprüfen, ob wir tatsächlich Viergruppen richtig gezählt haben. Das geht so: Wir drücken den Knopf der Eieruhr und halten ihn gedrückt. Erst kommt ein einzelner Impuls, dann, ein klein wenig später, die eigentliche streng gleichmäßige Folge von Impulsen. Wenn wir den Knopf loslassen, können wir auf dem Display die gesamte Anzahl der gehörten Impulse ablesen.

Wir wollen jetzt mit der elektronischen Eieruhr genau 23 Impulse knattern lassen (nicht vergessen: Der erste Impuls ist zeitlich ein wenig abgesetzt). Ohne Gruppierung hören wir ungefähr das:

• (etc.)

Wir strukturieren das Wahrgenommene. Den ersten Impuls zählen wir getrennt (»x«), weil er isoliert ist. Danach zählen wir fünf vollständige *Viergruppen* und noch zwei Impulse und exakt jetzt lassen wir den Knopf los: Auf dem Display sollte die Zahl 23 zu sehen sein.

• •

x | 1   x   x   x | | 2   x   x   x | | 3   x   x   x | | 4   x   x   x | | 5   x   x   x | x   x

Ergebnis: $1 + 4 + 4 + 4 + 4 + 4 + 2 \; = \; 1 + 20 + 2 \; = \; 23$ Impulse.

Das Zählen von Impulsen ist in der Ausführung viel einfacher, als es diese kratzbürstige Grafik erscheinen lassen könnte. Mit einem minimalen Trainingsaufwand werden wir jede Anzahl von Impulsen klackern lassen, die wir uns vorgenommen haben.

Die Viergruppen gehören zu den wichtigsten Maßeinheiten des Rhythmus. Sie sind das Fundament für die **binären rhythmischen Wörter**, mit denen alle binären Rhythmen der Wahrnehmung zugänglich gemacht werden können.

Ihr praktischer Gebrauch wird in Bild 105 und in weiteren Notenbeispielen erläutert. Auch größere Strecken können gezählt werden, sogar noch entspannter, wenn wir *Achtergruppen* zählen.

• •   • • •   • • •   •   • • • • • •   •   • • • •   • •

x 1 x x x **x** x x x   2 x x x **x** x x x   **x** x x x   x x

Ergebnis: 1 + 8 + 8 + 4 + 2 = 23 Impulse

Das sind **binäre Gruppen dritter Ordnung** *(acht Impulse)*: TA-ka-ta-ka_Ta-ka-ta-ka,
TA-ka-ta-ka_Ta-ka-ta-ka … (Bild 5)

Ta-ka-ta-ka-Ta-ka-ta-ka   Ta-ka-ta-ka-Ta-ka-ta-ka   Ta-ka-ta-ka-Ta-ka-ta-ka   Ta-ka-ta-ka-Ta-ka-ta-ka

Bild 5 Achtergruppen ❖

Hier irgendwo, bei dieser oder bei der nächst größeren Gruppenordnung beginnt die
Übergangszone zum musikalischen Formgefühl. In Verbindung mit Tonhöhen
bilden sich Motive. Ein zweitaktiges Motiv ist Baustein einer klassischen viertaktigen
Phrase, zwei Phrasen bilden einen achttaktigen Satz, zwei Sätze eine sechzehntaktige
Periode. Die meisten europäischen und auch viele nicht-europäische Kinder- und
Volkslieder sind so aufgebaut. Das sind grundsätzlich die Maßeinheiten für größere
Formen.

Noch muss gesagt werden, dass das »Zählen« von Impulsen hier nicht unbedingt das
arithmetische Zählen im Dezimalsystem bedeutet, sondern das intuitive Verfolgen von
binären Gruppen verschiedener Ordnungen (Zweier-, Vierer-, Achter-, Sechzehner-,
etc.).

> Ähnlich können auch **ternäre Gruppen** gezählt werden. Ternäre Dreier- oder
> Sechsergruppen sind das Fundament für die **ternären rhythmischen Wörter.**

Da ternäre Gruppen eine etwas kompliziertere Akzentstruktur haben, sollte das Zähl-
training ggf. später begonnen werden (siehe Bild 9 und die weiteren Darstellungen
ternärer Gruppen). Nebenbei gesagt: Die Ursprünge des in der Schule erlernten Dezi-
malsystems liegen in der biologischen Tatsache, dass wir fünf Finger an einer Hand
haben, zehn an beiden Händen. Schade eigentlich – hätten wir nur vier Finger an einer

Hand, würde unser rhythmisches und mathematisches Verständnis viel leichter trainiert werden können. Unsere Zählbasis wäre nicht mehr die schulische 10^n, sondern die 2^n, wie bei Computern oder beim Unterteilen der Notenwerte (siehe auch Bild 37).

VORAUSSETZUNG 3 für das Rhythmusgefühl ist die Fähigkeit, subjektiv Impulse auch dort zu induzieren, wo sie objektiv nicht vorhanden sind.

Im Bild 6 spielen beide Stimmen den gleichen Rhythmus. Zur Verdeutlichung wurden in der zweiten Stimme die Sechzehntel, die *nicht* erklingen, nicht durch Pausen oder Haltebögen, sondern durch Hälse ohne Notenkopf dargestellt. Wir »hören« auch diese kopflosen Sechzehntelnoten, bzw. unser Gehirn fabriziert Phantom-Sechzehntel, mit denen wir unsere Gruppen vervollständigen können – das sind **induzierte Impulse**.

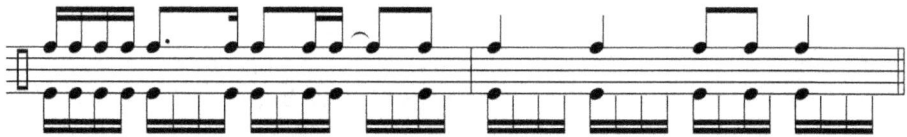

Bild 6 Induzierte Impulse

Ununterbrochene Strecken mit Phantom-Impulsen dürfen allerdings nicht zu lang sein. Anhand des folgenden Melodiediktates (Bild 7) kann verdeutlicht werden was passiert, wenn das nicht beachtet wird: So ziemlich niemand wird die Melodie (diktiert ohne Bass) richtig schreiben können, auch wenn der 4/4-Takt vorgeklopft wird. Die Zeile b in Bild 7 zeigt, was wir hören sollten, aber nicht hören können: Die Länge der virtuellen Sechzehntel-Strecken überfordert den Hörer.

Bild 7 Induzierungsgrenzen

Wenn aber die Bassstimme hinzugespielt oder -geklopft wird, geht ein Vorhang vor unseren rhythmischen Augen auf, und die Notenwerte fügen sich fast von alleine ein. Wir sind nun mal keine Maschinen, sondern Menschen, mit all unseren biologischen, neurologischen und psychischen Unzulänglichkeiten: Je mehr virtuelle Sechzehntel unser Gehirn produzieren muss, desto höher die Wahrscheinlichkeit von Abweichungen und demzufolge von Unsicherheiten und Fehlern. Wenn die Melodie musikalisch unseren Gepflogenheiten entsprechend vernünftig ist, erahnen wir, wann z. B. die betonten Zählzeiten kommen. So kann unser Gehör auch längere Strecken überbrücken.

> **Die Verwechslung zwischen Hörbarem bzw. Spielbarem und Notiertem ist ein oft unbeachtetes Problem, seit es Notenschrift gibt.** Der Extremfall in Bild 104 (Stockhausen) zeigt, wie weit lebendige Musik und grafische Vorgaben auseinanderdriften können.

Der allgemeine Begriff »Rhythmus« ist erheblich umfangreicher, als man auf die Schnelle vielleicht denken würde. Auch unregelmäßige Ereignisfolgen gehören dazu. In manchen Arealen, in denen uralte Musiktraditionen noch lebendig sind, wie etwa in fernöstlichen Kulturen, werden auch Rhythmen praktiziert, deren Ausdruck nicht durch gleichmäßige Impulse, sondern durch andere Parameter gestaltet wird: Beschleunigungen, Verlangsamungen, Wechselwirkungen mit der Körpersprache.

Aus systematischen und aus praktischen Erwägungen wird hier nur die Rhythmik der gleichmäßigen Impulse besprochen. Auch weil diese Form der klanglichen Zeitgestaltung den überragenden Schwerpunkt der musikalischen Rhythmik überhaupt darstellt. Und weil sie universell ist: Auf allen Kontinenten und bei allen Völkern bilden die

Impulsreihen den wichtigsten Kern musikalischer Rhythmen. Das Bild 8 veranschaulicht am Entchen-Lied die Hierarchie der Tondauern von Einzeltönen bis zu den Achtergruppen.

Singen wir mal das Entchenlied mit den Silben »ta ka« (die eingeklammerten Silben stumm singen). Wir prägen uns das Gefühl für binäre Urzellen und deren Überschachtelung in Gruppen höherer Ordnung ein, wir lassen uns vom Geknattere der kleinen und größeren Zahnrädchen im Uhrwerk des musikalischen Rhythmus führen und verführen – das ist die unterste Ebene für das Zeitkonstrukt aller rhythmischen Musik.

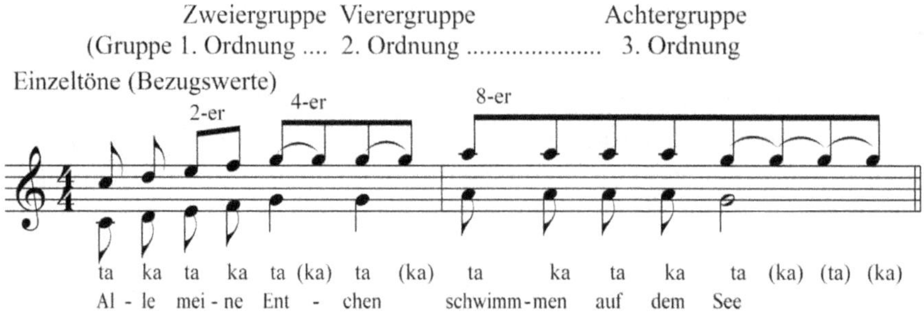

Bild 8 Alle meine Entchen

Das Singen oder Rezitieren eines Textes mit sprachlich ternärer Silbenstruktur (»heute be-ma-len wir uns-re Ge-sich-ter und lau-fen zum Kar-ne-val …) hat vermutlich die **ternäre Zelle** entstehen lassen. Der Dreivierteltakt besteht aus einer ternären Zelle, der Sechsachteltakt besteht aus zwei, der Neunachteltakt aus drei usw.:

Bild 9 Dreiergruppen ❖

In manchen alten Gesängen der Folklore weltweit hat sich eine gleichmäßige Taktgliederung der Melodie noch nicht kristallisiert, oder sie wird nicht als selbstständiges Ziel verfolgt. Ihr Rhythmus ist das direkte Ergebnis der Vertonung von Textsilben. Es sind textabhängige, unregelmäßige Folgen von binären und ternären Zellen – das sind **silbische (syllabische) Rhythmen**.

Im Bild 10 (»Colind«, ein altes Volkslied aus Süd-Rumänien) werden die binären und ternären Zellen mit den Zahlen 2 bzw. 3 gekennzeichnet. Die von uns empfundene gleichmäßige Folge von Impulsen, aus denen die binären und ternären Zellen zusammengesetzt sind, besteht hier aus Achtelnoten. Dieser Notenwert ist hier unser **Bezugswert**, der gefühlte Puls, der wie die Zähne eines Keilriemens unseren rhythmischen Motor am Laufen hält.

Bild 10 »Colind« aus Ialomitza

A.3. Die Bezugswerte

Die gleichmäßig ratternden Impulse einer rhythmischen Phrase sind die *Bezugswerte* des Rhythmusgefühls, aus denen sich der Hörende willentlich oder unwillkürlich *sein inneres rhythmisches Mess-Raster* zurechtlegt. In den bisherigen Beispielen waren es die kürzesten Notenwerte bzw. Impulse: Sechzehntel in Bild 1 bis 7, Achtel in Bild 8 u. Bild 9.b, Viertel in Bild 9.a. Kurzfristige Abweichungen, wie z. B. die punktierte Achtel-Sechzehntel im Bild 10, beeinflussen das Bezugswert-Gefühl nicht.

Bei Rhythmen, die aus unterschiedlichen Tondauern bestehen, muss der Bezugswert nicht die kürzeste Tondauer sein. Es bieten sich der rhythmischen Wahrnehmung auch längere Bezugswerte an, die ihrerseits in kürzere Impulse aufgeteilt werden können. In einem Motiv aus Mendelssohn-Bartholdys »Sommernachtstraum« (Bild 11) ist die Achtelnote der wahrscheinlichste Bezugswert, also der Wert, der sich real oder induziert unserer Wahrnehmung intuitiv anbietet:

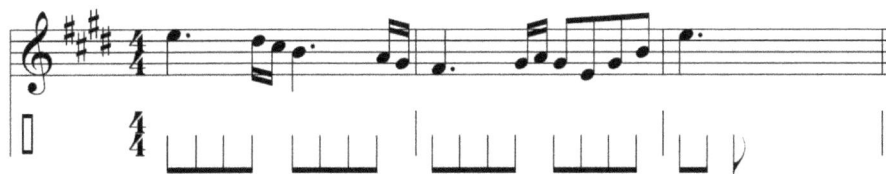

Bild 11 Mendelssohn-Bartholdy – Sommernachtstraum

Die Sechzehntelnoten in diesem Beispiel wären zu kurz, bzw. zu anstrengend, um als Bezugswerte zu fungieren. Im hohen Tempo dieser Passage haben die Sechzehntelnoten ca. 10,6 Hz, sehr nahe an der Obergrenze menschlicher Hörfähigkeiten. Spielen übrigens kann man schneller als hören – insofern das Instrument es erlaubt.

Bezugswerte werden bevorzugt als Achtel- oder Sechzehntelnoten sowie Triolen-Achtel notiert, abhängig auch von den Gepflogenheiten der Zeit. In der Renaissance waren es gut und gerne die Viertelnoten, im Barock und in der Wiener Klassik Achtel und Sechzehntelnoten, im Pop so gut wie immer die Achtelnoten, im Jazz oft die Sechzehntelnoten.

Primärer rhythmischer Impuls ist die kleinste Tondauer, die sich gleichmäßig wiederholt und *subjektiv nicht unterteilt wird bzw. werden kann* (siehe Bild 1).

Urzelle ist eine Einheit von zwei oder drei primären Impulsen (siehe Bild 9 u. Bild 2). Vier primäre Impulse sind schon zwei Urzellen (siehe Bild 3).

B. Die zweite Ebene: Zählzeit, Takt, Metrum

Zählzeit oder **Schlagzeit** ist ein praktischer Messwert, etwa die Dauer eines Geh- oder Laufschrittes, manchmal auch kürzer oder länger. Es ist ein Wert, der allgemein für Musizierende leicht nachvollziehbar ist und deshalb auch im geschriebenen oder gedruckten Notenbild als wichtigster Baustein der rhythmischen Ordnung dargestellt wird. Zählzeiten lassen sich in Takte gruppieren. Die Zählzeit ist eine Art Verbindungsglied zwischen Metrum und gefühltem Puls.

Was ist eigentlich der Unterschied zwischen *Zählzeit* und *Bezugswert?*

Der Bezugswert ist verhältnismäßig kurz. Er ist so etwas wie eine Zacke in den Zahnrädern unseres rhythmischen Verständnisses. Er kann höchstens die Dauer einer Zählzeit haben – in Bild 9 (Strauss – Walzer) *ist* er Zählzeit. Mit dem Aufstieg der Instrumentalmusik im 17. Jahrhundert und mit den damit verbundenen Tempomöglichkeiten rückt der Bezugswert notationsmäßig in die Zone kleinerer Notenwerte und kann seinerseits stark unterteilt werden – er bleibt aber immer im Bereich des intuitiv Nachvollziehbaren (siehe Bild 19, Mozart). *Ohne die subjektive Maßeinheit* **Bezugswert** *ist der Rhythmus nur ein nichtssagendes Diagramm von Tondauern.*

Takt ist der nächsthöhere Baustein der rhythmischen Ordnung, der Zählzeit übergeordnet. Zählzeit und Takt sind Maßeinheiten, mit denen intuitiv schon kleinere Formen, etwa Motive und Phrasen, gemessen werden können. Der *Takt* ist die grafisch konventionelle Darstellung der tempomäßig mittleren Ebene des Metrums.

Die viertaktige Phrase könnte als erster Baustein in der Gruppenhierarchie bewertet werden, der in den Geltungsbereich der Formenlehre gehört. So gesehen ist der Übergang von kürzeren zu längeren musikalischen Zeiteinheiten, von Rhythmus zu Form, kontinuierlich.

Metrum: Wie es der semantische Inhalt dieses aus dem Lateinischen stammenden Wortes auch zeigt, wird ihm in der Musik alles zugeordnet, was etwas mit dem Messen von periodisch wiederkehrenden musikalischen Zeitverhältnissen zu tun hat. Metrum ist die subjektiv eingestellte Messlatte für **kommensurable Tonfolgen**, d. h. für Tonfolgen, die auf Bezugswerte oder auf sich wiederholenden Gruppen von Bezugswerten reduzierbar sind.

Leitmetrum ist die rhythmische Ordnung, die vom Hörer prioritär als sinnvoll empfunden wird und der er die anderen Bausteine zuordnet.

Damit alle bisher aufgelisteten Bausteine des Rhythmus (Impuls, Bezugswert, Zelle, Zählzeit, Takt) Sinn machen, müssen sie kommensurabel zum Metrum/Leitmetrum sein. Sind sie es nicht, dann formt die Stimme, in der sie erscheinen, irreguläre Unterteilungen, Verzierungen (Mordent, Triller etc.) oder Umspielungen. Beispielsweise eine Sechzehntel-Quintole, die einfach gleichmäßig durchgespielt werden muss, mehr nicht. Diese Eigenschaft, die Kommensurabilität der Tondauern, ist wichtig für die Beschreibung von irregulären Unterteilungen, Polymetrie, Polyfonie u. a. m.

> **VORAUSSETZUNG 4** für die rhythmische Wahrnehmung ist die Fähigkeit, uns beim Hören von Rhythmen auf eine bestimmte Ebene zu fokussieren und die längeren oder kürzeren Tondauern als Unterteilungen bzw. als Gruppierungen zu empfinden. Das ist das musikalische Verstehen des Rhythmus.

Einfach zu erklären ist das nicht. Folgendes Beispiel (Bild 12) aus dem Adagio des Cembalokonzerts F-Moll BWV 1506 von J. S. Bach, die Part der rechten Hand – ein einziger Takt – zeigt, wie problematisch es sein kann, die Ebenen des Bezugswertes, der Zählzeit und des Taktes voneinander abzugrenzen. Die Notenwerte sind in den drei Zeilen unterschiedlich, doch der Rhythmus, bzw. die Tondauerverhältnisse sind identisch:

Bild 12 J. S. Bach – Cembalokonzert F-Moll

Das gehörte Tempo kann auch in allen drei Notationsvarianten das gleiche sein, wenn man die Metronom-Angabe entsprechend notiert:

- *Ein übliches Tempo* für die Originalvariante a) wäre Sechzehntelnote = 72.
- *Das Gleiche wird erklingen,* wenn bei b) die Metronom-Angabe Achtelnote = 36 oder bei c) Viertelnote = 18 wäre.

Angenommen, wir kennen die Original-Notation nicht und diese Passage würde uns als Melodiediktat gespielt. Was würden wir heutzutage als Takt und Zählzeit hören bzw. schreiben? Vermutlich die Variante c), weil die grafische Konvention näher an unseren heutigen Gepflogenheiten liegt.

Eine Empfehlung: Angehende Musiker tun sich manchmal schwer mit dem korrekten Ausführen solcher Passagen aus dem instrumentalen Barock, nicht zuletzt wegen der zuweilen undurchsichtigen Zweiunddreißigstel- und Vierundsechzigstel-Pakete, die zu Bachs Zeiten nicht unüblich waren. Eine *Verdoppelung oder gar Vervierfachung der Notenwerte,* wie im Bild 12 vorgestellt, kann helfen.

B.1. Wie fügen sich die Bausteine des Rhythmus zueinander?

Zunächst sei noch einmal betont, dass genaue Trennlinien wegen der subjektiven Wahrnehmung zwischen den hier dargestellten Bausteinen nicht eindeutig definierbar sind. Besser wir suchen die Bausteine in konkreten Notenbeispielen, denn die bewusst geordnete Erfahrung ist immer noch der sicherste Weg des rhythmischen Denkens.

Wenden wir uns dem Walzer As-Dur von Johannes Brahms zu, in seine Bestandteile zerlegt (Bild 13). Angenommen, wir kennen dieses eine Werk *nicht* (auch nicht seine Überschrift »Walzer«), und jemand leiert die Melodie (ohne Begleitung) akzentlos, etwa auf einer Drehorgel. Was könnten wir metrisch/rhythmisch heraushören?

Auf jeden Fall die Tonhöhen der Melodie in C-Dur (Bild 13.a) sowie die Folge der Tondauern (Bild 13.b). Nach einigem Zögern (das Ende der Melodie bringt uns ein wenig durcheinander), identifizieren wir auch eine gleichmäßige Folge von Takten; somit könnten wir provisorisch das Notenbild 13.c einzeichnen (Bezugswert ist die Achtelnote; die zwei Sechzehntel sind einfache Unterteilungen):

Bild 13 J. Brahms – Walzer (zerlegt)

Der gemessene Inhalt eines Taktes beträgt also sechs Achtelnoten oder drei Viertelnoten oder eine punktierte Halbe.

Doch welcher Takt genau ist das? Der 6/8-Takt (Bild 14.a) oder sein Äquivalent 2/4-Takt mit Triolen und identischer Akzentestruktur (Bild 14.b)? Oder vielleicht der 3/4-Takt, mit einer anderen Akzentestruktur (Bild 14.c)? Sehen wir uns die Möglichkeiten an:

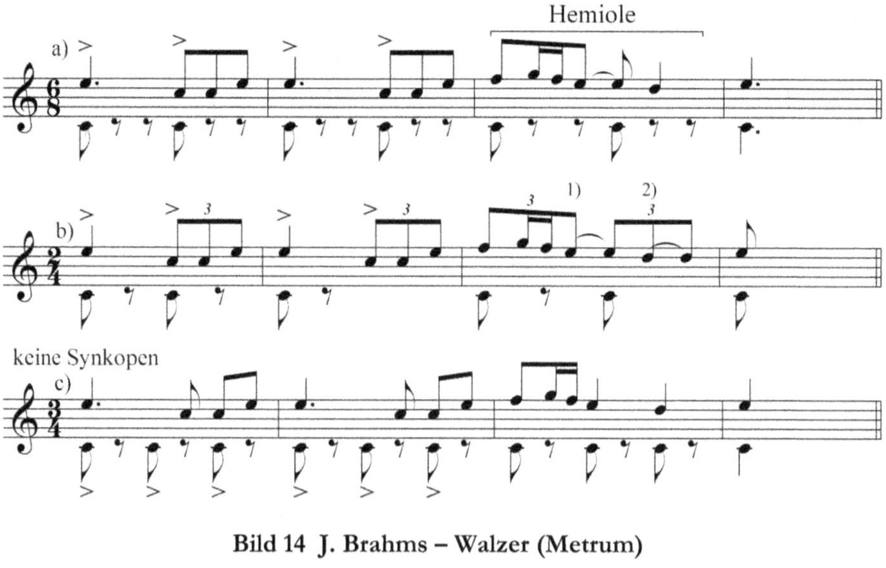

Bild 14 J. Brahms – Walzer (Metrum)

Unter den hier gegebenen Bedingungen sind *alle drei Interpretationen möglich*. Wobei Bild 14.a und Bild 14.b gehörmäßig identisch sind, nur die Notation unterscheidet sich (siehe auch Bild 33 – akzentäquivalente Takte). Um uns festlegen zu können, brauchen wir *eine Begleitung* (wie im obigen Beispiel), oder eine metrisch-rhythmische *Einleitung, die eindeutig in unserem inneren rhythmischen Puls-Raster die Akzentfolge induziert.* Es sei vorgemerkt, dass in allen drei Beispielen *die Achtelnote* (regulär in a und b oder triolisch in c) *der Bezugswert ist,* an dem wir den gesamten Rhythmus messen:

Im Beispiel 14.a ist *in **deutscher Auffassung** die Achtelnote auch Zählzeit.* In sehr schnellen Tempi wäre *in **französischer Auffassung** die punktierte Viertelnote die Zählzeit* (siehe auch Bild 39).

In den Beispielen 14.b und 14.c ist sowohl in der deutschen als auch in der französischen Auffassung die notierte Viertelnote Zählzeit, allerdings bestehen deutliche Akzentunterschiede innerhalb eines Taktes: Der 3/4-Takt in 14.c besteht aus drei binären Zellen, die 6/8- und 2/4-Takte 14.a und 14.b bestehen aus zwei ternären Zellen.

Wer das Stück nicht kennt und die Noten nicht sieht, kann alle drei Versionen als »walzerhaft« beschreiben, wenn sie im angemessenen Tempo gespielt werden. Es handelt sich um ein ternäres Metrum, das, grafisch gesehen, im 3/8- oder 3/4-Takt dargestellt werden kann. Das von Brahms erdachte Metrum ist das der Version 14.c. *Einfühlen können wir uns in diesen Takt nur, weil er uns auch die Begleitung mitliefert.*

Als Nächstes hören wir uns den Song »Obladi Oblada« der Beatles an: Im Bild 15 ist eine harmlose tonale Tonhöhenfolge zu sehen (**a**) und eine ebenso harmlose Reihe von binären Notenwerten (**b**):

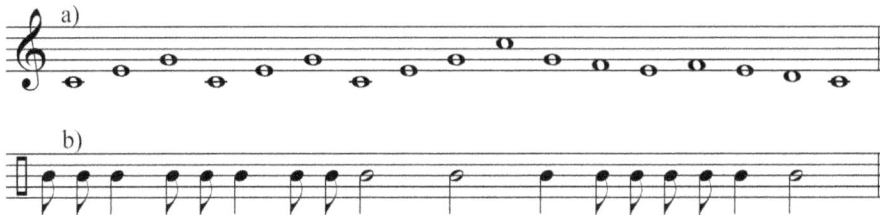

Bild 15 Obladi Oblada zerlegt ❖

Die metrisch intuitive Zusammenlegung lässt schnell eine banale Marschmusik entstehen (Bild 16):

Bild 16 Obladi Oblada Marschrhythmus ❖

Die Folge der Notenwerte im Song der Beatles (Bild 17) ist identisch mit dem Bild 16. Nur ist das Metrum (durch Taktstriche gekennzeichnet) um einen Bezugswert (Achtelnote) nach rechts, bzw. die Folge von Notenwerten um eine Achtelnote nach links verschoben. Damit wird eine völlig neue Akzentestruktur erzwungen – eine **binäre Synkopierung** (siehe auch Bild 60, Bach-Anderson). Entstanden ist einer der populärsten Songs der Beatles, »Obladi Oblada«:

Binäre Synkopen (*)

Bild 17 Obladi Oblada Song ❖

Einem Nicht-Kenner des Songs würde aus den Tonfolgen in Bild 15 wohl kaum die Beatles-Variante einfallen. Erzwungen wurde diese Struktur durch die Begleitung und die rhythmische Vorbereitung. Noch ein Beispiel in Bild 18, »Song of a Preacher Man«:

a) Tonhöhenfolgen

b) Notenwertfolgen

c) Originalfassung

Bild 18 Dusty Springfield – Song of a Preacher Man ❖

Aus Bild 18.a (Tonhöhen-Folge) und Bild 18.b (Notenwert-Folge) kann man alle möglichen binären, ternären oder gemischten Metren basteln, doch kaum etwas Überzeugendes. *Sicher ist nur der Bezugswert: die Achtelnote.*

Bild 18.c ist die Lösung, ein einfacher 4/4-Takt, dann und wann binär verswingt (siehe auch Bild 60, Bach-Anderson). Erst die mitlaufende Zählzeitfolge (Bild 18.c) nimmt uns an der Hand und führt uns zum im Original so einleuchtend einfachen 4/4-Takt – *wenn denn die Begleitung metrisch eindeutig ist,* und das ist sie.

Beim Notieren von archaischen Melodien sind Folklore-Analysten verhältnismäßig häufig gezwungen, metro-rhythmisch unregelmäßige Strukturen zu kennzeichnen, durch punktierte Taktstriche, Phrasierungsbögen, Verbalkung der Notenwerte, den Verweis auf den ggf. vorhandenen Text, wechselnde Taktarten etc. (siehe auch Bild 10, Colind).

Viele Komponisten der E-Moderne (Olivier Messiaen, John Cage, Boris Blacher, Mauricio Kagel, Igor Strawinsky u. a. m.) gruppieren den Rhythmus in wechselnden oder alternierenden Takten. In einer reinen Folklore-Notation von archaischen Rhythmen wäre das nicht ganz stilgerecht, weil in alten, mutmaßlich echten Folklore-Liedern nur Silben und Phrasen gehört und verstanden werden sollten, nicht Takte im geläufigen Sinne der professionellen Musiker-Sprache.

In der Kunstmusik jedoch macht die Notierung von Takten durchaus Sinn. Schließlich muss der Dirigent oder der Lehrer dem Ensemble sagen können »Noch einmal von Takt 7, bitte«. Zusammenfassend können wir jetzt die Begriffe **Bezugswert, Zählzeit, Takt** ein wenig sachgerechter beschreiben:

Das gleichmäßige Rattern der Bezugswerte, wie im Bild 11 (Mendelssohn-Bartholdy) dargestellt, *ist die pulsierende Leitplanke unseres rhythmischen Gefühls.* Je schärfer man sie wahrnimmt oder sie sich vorstellt, desto ausgeprägter ist das rhythmische Verständnis. Unter den Musikern müssen Jazzer über die wohl schärfste rhythmische Vorstellungsfähigkeit verfügen. Sie verfolgen kürzeste Bezugswerte und gruppieren sie in vierter, fünfter Ordnung und vielleicht auch mehr. Das können auch andere Musiker, doch für den Jazz ist dieses Können oder Nicht-Können ein K.O.-Kriterium. Im Allgemeinen ist die Zählzeit im Bereich einer komfortablen Schlagfrequenz angesiedelt. Also nicht zu schnell und nicht zu langsam. Historische Gepflogenheiten spielen da, wie gesagt, eine Rolle.

Betrachten wir das Thema »Ah, vous dirai-je, Maman« (in Deutschland auch als »Morgen kommt der Weihnachtsmann« bekannt), von Mozart zu Variationen verarbeitet:

Bild 19 W. A. Mozart – »Ah, vous dirai-je, Maman«

Im Thema *ist der Bezugswert Viertelnote auch Zählzeit.*

Es folgt die erste Variation mit durchgehend Vier-Sechzehntel-Gruppen: Ab dieser
Stelle stellt sich unsere Wahrnehmung auf den *Bezugswert Sechzehntelnote ein – Zählzeit
bleibt jedoch weiterhin die Viertelnote.* In der Variation XI erscheinen sogar Zweiunddrei-
ßigstelnoten – zu kurz, zu schnell, um Bezugswerte zu sein; sie bleiben als kleinster
Impuls einfache Unterteilungen des Bezugswertes Sechzehntelnote.

Die Erkenntnis bietet sich an: Der Bezugswert – also, wie immer wieder betont, der
gefühlte Puls – ist der lebendige Faktor des rhythmischen Empfindens. Die Zählzeit
ist eher der Ausdruck notwendiger Ordnung – was aber bestimmt nicht willkürlich
bedeutet. Die Zählzeit wird auf der Grundlage des Bezugswertes, des Ausführungs-
Komforts und anderen Kriterien notiert.

In Brahms' Walzer (siehe Bild 13 u. Bild 14) oder Dusty Springfields Song (Bild 18.c)
ist der Bezugswert eine halbe Zählzeit (Achtelnote). Oft ist der Bezugswert eine tiefere
(kürzere) reguläre Unterteilung der Zählzeit, wie in Bild 19 (Mozart) gesehen. In folgendem Beispiel (Bild 20, J. S. Bach, Invention Nr. 14, B-Dur) ist die notierte Zählzeit
die Viertelnote. Der Bezugswert kann – je nachdem, wie man geneigt ist, ihn an dem
einen oder anderen inneren Level zu empfinden – Sechzehntelnote oder Zweiunddreißigstelnote sein:

Bild 20 J. S. Bach – Invention B-Dur

Wir brauchen die beiden Begriffe »Zählzeit« und »Bezugswert« dringend, auch wenn
sie sich überlappen. Wie wir noch sehen werden, sind schwierige Rhythmen – wie z.B.
irreguläre Unterteilungen auf mehreren Zählzeiten in langsamen Tempi, etwa eine
Quintole auf drei Zählzeiten – ohne dieses Instrumentarium nicht richtig ausführbar,
unsicher oder mit unnötig viel Übung verbunden.

Ein ganz besonderes Beispiel einer genialen Verflechtung der rhythmischen Bausteine
ist die folgende Passage aus dem vierten Satz des Konzerts für Orchester von Béla
Bartók (Bild 21). Der gefühlte Puls bleibt unverändert, dennoch ändert sich das Metrum überraschend, fast verblüffend: Der 5/8-Takt mutiert hundsgemein zum 4/4-

Takt. Bartók hat den Hörer reingelegt. Man spürt regelrecht, wie er sich ins Fäustchen lacht:

Bild 21 B. Bartók – Konzert für Orchester

Erläuterungen zu Bartók (Bild 21):

- In den Takten 1 bis 4 ist der 5/8-Takt in aller Deutlichkeit zu hören; die Zählzeit Achtelnote ist auch Bezugswert, der auch über diesen Rahmen hinaus unverändert gleichmäßig leibt.

- Im Takt 5 wird noch eine Dreierzelle hinzugefügt. Damit entsteht der 8/8-Takt (3+2+3). Der Gesamtwert des 8/8tel-Taktes ist eine ganze Note, also der Gesamtwert eines 4/4-Taktes.

- Das macht sich Bartók zunutze, um die Akzentestruktur vom 8/8tel-Takt zum 4/4-Takt abzuändern. Im fünften Takt überrumpelt uns die Klarinette im wahrnehmungsmäßig überraschenden 4/4tel Takt mit einer ultrabanalen Melodie. Auch die gewollt banal-witzige harmonische Begleitung macht mit.

- Die Triole im Takt 7 ist eine Unterteilung des Bezugswertes, eine Verzierung, deren Töne nicht als primäre Impulse gezählt werden sollten.

C. Die Taktarten

C.1. Einfache Takte

Takte mit zwei Zählzeiten (2/4-Takt, 2/8-Takt, etc.) sind eine notierte Form der rhythmischen binären Zellen. Die erste Zählzeit ist betont, die zweite ist nicht betont (visuell getextet: »ta-ka«). Es sind **einfache Takte**, mit nur einem Akzent.

Einfach sind auch die Takte mit drei Zählzeiten, (notierte ternäre Zellen: 3/4-Takt, 3/8-Takt etc.). Die erste Zählzeit ist betont, die anderen beiden sind nicht betont. Dreiertakte haben einen Hauptakzent und einen Pseudoakzent, den wir später besprechen werden (siehe Bild 38, Akzentevererbung ternär).

C.2. Gleichmäßig zusammengesetzte Takte

Takte mit mehr als drei Zählzeiten sind aus zwei oder mehreren einfachen Takten zusammengesetzt. Die Zusammensetzung kann gleichmäßig sein, z.B.:

Bild 22 Gleichmäßige Zusammensetzung

Der 6/8-Takt wird immer als Zusammenlegung 3/8 + 3/8 verstanden. Arithmetisch könnte er 2/8 + 2/8 + 2/8 zusammengesetzt sein. Er wird aber so nicht gehandhabt, weil er dann identisch mit einem 3/4-Takt mit unterteilten Zählzeiten wäre:

Bild 23 6/8 versus 3/4

C.3. Ungleichmäßig zusammengesetzte Takte

Der Takt mit *fünf Zählzeiten* besteht zwangsläufig aus zwei unterschiedlichen einfachen Takten, mit der Verteilung 2 + 3 oder 3 + 2 Zählzeiten. Ebenfalls ungleichmäßig ist der **Siebener-Takt** (2 + 2 + 3, 2 + 3 + 2 oder 3 + 2 + 2 Zählzeiten (Bild 24):

Bild 24 5-er und 7-er Takte

Wenn nötig, wird – wie zum Teil in unseren Notenbeispielen – die Zusammensetzung des Taktes mit fünf oder mehr Zählzeiten in der Partitur kenntlich gemacht, durch Zahlen oder Notenwerte über dem Takt, durch die Verbalkung der Achtel- oder Sechzehntelnoten, punktierte Trenn-Taktstriche oder auch durch Phrasierungsbögen.

Der notierte Acht-Zählzeiten-Takt wird üblicherweise nur als gemischt gehandhabt (Varianten von 2 + 3 + 3). Die gleichmäßige Zusammensetzung 2 + 2 + 2 + 2 (Bild 25.d) entspräche einem Vierer-Takt mit normal binär aufgeteilten Zählzeiten. Allerdings pendelt die metrische Wahrnehmung der Variante (3 + 3 + 2) in Bild 25 polymetrisch gerne zwischen dem gemischten Achter-Takt und dem unterteilten Vierer-Takt (2 + 2 + 2 + 2) mit einem Akzent gegen den Strich (Bild 25.4 und 25.5):

* Synkopen-Akzent (im 4/4-Takt)

Bild 25 8/8tel versus 4/4tel Takt

György Ligeti verwendet in seiner Etüde »Fanfares« die Variante 3 + 2 + 3, die er ausdrücklich anmerkt (Bild 26). Es ist die Variante, die sich nicht so leicht polymetrisch subjektiv zum Viervierteltakt hinbiegen lässt:

Bild 26 G. Ligeti – Fanfares

Der **Neun-Zählzeiten-Takt** ist der erste in dieser Aufzählung, der sowohl gleichmäßig (3 + 3 + 3) als auch ungleichmäßig zusammengesetzt sein kann (2 + 2 + 2 + 3), (2 + 2 + 3 + 2), (2 + 3 + 2 + 2) oder (3 + 2 + 2 + 2). Ein besonders aussagekräftiges Beispiel ist Dave Brubecks »Rondo a la Turc« (Bild 27), in welchem drei unregelmäßige Neuner-Takte von einem gleichmäßigen gefolgt werden:

Bild 27 Dave Brubeck – Rondo a la Turc ❖

Der **Zehn-Zählzeiten-Takt** erscheint eher selten. Er könnte rechnerisch auch gleichmäßig zusammengesetzt sein (2 + 2 + 2 + 2 + 2), was einem Fünfer-Takt mit unterteilten Zählzeiten entspräche. Aus diesem Grund ist er als ungleichmäßig zusammengesetzt zu betrachten. Wenn er in permutativen Zusammensetzungen von 2 + 2 + 3 + 3 erscheint, könnte er auch als alternierende 4-er und 6-er Takte notiert werden.

Unnötig wären ungleichmäßige Zusammensetzungen wie 2 + 3 + 2 + 3, welche wiederum einer Folge von zwei Fünfer-Takten entspräche.

Der **Elfer-Takt** ist zuweilen in anspruchsvollen Jazz-Rock und Fusion-Werken, sowie in der euro-afrikanischen Orientfolklore zu hören (Nordafrika, Balkan). Er kann nur ungleichmäßig zusammengesetzt sein, in unterschiedlichen Kombinationen von vier Zweier- und einem Dreier-Takt (Varianten von 2 + 2 + 2 + 2 + 3) oder drei Dreier- und ein Zweier-Takt (Varianten von 3 + 3 + 3 + 2).

Das Notenbeispiel in Bild 28 zeigt einen polymetrischen Zusammenklang von unterschiedlichen Strukturen des Elfer-Taktes in einem Fusion-Werk der Jazz-Rock-Band »Mahavishnu«, aufgenommen in Zusammenarbeit mit den Londoner Sinfonikern:

Bild 28 J. McLaughlin – Apocalypse

Der gleichmäßige **Zwölfer-Takt** (3 + 3 + 3 + 3) ist einer der üblichen Takte der Klassik; man denke zum Beispiel an die Gigue der barocken Suiten. Die im Bild 29 gezeichneten Akzente folgen der französischen Auffassung von vier ternären Zählzeiten:

Bild 29 Gigue

Als ungleichmäßig (etwa 2 + 3 + 2 + 3 + 2) wird der Zwölfer-Takt, soweit wir wissen, kaum eingesetzt; er wäre anstrengender als seine kürzeren Schwestertakte. Die Variante (3 + 3 + 2 + 2 + 2, Bild 30.d) verdient dennoch eine besondere Aufmerksamkeit. Sie ist dem »Huapango«, einem mexikanischen Ableger des Flamenco, nachempfunden (siehe auch Bild 68, West Side Story).

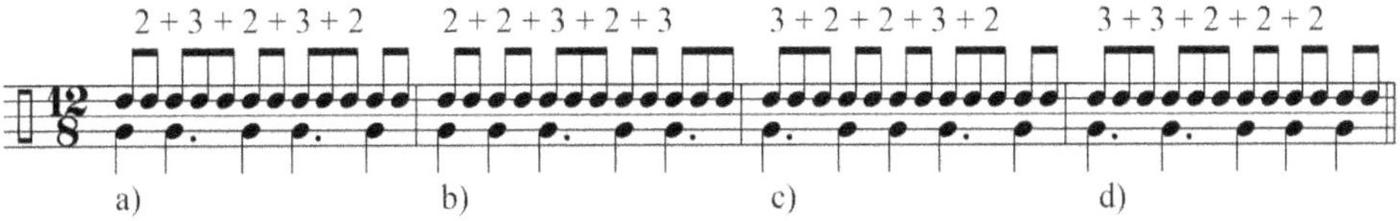

Bild 30 12-er Takt, ungleichmäßige Zusammensetzung

C.4. Natürliche und künstliche Betonungen

Takte mit mehr als drei Zählzeiten sind immer in Zweier- und/oder Dreier-Takte zerlegbar. Die genaue Folge wird durch die Akzentestruktur bestimmt, die wiederum von verschiedenen Parametern abhängig ist (melodische Formeln, Harmoniefolgen, gesungener Text etc.). Die grafische Darstellung der Noten kann der Akzentestruktur folgen – oder auch nicht.

Gegen den Strich des notierten oder empfundenen Metrums können auch artifiziell Synkopen-Effekte erzeugt werden. Zu diesem Zweck werden Betonungszeichen, Sforzandi oder auch zweckdienliche Instrumentalbesetzungen herangezogen.

Im Bild 31 (Strawinsky – Sacre du printemps, Klavierauszug) wird die künstliche Betonung markiert (in den Takten 3, 5 und 8); in den Takten 5 und 7 werden die schweren Taktteile überbetont; in der Orchesterversion wirken diese Akzente der Streicher-Akkorde durch kurze Sforzandi der Hörner besonders wuchtig:

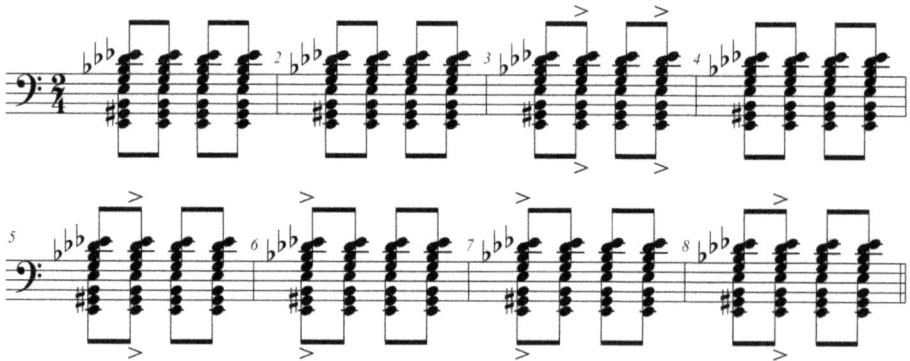

Bild 31 I. Strawinsky – Sacre – Danses des adolescentes

C.5. Variable Takte, unregelmäßige Folgen von binären und ternären Zellen

Ungleichmäßige Takte mit *mehr als zwölf Zählzeiten* können wahrnehmungsmäßig kaum als metrische Entitäten erfasst werden. Sie werden, wenn überhaupt, als grafisches Hilfsmittel eingesetzt, um Abschnitte im Fluss der Notenwerte zu markieren. Oft werden nur Taktstriche gezogen, ohne Taktart-Angaben. Solche Takte werden eher als periodische oder aperiodische Kombinationen von kleineren Takten gehört, und es ist auch vernünftiger, sie als solche zu notieren.

Die erste Strophe des Ashug-Liedes in Bild 32 (armenische Folklore) könnte man hochgeschraubt und reichlich unpraktisch im 22/8tel-Takt notieren (Bild 32.a).

Übersichtlicher ist die Schreibweise in Bild 32.b. Stilgerechter ist, gar keinen Takt zu notieren (Bild 32.c), nur die Art der silbischen Zellen sollte erkennbar sein. In der Vokal-Notation werden Achtelnoten, die einzelne Silben tragen, mit Fähnchen dargestellt – etwa so wiederum wie in Bild 32.a.

Anmerkung: Die Impulse einer Zelle (hier drei oder zwei Achtelnoten) sind ab und zu binär in Sechzehntelnoten unterteilt, was schon einen Vorgeschmack für komplexere rhythmische Strukturen gibt:

a) Ganze Phrase = zusammengefasst in einer Strecke (Takt?) von 22 Achtelnoten
   Folklore-nahe Vokal-Notation

b) Notation mit Taktwechsel

c) Folklore-nahe Instrumental-Notation

Bild 32 Armenien – Ashug-Lied

C.6. Akzentäquivalente Takte. Deutsche und französische Auffassung von Zählzeit

Sehen wir uns folgende Parallel-Darstellungen im Bild 33 an: Alles, was in einem 6/8-Takt notiert ist, klingt identisch mit der Notierung im 2/4-Takt, wenn Triolen in den Zählzeiten eingebaut werden. Das heißt, eine Drei-Achtel-Zelle aus dem 6/8-Takt muss im 2/4-Takt als Triole geschrieben werden. Im Gegenzug müssen Zwei-Achtel-Zellen aus einem 2/4-Takt in einem 6/8-Takt als Duole bzw. vier Sechzehntel als Quartole notiert werden.

Quintolen wiederum sind in beiden Taktarten irreguläre Unterteilungen und werden als solche gekennzeichnet. Äquivalent sind in diesem Sinne auch der 3/4-Takt und der 9/8-Takt, sowie der 4/4-Takt versus 12/8-Takt:

Bild 33 Akzentäquivalente Takte

In schnellen Tempi ist es im 12/8-Takt verständlicherweise unpraktisch, dem Orchester jede einzelne Zählzeit vorzutaktieren. Es bietet sich für Dirigenten an, jede ternäre Zelle mit nur einer Geste zu markieren, was dahin leitet, die punktierte Viertelnote als Zählzeit zu betrachten – wie auch beim italienischen *Solfeggio* (französisch: *»Solfège«*). Das ist die sogenannte *»ternäre« Zählzeit*. Anders ausgedrückt:

> Der schnelle Sechsachteltakt im Bild 33 besteht in der deutschen Auffassung aus sechs **binären Zählzeiten** (sechs Achtelnoten). In der französischen Auffassung besteht er aus zwei **ternären Zählzeiten** (zwei punktierte Viertelnoten).

In gleicher Sichtweise besteht der Neunachteltakt (im gleichen Bild 33) in der französischen Auffassung aus drei, der Zwölfachteltakt aus vier ternären Zählzeiten. Aus dieser Praxis heraus akzeptiert die französische Musiktheorie *sowohl binäre als auch ternäre Zählzeiten*: Ein 2/4-Takt besteht aus zwei binären Zählzeiten, ein (schneller) 6/8-Takt besteht auch aus zwei ternären Zählzeiten, sagen wir mal: »Zwei-punktierte-Viertel-Takt« Die deutsche Musiktheorie kennt diese Art von Zählzeit nicht. Für sie besteht der Sechsachteltakt nach wie vor aus sechs binären Zählzeiten.

Noch sei vermerkt, dass im Jazz und Pop-Rock die französische Auffassung (bzw. die entsprechende Notation) bevorzugt wird, wegen der flexiblen Veränderung von binären zu ternären Notenwerten (siehe Shuffle, Bild 57). Alle regulären und irregulären Unterteilungen einer Zählzeit, egal ob diese binär oder ternär ist, haben im französischen System den gleichen Notenwert – deutlich in Bild 39.b im Vergleich zu Bild 39.c zu sehen.

Die deutsche Auffassung führt zu unterschiedlichen Notenwerten für die gleichen irregulären Unterteilungen von binären und punktierten Noten – im gleichen Bild 39.a versus Bild 39.b sichtbar. Das kann einen Songwriter oder Vom-Blatt-Spieler stutzig machen.

C.7. Binäre und ternäre, »verlängerte Zählzeiten«. Messiaen und die Folklore-Rhythmen

Das Verständnis der französischen Auffassung der *ternären Zählzeiten* kann die rhythmische Ausführung von Olivier Messiaens (1908–1992) Werken erleichtern. Bekannt ist sein intensives Studium der indischen Rhythmen, doch sein Prinzip der »*valeurs ajoutées*« (hinzugefügte Werte) hat sich möglicherweise eher aus dem Kontakt mit den Werken von Béla Bartók (z.B. »Bulgarische Rhythmen«, Mikrokosmos) und Igor Strawinsky (Sacre du printemps) oder auch mit der arabo-andalusischen (nordafrikanischen) Musik herausgebildet.

Bild 34 zeigt eine Parallel-Darstellung eines Fragments aus seinem Werk »Quartett für das Ende der Zeit«. Die hier eingefügte untere Zeile (b) zerlegt visuell den Rhythmus in binäre und ternäre Bezugswert-Zellen mit teilweise induzierten Bezugswerten (siehe auch Bild 6 und Bild 7). Das kann beim Üben helfen, rhythmische Unschärfen zu vermeiden:

Bild 34 O. Messiaen – Quartett für das Ende der Zeit

Im Beispiel Bild 34 ist es nicht besonders schwer, den Rhythmus der Zeile a) einzuhalten – doch diese Herangehensweise sollte ein wenig geübt werden, um sie in anderen, kniffligeren Passagen wirksam einsetzen zu können. Der Spieler sollte sich innerlich auf den Bezugswert Sechzehntelnote und auf die beiden nächsthöheren Gruppen erster Ordnung (die Zellen Achtelnote und punktierte Achtelnote) einstellen – als ob die inneren Eieruhren klackern würden (siehe Bild 1, Bild 2, Bild 3).

Trainingsvorschlag:

Mischungen von binären und ternären Zählzeiten (rhythmische Einheiten oder Zellen) wollen trainiert werden. Ein wenig Übung mit ungleichmäßigen Taktarten ist dabei hilfreich. Als Anregung hier (Bild 35) die ersten Phrasen zweier schneller Tänze aus dem Balkan:

Dschampará (Rumänien, 2 + 2 + 3)

Gankino Horo (Bulgarien, 2 + 2 + 3 + 2 + 2)

Bild 35 Tänze aus dem Balkan

In der Theorie der Balkan-Folklore wird für die ternäre Zählzeit auch der Begriff »verlängerte Zählzeit« verwendet. Die ternären Einheiten entstehen durch die Verlängerung der binären Einheiten um ihre Hälfte, also durch Punktierung. In diesem Sinne ist der 7/8-Takt aus Bild 35 ein Dreier-Takt mit verlängerter dritter Zählzeit. Ebenso ist der 11/8-Takt ein Fünfer-Takt mit verlängerter dritter Zählzeit.

Wie in Messiaens »Die Technik meiner musikalischen Sprache« zu lesen ist, kann jeder Notenwert durch einen anderen, kürzeren, verlängert werden – das ist der »hinzugefügte Wert«. Die Wesensverwandtschaft zu den unregelmäßigen Takten der Balkan-Folklore ist nicht zu übersehen. In den Tänzen aus Bild 35 könnten die ternären Zählzeiten in den ungleichmäßigen Takten als binäre Zählzeiten mit hinzugefügten Werten betrachtet werden. Nur heißen sie in der Balkan-Folklore eben anders.

Eine mögliche Erklärung für die Entstehung der ternären Zählzeiten liefert auch die Beobachtung von Folklore-Tänzen. Die einfachsten Tanzschritte sind binär, RECHTS-LINKS – R-L-R-L-R-L – wir haben ja nur zwei Beine.

Komplexer sind Tänze, in denen auf einem Bein nachgesprungen wird; der Nachschlag des gleichen Beins ist biomechanisch bedingt kürzer und schwächer als der Aufschlag: RECHTS-rechts – LINKS-links … – so wie Kinder gerne hüpfen (hier keimt das Shuffle – siehe Bild 57). Dieser deutlich schwächere »Rechts-« oder »Links-Nachsprung« ist tendenziell schwächer und kürzer als der folgende erste, der starke Aufschlag des anderen Beins, egal ob »RECHTS« oder »LINKS«.

In manchen Varianten des spanischen Tanzes »*Fandango*« (6/8-Takt) ist der Nachschlag zwar gleichlang wie der Aufschlag, doch naturgemäß schwächer. Es entsteht eine Art versteckte **Triphase**, notierbar als Duole (siehe auch Bild 76 und Bild 90).

Um den Unterschied zwischen dem ersten und dem zweiten Aufschlag eines Tanzbeins zu verdeutlichen, sehe man sich die »*Tarantella*« an, ein ternärer sizilianischer Tanz im 6/8-Takt mit sehr schnellen Bezugswerten. Der Erstaufschlag des Tanzbeins, links oder rechts, kommt immer auf eine ternäre Zählzeit. Manchmal folgt auch ein Nachsprung des Beins – dann aber immer auf einer *unbetonten* ternären Zählzeit, auf der zweiten punktierten Viertelnote.

Ein längerer Nachsprung eines Beins als sein Aufschlag wäre eine Pseudosynkope (rechts-**rechts** – links-**links**, siehe auch Bild 41). Unnatürlich, sehr ermüdend, kaum ein Tänzer tut sich das an; ein Kind wird es nie tun. Wer versucht, Robert Schumanns Thema aus Bild 43 in dieser Weise zu tanzen, wird sofort verstehen, was gemeint ist.

C.8. Ungleichmäßige Takte mit unterteilten Zählzeiten

Eine gesonderte Betrachtung beanspruchen Rhythmen wie in Paul Desmonds Jazz-Standard »Take Five«, oder in Maria Magdalenas Arie (A. L. Webber – »Jesus Christ Superstar«), weil das Tempo verhältnismäßig langsam ist und die *Zählzeiten unterteilt* sind:

Bild 36 P. Desmond, A. L. Webber ❖

Der 5/4-Takt in Bild 36 ist in beiden Beispielen zu langsam, um ihn wie in der Balkan-Folklore als alternierende binäre und verlängerte Zählzeiten zu verstehen.

Der Unterschied zum Anwendungsgebiet der ternären bzw. verlängerten Zählzeiten wird deutlich, wenn man versucht, Desmonds langsames »Take Five« im hohen Tempo der »Dschampará« oder von »Gankino Horo« (Achtelnote am Metronom nicht einstellbar, weil zu schnell) zu spielen. Kaum möglich.

Dementsprechend müssen im Bild 36 fünf reguläre binäre Zählzeiten taktiert werden. Der Begriff der ternären oder gar verlängerten Zählzeit findet hier keine Anwendung.

VORAUSSETZUNG 5 Rhythmusgefühl ist die Fähigkeit, die Bezugswerte eines gehörten Rhythmus auszumachen und sie auf die Anschlags-Folgen kommensurabel als Messlatte zu legen.

Hörer, die mehr oder weniger ausschließlich mit gleichmäßigen Taktarten aufgewachsen sind, haben erwartungsgemäß Schwierigkeiten, schnelle ungleichmäßige Takte, bestehend aus binären und ternären Zählzeiten, durch Hören zu verstehen, weil alle Versuche, die gewohnten gleichmäßigen Zählzeiten in den gehörten Rhythmus hinein zu klopfen, fehlschlagen.

Damit ist auch verständlich, wieso viele Musiker, die mit westeuropäischer Kunstmusik aufgewachsen sind, südosteuropäische oder nordafrikanische Rhythmen nach Gehör nur schwer entziffern können: Sie versuchen, die eingeübten Zählzeiten auf den gehörten Rhythmus zu legen, und spüren dabei, dass die Messlatte vorne und hinten nicht passt.

Was tun? Man sollte versuchen, sich auf kürzere Bezugswerte einzustimmen und vor allem, Folgen von binären und ternären Zählzeiten trainieren, mit bewusstem Ausführen der realen oder induzierten Bezugswerte, die Zacken unseres rhythmischen Keilriemens.

D. Die Unterteilung der Notenwerte, Akzentevererbung

In unseren Experimenten mit den klackernden Eieruhren wurde die subjektive Entstehung von Akzenten durch binäre Gruppierungen immer höherer Ordnungen gezeigt: Jeder erste Impuls von zweien ist betont, jeder erste von vieren, von achten etc. (siehe Bild 1, Bild 2, Bild 3).

Die regulären Unterteilungen eines binären Notenwertes zeigen eigentlich das gleiche Bild, nur aus entgegengesetzter Richtung betrachtet – von den längeren, größeren Notenwerten zu den kürzeren, kleineren.

D.1. Reguläre Unterteilungen binärer Notenwerte

Bei einer Zweiteilung eines binären Notenwertes entsteht eine binäre Zelle. Wir hören grundsätzlich die aus der Unterteilung erstgeborene Note als betont, die zweitgeborene als unbetont, auch wenn – wie schon erwähnt – das Instrument gar nicht betonen kann. Bei einer weiteren Zweiteilung entsteht eine Vierergruppe (zwei binäre Zellen) usw. Die Verteilung der Akzente entspricht selbstverständlich der Betonungsstruktur beim Zählen der Impulse der Eieruhr (siehe Bild 2, Bild 3).

Das Bild 37 veranschaulicht die Akzentevererbung einer ganzen Note (binärer Notenwert) bis zu den Sechzehnteln. Die erste Halbe ist betont, die zweite nicht. Die erste Viertelnote aus der Zweiteilung der ersten Halben ist betont, die zweite nicht. Auch die erste Viertelnote aus der Zweiteilung der zweiten Halben ist betont, doch nicht so stark wie die allererste Viertelnote im Takt.

Die Hierarchie der Vererbung folgt nach gleichem Gesetz: Die allererste Achtel hat »drei« Akzente, die nächststärkere (die fünfte) hat »zwei« Akzente, die dritte und die siebente haben jeweils einen Akzent, die geraden Achtel (zwei, vier, sechs und acht) sind unbetont.

»Drei« oder »zwei« Akzente – die visuelle Häufung der Akzente auf der einen oder anderen Note im Bild 37 ist nur symbolisch: Die allererste Sechzehntelnote ist selbstverständlich nicht viermal stärker als beispielsweise die dritte – es geht hier nur um eine anschauliche Darstellung der Gewichtung von grundsätzlich ohnehin subjektiven Betonungsstärken:

Bild 37 Akzentevererbung binär

Den kleinsten Notenwert der Unterteilung, den wir auch deutlich genug als betont oder unbetont wahrnehmen können, empfinden wir als **Bezugswert***, und dementsprechend dichten wir ihm auch imaginäre oder real ausgeführte Akzente an.* Wenn er zu kurz, bzw. das Tempo zu hoch ist, haben wir die unterste Grenze unserer rhythmischen Wahrnehmungsfähigkeit erreicht. Kürzere Klänge werden eher als Verzierungen oder als melismatische Wolken verstanden, etwa so wie siebzehner, siebenundzwanziger oder siebenunddreißiger Unterteilungen bei Frédéric Chopin, der konventionelle Notenwerte notiert, denen er aber nicht im Entferntesten einen expliziten rhythmischen Wert zuschreibt.

D.2. Reguläre Unterteilungen ternärer Notenwerte

Bei der ersten Unterteilung ternärer (punktierter) Notenwerte entstehen drei entsprechend kleinere Notenwerte. Der erstgeborene Notenwert ist der stärkste, allerdings gibt es hier – anders als bei den binären Notenwerten – noch zwei schwächere Geschwister. Das verkompliziert die Erbschaftsregelung erheblich, denn diese beiden Nachgeburten sind nicht gleichstark (oder gleichschwach): Der dritte Unterteilungswert ist etwas betonter als der zweite. Er hat einen **Pseudoakzent** (in Bild 38 mit Schrägstrichlein gekennzeichnet).

Ein punktierter (ternärer) Notenwert (im Bild 38.1. die punktierte Halbe) unterteilt sich nur einmal ternär (im Bild 38.2. in drei Viertelnoten). Alle weiteren tiefer gehenden regulären Unterteilungen sind binär.

Das entspricht einer rhythmischen Ordnung, die schon im Mittelalter üblich war (ternärer Notenwert = »tempus perfectum«, binärer Notenwert = »tempus imperfectum«):

Bild 38 Akzentevererbung ternär

D.3. Irreguläre Unterteilungen binärer und ternärer Notenwerte; deutsche und französische Orthografie

Im Bild 39.b (zweite Notenzeile) sind alle regulären und irregulären Unterteilungen eines **binären Notenwertes** (hier eine halbe Note) bis zu sechzehn Zweiunddreißigstel progressiv dargestellt. Für diesen Fall ist die Wahl der Notenwerte weltweit einheitlich: Die irregulären Unterteilungen behalten den Notenwert der vorangehenden regulären Unterteilung bis zur nächsten regulären Unterteilung, wenn der kleinere Notenwert an der Reihe ist.

Die reguläre Unterteilung eines **ternären Notenwertes** (die punktierten Halben im Bild 39.a und c) ist die Unterteilung in 3×2^n Werte (3, 6, 12, 24, …). Alle anderen Unterteilungen eines ternären Notenwertes in zwei, vier und fünf, sieben bis elf, dreizehn bis dreiundzwanzig etc. gleichlange Werte sind irregulär. Die Musikverlage wählen bei ihren Veröffentlichungen zwischen zwei orthografischen Vereinbarungen:

Das Sternchen (✱) zeigt die vom einheitlichen System **(b)** abweichenden Notenwerte

Bild 39 Deutsches und französisches System der irregulären Unterteilungen

Die **französische Orthografie** (Bild 39.c) wählt die Notenwerte der irregulären Unterteilungen in Äquivalenz mit den Unterteilungswerten der binären Notenwerte (punktierte Noten unterteilen sich in die gleichen Werte wie binäre, nicht punktierte Noten). Demgemäß gibt es im Parallel-Lauf (vergleiche Bild 39.b mit Bild 39.c) keinen Notenwertunterschied zwischen den Unterteilungen von binären und ternären Notenwerten.

Diese Sichtweise eignet sich ideal für Jazz und Pop-Rock. Das hat wohl etwas mit dem *Swing* zu tun (siehe Bild 55 bis Bild 61), wo rhythmisch binäre Zellen einfach durch ternäre ersetzt werden. Möglich ist das durch die in Bild 33 beschriebene Äquivalenz der Takte. Für einen Jazzer oder Pop-Musiker ist Zählzeit einfach Zählzeit, egal ob binär oder ternär, zumal es im Jazz auch fließende Übergänge zwischen binär und ternär gibt (siehe auch Shuffle, Bild 57).

Die **deutsche Orthografie** (Bild 39.a) ändert die Notenwerte bei der nächstkommenden regulären Unterteilung:

Die punktierte Halbe wird durch eine Duole aus Halben ersetzt.

Drei Viertelnoten sind hier regulär, also werden die Quartole und die Quintole in Vierteln notiert.

Sechs Achtel sind regulär, also verwenden die Unterteilungen in sieben, acht (hier endet das Diagramm), neun, zehn und elf Achtelnoten.

Zwölf Sechzehntel sind die nächste reguläre Unterteilung – hier beginnt die Serie der Sechzehntelnoten) etc.

Deutsche bzw. französische Musikverlage bevorzugen ihr entsprechendes System. Weltweit sind die Schreibweisen ziemlich durchmischt und oft inkonsequent, wie es dem Verleger oder dem Autor gerade besser ins Bild passt.

E. Akzentabhängige Elemente und Formeln

E.1. Synkopen, Pseudosynkopen

Was ist überhaupt eine **Synkope**?

Sie entsteht durch die Verschmelzung eines unbetonten Notenwertes mit dem folgenden betonten Notenwert. Oft ist diese Verschmelzung durch einen Haltebogen kenntlich gemacht. Traditionell wird die Synkope als eine Verschiebung des Akzents von rechts nach links, auf den unbetonten Notenwert erklärt.

Dazu sollte festgehalten werden, dass eine Akzentverschiebung gehörmäßig nicht möglich ist. Zwar stimmt es, dass der erwartete Akzent der betonten Note durch sein Verschwinden für eine Überraschung sorgt (der Ton wird nicht mehr angeschlagen), doch seine Zurückversetzung in die Vergangenheit ist physikalisch ausgeschlossen.

Nicht aber psychologisch: Es ist unser musikalisches Gedächtnis, dem rückwirkend die ehemals unbetonte Note im Vergleich zur folgenden Akzentleere als unerwartet betont erscheint. Oder andersrum: Wir folgen einem bis dahin induzierten Metrum und die Abwesenheit des erwarteten Akzents erwischt uns auf dem falschen Fuß. Ein rhythmischer Schluckauf – wenn man diesen Vergleich nicht allzu streng beäugt.

Die Synkopierung ist eine Art akustische Täuschung, mit einer besonderen Wirkung auf unsere rhythmische Wahrnehmung. Zudem sollte man noch einmal beachten, dass das Synkopen-Feeling auch auf Instrumenten erweckt werden kann, die gar keinen Klang betonen können – etwa die Kirchenorgel oder ein einfaches elektronisches Keyboard ohne Anschlagsdynamik.

Musiker betonen gerne die synkopierten Noten zusätzlich. Das ist musikalisch selbstverständlich, hat aber nichts mit der Erkenntnis zu tun, dass der *Synkopenakzent* im Grunde genommen ein *subjektiver Täuschungsakzent* ist (im Bild 40 durch ein Sternchen gekennzeichnet). Das ermöglicht eine exakte Definition der Synkopen-Arten. Die durch die Überbindung unterdrückten Akzente sind in Bild 40 eingeklammert:

Bild 40 Synkopenakzente

Dieser auf den ersten Blick merkwürdige Vorgang sollte uns nicht wundern: In allen Bereichen unserer Sinne gibt es Phantombilder, die uns eine Realität vorgaukeln, die es so gar nicht gibt. Gemeint sind hier nicht krankhafte Sinnesstörungen, sondern systemische Fehleinschätzungen unseres kognitiven Apparats, wie z.B. die optischen Täuschungen, denen alle Menschen unterliegen, auch Architekten, Ingenieure, Mathematiker, Maler, Chirurgen und ganz bestimmt wir Musiker auch.

Die Kleinbuchstaben in Bild 40 markieren die Noten, die nun *subjektiv, virtuell* einen Synkopenakzent tragen.

a) = Synkope auf einer Zählzeit bzw. auf einer Viertelnote

b) = Synkope auf einer Achtelnote

c) = Synkope auf einer Zählzeit bzw. auf der zweiten halben Note

d) = Synkope auf einer Sechzehntelnote

e) = Synkope auf einer Zählzeit bzw. auf einer Viertelnote, wie im ersten Takt, nur
    als punktiert Halbe, ohne Haltebogen notiert

Wichtig ist die metrische Position des Synkopenakzents. *Die Dauer des verbleibenden Klangs, dessen Akzent abhandengekommen ist, ist unerheblich* (Näheres im Kapitel »Die Rolle der Pausen«, Bild 51).

Und was ist eine **Pseudosynkope**?

Sie entsteht durch die Verschmelzung des zweiten mit dem dritten Wert eines ternären Metrums oder mit dem Anfang des dritten Wertes (Bild 41.a und b), wodurch der Pseudoakzent auf der dritten Viertelnote nicht mehr ausführbar ist. Im Bild 41 sind alle verhinderten Akzente eingeklammert, die Akzent-Illusionen sind mit einem Sternchen gekennzeichnet.

Noch sei erwähnt, dass die Verschmelzung der *zweiten Hälfte* des zweiten Notenwertes einer Dreiereinheit mit der dritten Note (Bild 41.c und d) *keine Pseudosynkope* ist, denn dadurch entsteht eine *reguläre Synkope* – das Verschwinden des verhältnismäßig stärkeren Akzents (>) wird von unserem Gehirn wahrgenommen, nicht das Verschwinden des schwächeren Pseudoakzents (das schräge Strichlein):

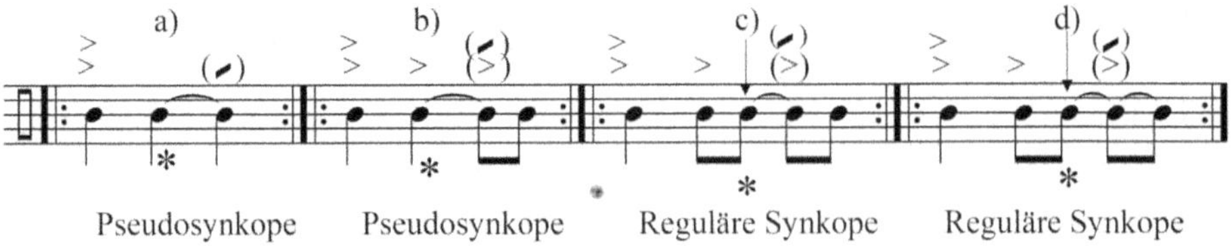

Bild 41 Pseudosynkopen und reguläre Synkopen

Die üppige Menge an Zeichen und Symbolen im Bild 41 mag abschreckend wirken. Deshalb wird Folgendes vorgestellt:

Trainingsvorschlag:

Empfehlenswert ist, jeden einzelnen Takt in diesem Beispiel singend mehrmals hintereinander auszuführen, dann werden sich die rhythmischen Empfindungen für echte Synkopen und Pseudosynkopen deutlich unterscheiden. Und dann wird auch der »Schilderwald« im Beispiel seinen Sinn freigeben.

Noch prägnanter steigt das Gefühl der Pseudosynkopen beim Singen/Spielen/Hören der beiden Musikbeispiele Bild 42 und Bild 43 (Tschaikowsky und Schumann):

Bild 42 Pseudoakzente P. I. Tschaikowsky – Schwanensee

Bild 43 Pseudoakzente R. Schumann – 4. Sinfonie, D-Moll

Eine Frage noch schwebt im Raum: Woher kommt dieser irgendwie enigmatische Pseudoakzent? Beim Spielen/Singen/Hören von binären Zellen (Zweiergruppen) ist unsere Rhythmuswahrnehmung geneigt, den ersten Impuls als betont zu hören (siehe auch Bild 2, Bild 3).

Wechselwirkend ist der Spieler oder Sänger geneigt, betonte Werte einer binären Zelle etwas länger zu spielen/singen. Diese Tendenz gibt es vermutlich, seit es Musik gibt. Sie generierte, auch in Zusammenhang mit dem Sprachrhythmus, die ternäre Zelle. Die bekannteste musikgeschichtliche Station dürfte der »tempus perfectum« des Mittelalters sein. Im Jazz kann man wie in der Zeitlupe das Entstehen ternärer aus binären Zellen mit langsamer werdendem Tempo beobachten (siehe Shuffle, Bild 57).

Bild 44 zeigt, vorgezogen, die Entstehungsphasen des Shuffle, in einem anderen Maßstab (Takte 1, 2, und 3), und danach, über die gleichmäßige Verteilung von Vierteln (Takt 4), zum »Negativ«-Shuffle, zur **Pseudosynkope** im Takt 5:

Die Notenwerte a) und aa) sind weniger betont als der Notenwert B

Bild 44 Genese-Modell des Pseudoakzents

Die Viertelnote B (in den Takten 3 u. 4) steht als selbstständige Zählzeit immerhin etwas höher in der Hackordnung der Viertelnoten als die bescheidenen ehemaligen Anhängsel (a) und (aa). Sie darf es sogar zu einer, naja, nicht ganz Synkope, aber immerhin Pseudosynkope bringen.

E.2. Die Hemiole

Eine charakteristische Auswirkung des Pseudoakzents ist die aus der Renaissance bekannte **Hemiole**, eine metrorhythmische Formel mit einer Besonderheit: die Aneinanderreihung von drei *betonten* Notenwerten – der erste (Bild 45.a) mit metrisch natürlicher Betonung auf erster Zählzeit, der zweite (Bild 45.b) als echte Synkope und der dritte (Bild 45.c) als Pseudosynkope. Sechs Zählzeiten zweier aufeinanderfolgenden Dreier-Takte werden zu zweit überbunden:

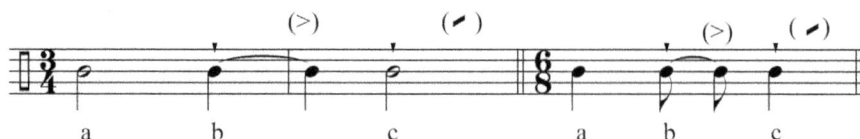

Bild 45 Hemiole

Der Reiz der Hemiole offenbart sich, wenn der Hörer auf eine Dreier-Gruppierung (drei Zählzeiten oder drei Bezugswerte) eingestellt ist: Plötzlich drängt sich eine andere, eine Zweier-Gruppierung auf, sodass der Hörer metrisch unvermutet zweigleisig fährt:

Die Hemiole ist die einfachste Form der Polymetrie.

In der Renaissance ist die Hemiole in Verbindung mit den Klauseln (Kadenzen) anzutreffen. In ihrer ausdrücklichen Form – wie in Bild 45 – erscheint sie eher selten; es ist nicht immer eindeutig, ob sie aus dem rhythmisch polyfonischen Geflecht de Stimmen zweifelsfrei herausgeschält werden darf. Manchmal beschränkt sie sich auf eine Pseudosynkope. Hier (Bild 46) eine besonders aussagekräftige Folge von zwei Hemiolen aus der Renaissance (Giorgio Mainerio, 1530? – 1582):

Bild 46 Hemiolen G. Mainerio (6/8-Takt)

Synkopen und Pseudosynkopen werden *nur in Verbindung mit unserer rhythmischen inneren Einstellung* als solche auch empfunden: In Bild 47 ist diese Passage *mit exakt den gleichen Tonfolgen* wie in Bild 46 umgeschrieben, sodass sich in unserem Rhythmusgefühl nicht der 6/8- sondern der 3/4-Takt einnistet – und plötzlich ist der Charme der Hemiolen mit ihren Synkopen und Pseudosynkopen wie weggeblasen. Im Gegenzug erscheint eine echte Synkope im ersten Takt:

Echte Synkope   Keine Hemiolen, nur metrische Regelakzente

Bild 47 Mainerio ohne Hemiolen (3/4-Takt)

In der Zeit der Wiener Klassik scheint die Hemiole abgetaucht zu sein. Beethovens »Appassionata« enthält einige Passagen im ersten Satz (im Zwölfachteltakt), die in latenter Polyfonie eindeutig als zweistimmige Hemiolen klingen (Bild 48). Und genau in diesen Passagen ist in manchen Ausgaben über den drei Achtelnoten einer ternären Zählzeit ein Triolen-Zeichen notiert. Metrisch eigentlich unsinnig, doch damit will der Herausgeber (Komponist?) unterstreichen, dass nicht die Hemiolen im Vordergrund zu stehen haben, sondern die Akkorde, die sich metrisch unsynkopiert im binären Achtel-Turnus abwechseln:

Bild 48 L. v. Beethoven - Appassionata, erster Satz

Zur Verdeutlichung wurde im Bild 49 die gleiche Tonfolge in den Dreiachteltakt umgeschrieben und reduziert (ohne Akkorde). Die Akzente-Struktur verändert sich dadurch nicht. Drei Hemiolen werden sichtbar, doch es sind hier nicht kadenzielle Renaissance-Hemiolen:

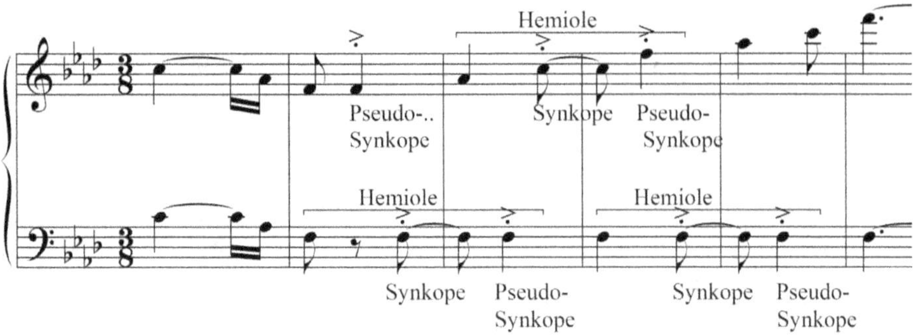

Bild 49 Appassionata reduziert

In den Zeiten nach der Renaissance erscheint die Hemiole seltener. Verschwunden ist sie nicht; bei Johannes Brahms (1833-1897) erlebt sie eine kleine Renaissance, auch in Verbindung mit anderen polymetrischen und polyrhythmischen Formeln. Hören wir das erste Thema aus seiner dritten Sinfonie F-Dur (Bild 50):

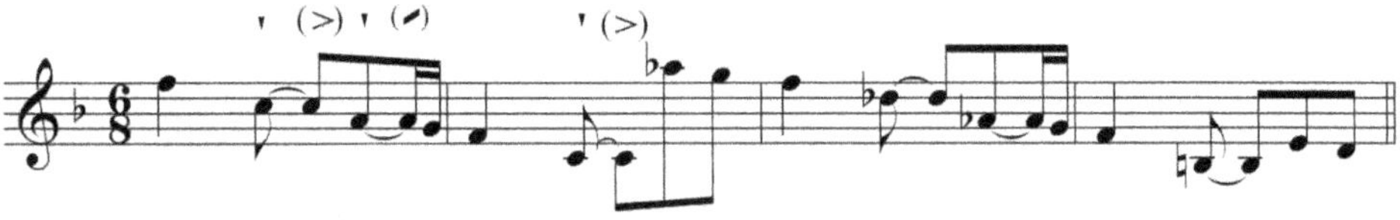

Bild 50 J. Brahms – 3. Sinfonie

In den letzten einhundert Jahren vermerken wir ein penetrantes Comeback der Hemiole, insbesondere dank Jazz und Pop-Rock, auch in Zusammenhang mit den Triolen auf zwei Zählzeiten (siehe auch Bild 88).

Die in der Renaissance stilprägende Hemiole ist der Keim der polymetrischen Rhythmen, die in der Musik des 20. Jahrhunderts, weniger in der Kunstmusik, dafür aber massiv und Stil bestimmend im Jazz, Pop und Rock beheimatet sind.

E.3. Die Rolle der Pausen im Rhythmus

Betrachten wir das Bild 51:

- Die Takte 1 bis 4 (a) zeigen das übliche Notenbild von Hänschen klein, ohne Pausen.

- In den Takten 5 bis 6 (b) wurden die Viertelnoten um eine Achtelpause gekürzt, was den Rhythmus nicht ändert.

- In den Takten 7 bis 8 (c) klingt nur der Anschlag der Noten, der Rest ist Pause. Etwa so, als ob das normal geschriebene Hänschen klein (Takte 1 bis 4) staccato oder auf dem Xylofon gespielt würde.

- Spielt ein Pianist wiederum die Takte 7 bis 8 mit Pedal, verschwinden die Pausen:

Bild 51 Hänschen klein mit und ohne Pausen

Die Moral der Geschichte:

Einzig die Folge der Anschläge der Töne ist bestimmend für den Rhythmus. Pausen sind nicht Bestandteil eines Rhythmus, sondern nur Ausführungsvarianten des Klangs – sehr wichtig für den musikalischen Ausdruck, doch nicht Rhythmus bestimmend.

E.4. Contretemps

Im Falle einer Synkope kommt der erwartete Akzent nicht (siehe auch Bild 40): Die Note davor wurde verlängert und kann in ihrem Gesamtverlauf nicht mehr betont werden. Wenn der erwartete betonte Anschlag durch eine Pause ersetzt wurde, wird der gleiche Synkopeneffekt durch das Nichterscheinen dieser erwarteten Betonung generiert. In der französischen Musiktheorie wird diese Art von Synkope »Contretemps« genannt. In der deutschen Theorie ist eine solche Unterscheidung nicht üblich.

Im Bild 52 (Aram Chatschaturjan, 1903–1978 – »Säbeltanz« aus dem Ballett »Gayaneh«) können die beiden Synkopen-Arten verglichen werden:

- Die Mittelstimme (Bild 52.a) ist eine ununterbrochene Folge von Contretemps

- In Bild 52.b ist die klangmäßig gleiche Folge eine Synkopenkette

Letztendlich – wie wir im Bild 51 gesehen haben – ist es für die rein rhythmische Folge unerheblich, ob die regulären Akzente durch Pausen oder durch Haltebögen entfernt wurden. Bei Instrumenten mit steuerbaren Tondauern verwandeln solche notierten Pausen die Synkopen in Contretemps. Sie verleihen der Formel eine besondere Färbung, sie können die Synkopenakzente verschärfen.

Bei Instrumenten mit kurz angeschlagenem Ton (Schlagzeug, Zupfinstrumente) ist es egal, ob Pausen notiert werden oder nicht, weil an den entsprechenden Stellen der Unterschied eh nicht zu hören ist:

Bild 52 A. Chatschaturjan – Säbeltanz

Im Bild 53, im Rhythmus eines Ritornello aus Monteverdis »L'Orfeo«, ist ein Contretemps zu hören, der einen Takt mit Phrasenende mit dem darauffolgenden Auftakt fast zu einer Hemiole macht. Ein kleiner Notenwert-Tausch in Takt 5 (Viertelnote-Achtelnote wird zu Achtelnote-Viertelnote) verleiht der gesamten zweiten Zeile ein Hemiolen-Feeling.

Dieses Beispiel, wie auch das Beispiel Mainerio (siehe Bild 46), lässt durchblicken, dass *der Weg der Polymetrie rein rhythmisch gesehen nahtlos von der Hemiole der Renaissance zum heutigen Flamenco* (siehe Bild 65 und Bild 66) *geht*. Darunter sollte nicht verstanden werden, dass sich die Hemiole in Flamenco verwandelt hätte, sondern dass beide Formeln unserem natürlichen Rhythmusgefühl entsprechen:

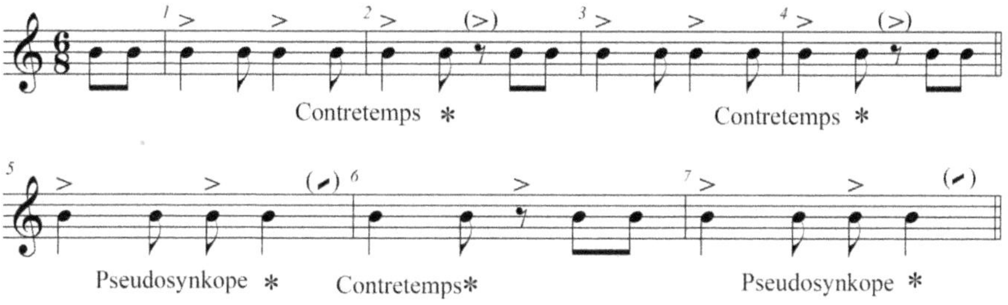

Bild 53 Cl. Monteverdi – L'Orfeo

F. Dehnbare Rhythmen und Metren

F.1. Inegalité im Barock, Tonwiederholungen in der indischen Bollywood-Musik, Shuffle im Jazz, binärer und ternärer Swing, Backbeat

Bis Mitte des 20. Jahrhunderts wurden musiktaugliche Klänge und Rhythmen ausschließlich von Menschen, in Hand-, Fuß- und Mund-Arbeit generiert, vokal oder instrumental. Notierte Rhythmen waren Anhaltspunkte, die der Spieler mehr oder weniger genau beachtete, so wie ihm es sein Können erlaubte, seine Gefühle es forderten oder seine Zeitgenossen es von ihm erwarteten.

Grafisch-mathematisch genau notierte Notenwerte wurden (und werden) in der Spielpraxis gedehnt oder komprimiert, wann immer es erforderlich war (und ist), um über die Musik eine höchstmögliche Intensität der Gefühle zu erreichen. Einige dieser Veränderungen werden notiert (rubato, accellerando, rallentando etc.), andere werden dem Interpreten überlassen.

Mit dem Einzug der elektronischen Steuerungen war die Perspektive gegeben, Tondauer-Verhältnisse mathematisch genauso wie notiert klingen zu lassen. Notwendig war das nicht (noch nicht), doch die Perspektive reizte. Das geschah in Nischen-Bereichen der modernen Klassik, angefangen mit der elektronischen und konkreten Musik der Avantgarde, und zunehmend in der Unterhaltungsmusik.

Ist das gut oder schlecht?

Automatische Klang-, Rhythmus- und Begleitgeneratoren in Verbindung mit E-Pianos haben massenhaft Jugendliche zum selbstständigen Musizieren und sogar komponieren gebracht, die sonst über das passive Hören von Musik kaum hinausgekommen wären. Ganze Musikströmungen – zum Beispiel Techno oder Hip-Hop – wären ohne diese Voraussetzungen gar nicht entstanden.

Was geschieht, wenn Partituren der instrumentalen Klassik von Bach über Schumann bis Strawinsky von elektronischen Maschinen wiedergegeben werden? Mussorgskis »Bilder einer Ausstellung« in Isao Tomitas elektronischer Ausführung liefert ansatzmäßig eine Antwort.

Bei gestandenen E-Musikern sind Abweichungen vom exakten Notenbild nicht die Folge von Wahrnehmungsdefiziten oder motorischen Schwächen, sondern gefühlsmäßige Anpassungen an die musikalischen Bedürfnisse des Hörers, auch des Spielers selbst. Es handelt sich um Anforderungen einer stilgerechten Agogik. Aus diesem Grund sind starre maschinelle Wiedergaben solcher Musik unbefriedigend.

Abweichungen von der mathematischen Kommensurabilität der Tondauern gab es immer, gibt es auch heute und wird es vermutlich immer geben. Im Folgenden werden einige Stationen und Hintergründe solcher Abweichungen vorgestellt.

F.2. Barock

Notierte Achtelnoten – also konventionell gleichlange Notenwerte – wurden im Barockzeitalter nicht gleichlang gespielt, es sei denn, der Komponist hat das in der Partitur ausdrücklich vermerkt: »croches égales«. Die erste, betonte Achtelnote war etwas länger als die zweite, abhängig vom Interpreten, vom Geschmack des Publikums etc.

Das variable und ungenaue Verhältnis zwischen der längeren und der kürzeren Note konnte nicht exakt notiert werden, doch die Konstrukteure von Spieluhren mussten sich für physikalisch genau messbare Abstände zwischen den rotierenden Noppen ihrer klingenden Figuren entscheiden. Angegeben wurden Verhältnisse wie z.B. 3:1, 2:1, 3:2, 7:5, 9:7. Daraus kann man nur schließen, dass es keine festen Regeln gab. Dem Interpreten war es überlassen, im realen Musizieren den rhythmischen Ausdruck zu formen, den er für richtig hielt.

Allerdings war der metrische Bezugswert – die zusammengelegte Dauer der beiden ungleichen Achtelnoten, in diesem Fall eine Viertelnote – ein konstanter, im Rahmen des interpretativen Konzepts verlässlicher und notierbarer Wert.

Einzelne Töne wurden gedehnt und komprimiert – das Metrum in der Regel nicht.

Eher ungewöhnlich sind die Freiheiten, die sich Glenn Gould punktuell beim Spielen des Wohltemperierten Klaviers von J. S. Bach nimmt. Als Beispiel diene das Präludium G-Moll, WK II: Die Dauer der Zweiunddreißigstelnote ist nach der punktierten Sechzehntel-Pause in den Kopfzellen des Motivs (in Bild 54.a) viel kürzer als notiert. Real gehört könnte es eine doppelpunktierte (»überpunktierte«) Sechzehntel-Pause sein, gefolgt von einer Vierundsechzigstelnote »g¹« in der ersten Stimme bzw. »h« in der zweiten Stimme. Erst im weiteren Verlauf (Bild 54.b) klingt die einfache Punktierung.

Das Konzept scheint klar: Gould unterstreicht besonders einprägsam den Start der Motive. Dass zu Bachs Zeiten eine notierte rhythmische Formel elastisch gespielt wurde, gehört zum Selbstverständnis dieser Musik – man denke an die hier erwähnte, nicht unübliche Doppelpunktierung, die statt der notierten einfachen Punktierung gespielt wurde, an den »lombardischen« Rhythmus (erster Ton der Zelle kürzer als der zweite) und an die »Inegalité« (lang – kurz) – aber dass eine solch frei interpretierte

Formel auf kleinstem Raum dermaßen unterschiedlich ausgeführt wird, wie Glenn Gould es tut, dürfte als ziemlich unwahrscheinlich bewertet werden.

Interessant sind Meinungen einiger Musikstudenten von Goulds Interpretation. Sie reichen von »genial« über »gewöhnungsbedürftig« bis »inakzeptabel«:

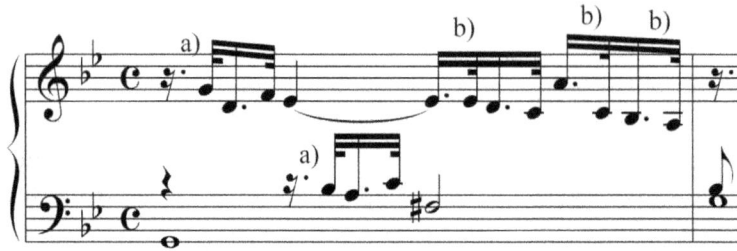

Bild 54 J. S. Bach – Präludium G-Moll, WK II

Elastische, dehnbare Metren und Rhythmen bilden bestimmt nicht die einzige Facette der musikalischen Zeitstruktur der Klassik. Viele motorisch angelegte Musikwerke von der Renaissance bis in die Moderne – z.B. Toccaten – wurden und werden streng gleichmäßig gespielt.

F.3. Bollywood

Die Musik der Tanzeinlagen in den indischen Liebesfilmen ist scharf rhythmisch. Sie kennt zwar keinen Swing, doch Hemiolen, streckenweise ungleichmäßige Taktarten und Bossa-Nova-ähnliche Triphasen (siehe Bild 77) gehen umso präziser mit einer bemerkenswert synchronen Massenchoreografie einher. Auffällig ist das gelegentlich erklingende »Den-ge Den-ge Den-ge« (hier lautmalerisch dargestellt), eine perkussive Begleitung, wo das »Den-« kaum messbar und nicht notierbar, aber unverwechselbar etwas länger ist als das »-ge«. Wer das hört, weiß sofort, dass diese Musik aus Indien kommt.

Die ersten Töne der binären Zellen werden auf Kosten der zweiten gedehnt – das Metrum nicht.

F.4. Jazz und Pop-Rock

Viele Songs, derer Rhythmus ternär klingen soll, werden in Klavierheften in binären Zellen notiert, weil das Notenbild komfortabler ist – meist Achtelnoten im Viervierteltakt. So auch der Song »With a Little Help from My Friends« von den Beatles (Bild 55). Das führt nicht selten in Musikschulvorspielen zu Verlegenheitsmomenten, wenn der Schüler schön brav binäre Achtelnoten als »croches égales« spielt:

Bild 55 The Beatles - Little Help for My Friends ❖

In solchen Fällen gibt es meist einen deutlichen Hinweis am Anfang der Partitur, wie hier im Bild. Mit oder ohne Hinweis, klingen muss der Song so (Bild 56):

oder:

Bild 56 The Beatles – Little Help – ternär verswingt ❖

Vierviertel- und Zwölfachtel-Takte sind akzentäquivalent (siehe auch Bild 33). Das Klangergebnis ist identisch, doch beide Notierungsvarianten in Bild 56 sind ungemütlich zu schreiben und zu lesen. Erheblich einfacher und übersichtlicher ist die streng genommen nicht richtige Notation in Bild 55, die aber sofort richtig wird, wenn man den Hinweis auf die Triolisierung beachtet.

Shuffle

Dieses englische Wort heißt so viel wie schlurfen, schleppend gehen. Zuweilen wird es verwendet, um eine Spielart des Swing zu beschreiben: In einer Zelle von zwei Achteln wird die erste etwas verlängert und die zweite entsprechend gekürzt. Da es dafür noch keinen von der Musiktheorie allseits anerkannten Ausdruck gibt, werden wir das Wort in diesem einen Sinne verwenden.

Der Triolisierungs-Hinweis über dem ersten Takt eines binär notierten Songs zeigt dem Spieler, dass er das Stück »Shuffle« spielen muss, also wie eben beschrieben: Die erste Achtelnote von zweien in einer Viertelnoten-Zählzeit wird länger, auf Kosten der zweiten Achtelnote, die entsprechend kürzer wird. Praktisch wird letztendlich mit fallendem Tempo tendenziell eine Triole Viertelnote-Achtelnote gespielt oder gesungen. Eine binäre Zählzeit wird durch eine ternäre Zählzeit ersetzt. Das Bild 57 zeigt diese Metamorphose bei Verlangsamung des Tempos, über ein Zwischenstadium. So könnte die Verwandlung etwas besser nachempfunden werden.

Das als Bollywood-Rhythmus dargestellte »Den-ge Den-ge ...« dürfte in etwa dem Zwischenstadium 3:2 in die Nähe kommen.

Bei weiterer Verlangsamung des Tempos verselbstständigt sich das Shuffle und wird zum Walzer-Dreier – dies ist nicht unbedingt eine Hypothese für die Entstehung des »tempus perfectum«, des Dreier-Taktes, sondern nur so etwas wie ein Bilderband, eine Morphing-Strecke unserer rhythmischen Wahrnehmung:

schnell .... weniger schnell .... langsam ....

binäres Verhältnis: Zwischenstadium: ternäres Verh.: ("shuffle")
1:1 Achtel   ~ 3:2 Sechzehntel   2:1 Achtel

Bild 57 Übergang von Binär zu Ternär (Shuffle)

Auch der umgekehrte Weg gilt: Im Jazz wird Langsames, Ternäres, mit steigendem Tempo in Richtung binär umgewandelt. Auch diese Beschreibung des Shuffle sollte nicht allzu genau genommen werden. In der Praxis dominieren meist klare binäre bzw. ternäre Zellen; die Zwischenstadien hört man nur gelegentlich, bzw. sie sind schwer eindeutig einzuordnen.

Der erste Ton einer binären bzw. ternären Zelle kann im Jazz gedehnt bzw. komprimiert werden – das Metrum nicht.

Swing

»Swing« ist eine Gestaltungsart des Rhythmus, die sich im Jazz der 1930er-Jahre gebildet hat. Voraussetzung dafür ist das Shuffle, dessen kürzere zweite Note synkopisch weiter überbunden wird. Jazz-typisch ist, dass die letzte Note der meist ternären Zelle Realnote im folgenden Akkord ist. Auch **Backbeat** (siehe auch Bild 79, Glasperlenspiel) ist, obwohl binär, in Zusammenhang mit Swing zu verstehen.

In der klassischen Harmonielehre werden Antizipationen selten mit der darauffolgenden Realnote überbunden; sie werden getrennt angeschlagen. Im Bild 58 (Sonatine Beethoven) sind die beiden Auftakt-Antizipationen für die Takte 1 und 2 originalgetreu wiedergegeben. In den Auftakten zu den Takten 5 und 6 haben wir sie überbunden, völlig unpassend zum Stil. Das wäre binärer Swing gewesen:

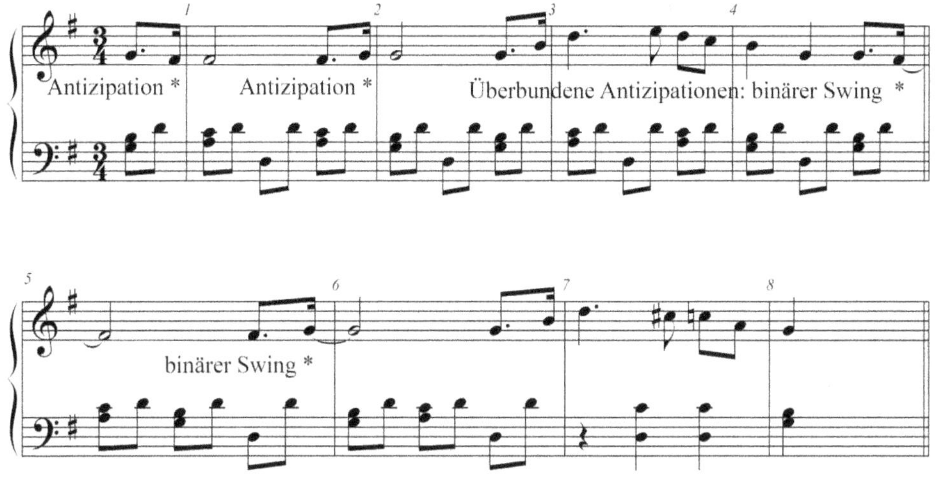

Bild 58 L. v. Beethoven – Sonatine G-Dur, Tempo di Minuetto ❖

Jetzt kann der Swing kurz definiert werden:

Im Swing ist die Antizipation zu ihrer folgenden realen Note überbunden.
Dadurch wird der erwartete metrische Akzent in der Melodie nicht realisiert – eine Jazz-Synkope ist entstanden. Andererseits sind selbst bei Beethoven *überbundene Antizipationen* zu finden, mit entsprechendem Seltenheitswert. Hier ein vereinfachter Auszug aus dem Trio im 2. Satz der Mondscheinsonate:

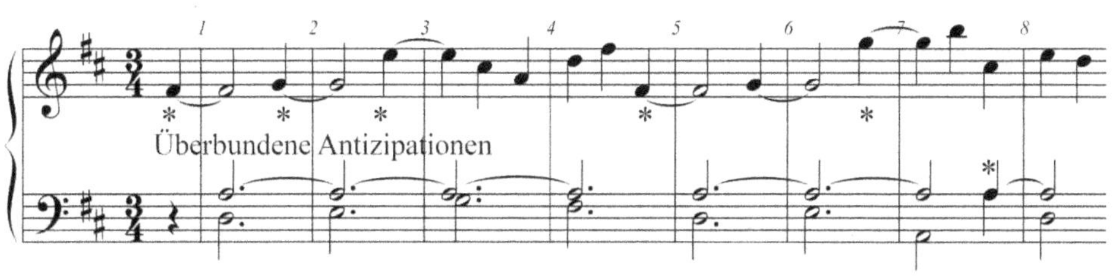

Bild 59 L. v. Beethoven – Mondscheinsonate, 2. Satz (Trio)

Kaum jemand würde diese Phrase als verswingt wahrnehmen. Sie ist zu langsam, zu ländler- oder walzerhaft für ein Swing-Feeling. Wenn wir aber die Melodie mindestens doppelt so schnell singen, mit den Silben »ba-ba…« und die Einsen der Takte klopfen, die nun zu ternären Zellen geworden sind, ist das Ergebnis bemerkenswert – und aufschlussreich. Also fast jazzig; das wäre eine gute Vorlage für die »Swingle Singers« der 1960er-Jahre gewesen, eine Vokalgruppe, die sich darauf spezialisiert hatte, klassische Werke – besonders Bach – jazzig zu singen.

Die Swing-Antizipation muss nicht dissonant sein. Wichtig ist die charakteristische Überbindung von einer kurzen, unbetonten zur folgenden betonten, meist auch längeren Note. Nicht alle betonten realen Noten werden im Jazz verswingt, will heißen, überbunden antizipiert. Lust und Laune des Jazzers spielen mit. Verfolgen wir am Beispiel Bild 60 einen systematischen Hergang de Verswingung einer klassischen, nicht jazzigen Melodie:

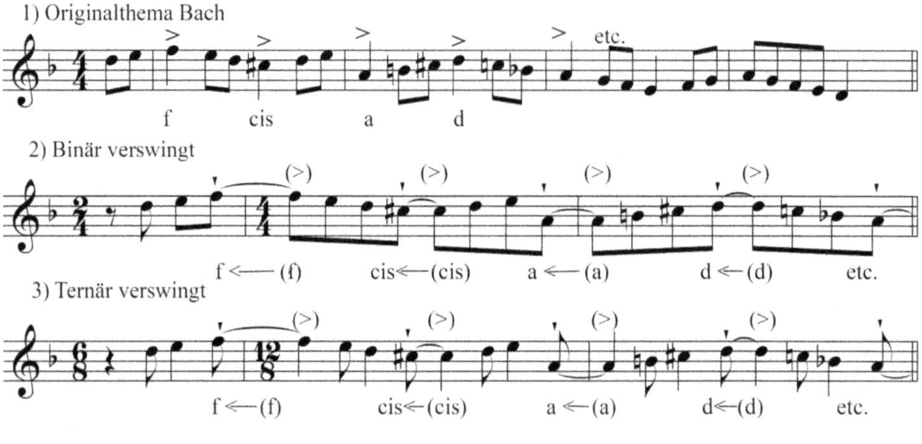

Bild 60 Ian Anderson: Verswingung Bach – Bouree ❖

Sehen wir uns an diesem Beispiel die prinzipiellen Etappen einer Verswingung an:

- Bild 60.1 zeigt das erste Motiv eines Bourées von J. S. Bach.

- In Bild 60.2 sind die Töne der betonten Zählzeiten (»f«, »cis«, und »d«) antizipiert (vorgezogen) und überbunden; der in Klammern gesetzte metrische Akzent ist verschwunden; die Keile kennzeichnen den Synkopenakzent. Da die Zählzeiten binär sind, handelt es sich um eine **binäre Verswingung**, wie sie im Pop, im Rock und im schnellen Jazz üblich ist (siehe auch Bild 17).

- In Bild 60.3 sind die binären Zählzeiten durch ternäre Zählzeiten ersetzt. Das ist der **ternäre Swing,** der typische Jazz-Swing. Das Beispiel ist die

Transkription der in den 1970er-Jahren auf der Querflöte von Ian Anderson gespielte Version des Bourées (Pop-Rock-Band: »Jethro Tull«).

Eine ein wenig andere Definition: Ternärer Swing ist das Vorziehen des Anschlags der betonten Note einer ternären Zählzeit (Zelle, Einheit). Die somit zurückgedrängten Noten werden, wenn nicht genügend Platz ist, entsprechend gekürzt.

Trainingsvorschlag:

Verswingen wir jetzt das allbekannte »Hänschen klein« (das übrigens auch in Fernost gesungen wird, zumindest in den evangelischen Gemeinden):

(>) = verhinderter metrischer Akzent
* = Swing-Synkopen-Akzent

Bild 61 Verswingung Hänschen klein ❖

- Wie auch im Falle des Bourées (Bild 60.1) zeigt Bild 61.1 die original binäre, nicht synkopierte Ausführung des Liedes. Die Noten »f«, »c« und »g« werden im Weiteren Objekte der Verswingung sein.

- Im Bild 61.2 sind die vorgezogenen Anschläge erkennbar. Die zurückge-drängte Viertelnote »e« im ersten Takt musste zu einer Achtelnote schrump-fen, um dem vorgezogenen »f¹« Platz zu machen. Wie auch die Viertelnote »d« im zweiten Takt, die dem vorgezogenen »c« Platz machen musste. So ist auch das Schrumpfen der Achtelnote »f« im dritten Takt zu einer Sechzehntelnote zu bewerten.

- In der zweiten Zeile ist der Bezugswert kein Triolen-Element, die überbundene Antizipation ist dennoch ein sehr deutliches Erkennungselement der Unterhaltungsmusik zur Unterscheidung von der E-Musik – eine **binäre Verswingung**.

- In Bild 61.3 wurden die binären Zählzeiten aus Bild 61.2 durch ternäre Zählzeiten ersetzt, triolisch notiert. Das Ergebnis ist nun die Jazz-verswingte Version von Hänschen klein.

- Bild 61.4 liefert das gleiche Klangbild, nur anders geschrieben, im 6/8-Takt. Französisch: ein Takt mit zwei ternären Zählzeiten.

Die notierte rhythmische Phrase des Themas in »One Note Samba« (Bild 62) von Antonio Carlos Jobim (1927–1994) baut auf dem Bezugswert Achtelnote. Auch hier – wie im ersten Satz der Mondscheinsonate (Bild 63) – ein Motiv mit unveränderter Tonhöhe. Anders als bei der Mondscheinsonate sind Abweichungen vom streng gleichmäßigen Fluss der Bezugswerte bei Jobim undenkbar. Die Spannung des *binären Swing* (Bild 55 bis Bild 61) würde bei flexiblem Tempo (siehe Kapitel »Dehnbare Rhythmen«) untergehen:

Bild 62 Antonio Jobim – One Note Samba ❖

Das gezahnte Raster des rhythmischen inneren Keilriemens des Hörers muss scharf und sicher ausgeprägt sein, die Folge seiner inneren Bezugswerte sehr gleichmäßig und genau, um den Sinn der Verswingung erblühen zu lassen. Rallentandi, Accellerandi oder sonstige flexible Ausführungen, wie sie in klassischen Interpretationen durchaus üblich und notwendig sind, lassen keine Verswingung zu. Es entstünde nur eine rätselhafte Zeitfolge von Tönen.

Backbeat

Im Normalfall werden in der Unterhaltungsmusik die regulär betonten Zählzeiten sehr deutlich aufgeführt, etwa durch Schlagzeug oder Bässe. Fehlen sie, weiß man oft nicht, was der Rhythmus eigentlich will. Viele Songs fangen mit Motiven an, deren Rhythmus man partout nicht einordnen kann, weil man auf die Schnelle kein Raster findet, das dazu passt. Dann, nach einigen Takten, erbarmen sich die Macher des Songs und lassen in der Rhythmus-Sektion die Zählzeiten erklingen. »Wow! Wie konnte es mir entgehen, dass der Takt so ist und nicht anders?« Beim nächsten Hören weiß man dann Bescheid. Solche Tricks gehören zum Erfolgsrezept der Szene, gern eingefädelt im Techno.

Ist einmal das innere rhythmische Raster im Hörer induziert, kann die gehörte Musik es sich sogar leisten, die regulär unbetonten Zählzeiten mit Schlagzeuginstrumenten künstlich zu betonen, ohne dass der Hörende sich bedrängt fühlt, die metrische Schiene zu wechseln – das ist der *Backbeat*, vorzugsweise im Jazz und Rock angesiedelt (siehe Bild 79, Glasperlenspiel). Ähnlich wie auch das Synkopen-Feeling: Ohne die gefühlte, gleichmäßige Folge der normal betonten Zählzeiten, ist Backbeat natürlich sinnlos.

Klassisch-romantische Interpretationen

Eine eigene metro-rhythmische Welt ist die der *Interpreten klassischer Musik,* mit besonders deutlichen Ausprägung zum Anfang des 20. Jahrhunderts. Man höre sich beispielsweise frühe Aufnahmen von Rachmaninow oder Prokofjew beim Spiel ihrer eigenen Werke, oder auch sonst Aufnahmen berühmter Interpreten Anfang-Mitte des 20. Jahrhunderts an. Zuweilen entfernt sich hier die Agogik auffällig vom bekannten Notenbild. Heutzutage scheinen solche Dehnungen und Komprimierungen etwas gedämpfter zu sein, man könnte sagen: dezenter.

Andere Zeiten, andere Manieren. Jazz und Schlager waren schon da, aber in einem anderen kulturellen Universum. Wie hörten sich wohl Frédéric Chopins (1810–1849) Interpretationen zu Lebzeiten an? Er war berüchtigt für seinen exakten Rhythmus. Vielleicht gerade deshalb baute er irre irreguläre Unterteilungen ein, mit rein melismatischem Wert natürlich. Sehen wir uns das charakteristische Motiv des ersten Satzes aus Beethovens Mondscheinsonate (Bild 63) an. Diese Drei-Noten-Formel, auf der gleichen Note »gis[1]« gespielt, ist das Kernmotiv des Satzes:

Bild 63 Mondscheinsonate – Interpreten: plastischer Rhythmus

Das Klavier ist eines der exaktesten Rhythmusinstrumente; der Pianist kann den Anschlag der Sechzehntelnote nicht irgendwie schleifen lassen, was mit anderen Instrumenten oder mit der menschlichen Stimme möglich wäre. Der Pianist kann mit dem Rhythmus nicht feilschen, *er muss sich entscheiden, wann genau das Hämmerchen die Saite anschlägt* – und sein Rhythmus muss **plastisch** sein.

Daniel Barenboim schlägt die Sechzehntelnote an der notenwertmäßig errechneten richtigen Stelle an, verlängert jedoch leicht das »e« der letzten Triole im ersten Takt.

Radu Lupu halbiert für den Anschlag der regulären Sechzehntelnoten die letzte Achteltriole – das leichte rallentando davor lässt keine genaue Festlegung zu.

Alfredo Perl scheint die Sechzehntelnote an der richtigen Stelle anzuschlagen, doch wie bei Radu Lupu sorgt das leichte rallentando davor für eine Abweichung vom rechnerischen Wert.

Mechanisch, also geometrisch korrekt gespielt, würde die rhythmische Energie des Motivs steif und leblos rüberkommen. Das Profil des Motivs muss durch leichte Abweichungen vom arithmetisch Korrekten hervorgehoben werden, so oder so ähnlich wie die oben zitierten Pianisten es tun. Wohl kaum ein Klassik-Pianist wird das Motiv zügig genau durchziehen. Das Ergebnis wäre Gefühllosigkeit und Langeweile.

Solche leichten Fluktuationen des Tempos auf kleinstem Raum werden nicht notiert. Sie könnten auch kaum vernünftig notiert werden – die kreative Ausdruckskraft des Interpreten gestaltet sie. Deshalb hören sie sich auch bei jedem Pianisten anders an. Diese kleine polyrhythmische Formel beleuchtet aussagekräftig einen der Unterschiede zwischen dem Rhythmus der Klassik und dem der Unterhaltungsmusik (Jazz, Rock, Pop).

In der Klassik schmiegt sich der Rhythmus an das Gebot der interpretativen Agogik (rallentando, ritenuto, meno mosso, accellerando, rubato, stringendo, usw.), abhängig von den Vermerken des Komponisten, von der Konzeption der Interpreten – und nicht zuletzt von der Erwartungshaltung des Hörers. Die rhythmische Flexibilität des Mondscheinmotivs ist noch minimal im Vergleich zu den Abweichungen vom Notenbild, wie sie oft bei Interpreten romantischer Werke – besonders gerne bei den Préludes von Chopin – zu hören sind.

Der Pianist ist par excellence der Alleinentertainer der klassischen und romantischen Musik. Ein wesentlicher Anteil seiner beruflichen Ausbildung ist die permanente Auseinandersetzung mit der Übermittlung von Gefühlen über elastische Rhythmen und Metren, über die Agogik aber auch Dynamik im weitesten Sinne des Wortes.

Diese besondere Fokussierung der Pianisten auf Agogik und Dynamik ist notwendig, weil das Klavier konstruktionsbedingt ein perkussives Instrument ist, das außer der Zeitfolge von Anschlägen (in Verbindung mit Pedal) nur noch die Intensität des Klangs steuern kann: Das Hämmerchen fliegt nach dem vom Finger über die Taste gegebenen Impuls frei. Der Klang hängt jetzt nach der Freigabe des Hämmerchens nur von seiner Geschwindigkeit und von den konstruktiven Parametern des Instruments ab. *Klangfarben entstehen im Klavierspiel ausschließlich aus der Fähigkeit des Pianisten, sie zu suggerieren.* Außerhalb der physikalischen Parameter, die das Piano vom Hersteller mitgebracht hat, sind sie sind ebenso fiktiv und subjektiv wie die metrischen oder die Synkopenakzente.

Das sollte man allerdings keinem angehenden Pianisten zuflüstern – der Glaube an die Klangfarben des Klavieranschlags motiviert ihn zur Findung der Wege, die angestrebte Illusion zu vermitteln.

Ähnlich funktioniert das Training bei Sportlern. Eine der ersten Anweisungen des Tennis-Trainers ist, den heranfliegenden Ball fest im Auge zu behalten, mit dem Schläger den besten Kontaktpunkt anzustreben und *nach dem Aufprall den Schläger in einer langen Kurve schräg hinauf bis über die Schultern zu befördern.* Wozu eigentlich? Wenn der Ball zurückprallt, verliert er den Kontakt mit dem Schläger – ebenso wie das Hämmerchen den Kontakt mit der Taste verliert – und jede Beeinflussung seiner Bewegung (Richtung und Drall) ist unmöglich. Demnach ist rein physikalisch die Weiterführung des Schlägers sinnlos.

Psychomotorisch aber macht es Sinn: Wenn Geist und Körper sich darauf einstellen, den Schläger weiterzuführen, kann der Spieler die Hundertstelsekunde des Aufpralls besser kontrollieren. Deshalb wird kein Trainer – und kein Klavierlehrer – seine Zeit mit solchen Haarspaltereien verschwenden.

Schon im 19. Jahrhundert hatte der Organist Edmund Kretschmer für die These des klangfarbenfreien Klaviers gestritten. Vox clamandi in deserto. Heute ist dieses Thema unter Pianisten kein Thema mehr, und das ist gut so. Um die Klangfarben des Pianos haben sich die Hersteller zu kümmern; ein Steinway muss eben anders klingen als ein No-Name.

Anders als im Jazz und Pop-Rock können in der klassischen und romantischen Musik sowohl einzelne Töne als auch Metren gedehnt oder komprimiert werden.

Verspätete Anschläge der Melodiestimme

Wenn der Ton der Melodie vor der ihr zugedachten Zählzeit erklingt, handelt es sich meist um eine Jazz-Synkope, um Swing. Wenn dieser Ton ungenau, ein klein wenig später auf die ihm zugedachte Zählzeit erklingt, dann haben wir es mit einem besonderen Interpretations-Stil zu tun, der vermutlich seine Ursprünge im Jazz hat. Die rechte Hand des Pianisten Erroll Garner spielt oft glitzernde, rasend schnelle, virtuose Melodiebögen, die rhythmisch als völlig losgelöst von seiner streng metrischen linken Hand scheinen.

An solchen Stellen denkt man unwillkürlich an Chopins freirhythmische irreguläre Unterteilungen, nur dass Erroll Garner solche Umschreibungen großräumig anlegt. Dann wieder beruhigt sich Garners rechte Hand und paart sich mit der linken, doch die Anschläge der Melodienoten kommen ein klein wenig nach den Zählzeiten.

Solche verspäteten Anschläge sind auch in Aufnahmen klassischer Musik zu finden, allerdings meist bei Pianisten, die auch im Jazz tätig sind, oder die einen Hang zu manieristischen Interpretationen haben.

Dass im Jazz und Pop-Rock dehnbare Notendauern innerhalb einer Zweier- oder Dreierzelle üblich, aber dehnbare Metren kaum anzutreffen sind, lässt sich vermutlich darauf zurückführen, dass die ursprüngliche Bindung an den Tanz in der Unterhaltungs-Musik präsenter ist als in der Klassik. Dies ist vielleicht einer der Gründe, warum die elektronische Rhythmik so schnell und so weit in die Pop-Musik eingedrungen ist.

Der Jazz greift weit weniger auf automatische Begleitungen zurück. Sein Aufstieg bis zu seinem Höhepunkt in den 1950er oder 1960er Jahre war, wie die Klassik, nicht von solchen Geräten begleitet. Anders der Pop, der ab erst ca. 1960 begann, sich als Musikströmung zu definieren, und sich ziemlich sofort der elektronischen Klanggestaltung bemächtigte.

G. Doppelgleisige Rhythmen: Polymetrik

Erinnern wir uns an Bild 13 und Bild 14 (Brahms, Walzer). Wenn diese Melodie keine Begleitung hat, kann sie in zwei verschiedenen Taktarten wahrgenommen werden, im 6/8-Takt mit Hemiolen (Bild 14.a) oder im 3/4-Takt ohne Hemiolen (Bild 14.b). Wenn andere Anhaltspunkte fehlen, ist keine der beiden Interpretationen wahrscheinlicher oder »besser«. *Diese Zweideutigkeit ist der Keim der Polymetrie.*

Bei der vollständigen Ausführung aller Stimmen gibt es keinen Zweifel mehr: Es ist ein 3/4-Takt, ein Walzer eben.

Ähnliches kann man beim ersten Hören des Klavierkonzerts B-Moll von P. I. Tschaikowsky (dritter Satz) erleben:

- Die erste Wahrnehmung – wenn man die Begleitung geflissentlich überhört – induziert einen 6/8-Takt: reibungsloser natürlicher Rhythmus, keine Synkopen, klarer Auftakt (Bild 64.1).

- Wird die Begleitung hinzugefügt (Bild 64.2), hört man den 3/4-Takt, ein klein wenig holpriger wegen der Achtel-Contretemps auf der 2. Zählzeit.

- Dann, nach dem vollen Einsatz der Begleitung nimmt das Metrum seine endgültige Gestalt an (Bild 64.3). Eine Gestalt mit Ecken und Kanten – durch die Verschiebung des Taktes um eine Viertelnote wird die Synkope aus Bild 64.2 in Bild 64.3 zu einer harten Contretemps-Pause auf der ersten Zählzeit.

Ohne die Begleitung wäre die metrische Wahrnehmung, so wie sie Tschaikowski uns bietet, höchst unwahrscheinlich:

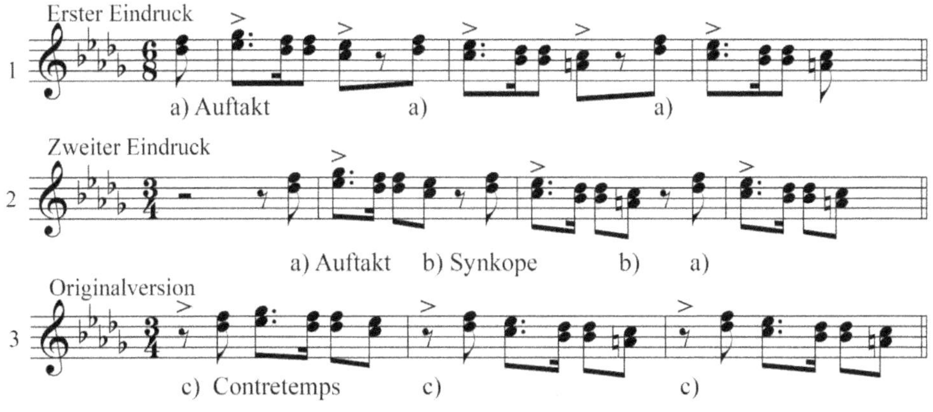

Bild 64 P. I. Tschaikowsky – Klavierkonzert B-Moll, 3. Satz

In den beiden kommentierten Beispielen aus diesem Abschnitt (Bild 14, Brahms-Walzer und Bild 64, Tschaikowsky-Klavierkonzert) ist letztendlich das Metrum durch Melodie und Begleitung eindeutig definiert. Die beiden Musiken sind *nicht* polymetrisch. Wir haben nur die metrische Zwielichtigkeit der unbegleiteten Melodie aufgedeckt, um zu zeigen, dass auch die Polymetrie ein Begriff mit Grauzonen und unscharfen Abgrenzungen ist. Ein klares Ja oder ein klares Nein sind nicht die richtigen Antworten auf Fragen in diesem Gebiet. Was uns natürlich nicht hindern darf, Ja oder Nein zu sagen, denn sonst könnten wir überhaupt nicht kommunizieren. Das ist die Krux menschlichen Denkens.

Ein echtes Polymetrik-Moment ist die in Bild 45 beschriebene Hemiole der Renaissance. Sie konfiguriert sich auf der Basis einer Dreier-Gruppierung, die mit Zweier-Gruppen von Bezugswerten überlagert wird (Bild 65).

Wenn unsere rhythmische Wahrnehmung mehr oder weniger gleichzeitig zwei unterschiedliche Metren versteht und fähig ist, jederzeit die Aufmerksamkeit während der gesamten Phrase von einem auf das andere Metrum springen zu lassen, **dann haben wir es mit einer echten polymetrischen Phrase zu tun:**

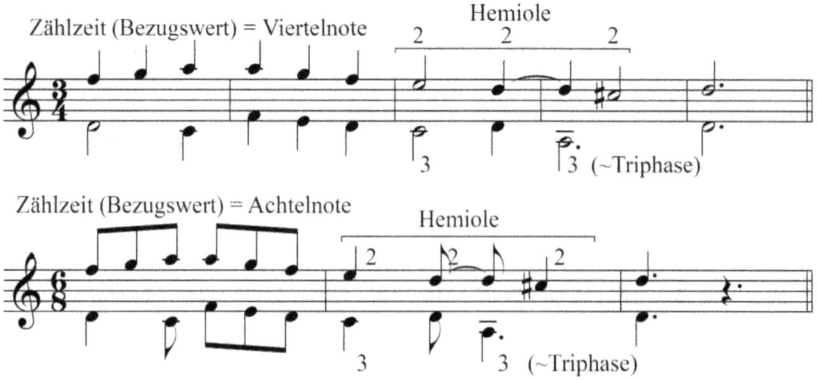

Bild 65 Polymetrie: Hemiole (latente Triphasen – siehe auch Bild 75 bis Bild 84)

Der Begriff **Polyrhythmie** sollte angemessen sparsam verwendet werden, etwa wenn binäre Zellen gleichzeitig oder abwechselnd mit Triolen erklingen *und* wenn unser Rhythmusgefühl keinen gemeinsamen Bezugswert fordert. Mehrstimmige Musik ist ja streng genommen so gut wie immer polyrhythmisch. Nur ein kleiner Teil mehrstimmiger Musik ist durchgehend *isorhythmisch* (gleicher Rhythmus in allen Stimmen).

Eine der konsequentesten und einprägsamsten Formen von Polymetrie ist der **Flamenco-Rhythmus**. Hören wir uns die Flamenco-Phrase in Bild 66 an:

Bild 66 Flamenco-Phrase ❖

- Die erste Zeile (1) zeigt – ohne exakte Taktangabe mit definierter Akzentestruktur – die andalusischen Akkorde (siehe Bild 211) des südspanischen Flamencos. Akzentlos gespielt, erklingt subjektiv der 3/4- oder der 6/8-Takt, je nachdem, wie man innerlich eingestellt ist.

- In der zweiten Zeile (2) wird der 3/4-Takt durch die notierten Akzente bestätigt. Eine latent polyfonische zweite Stimme macht jedoch ein Metrum gegen den Strich: Es sind die punktierten Viertelnoten »a¹-a¹-g¹-f¹-e¹«, die ein paralleles 3/8- bzw. 6/8-Metrum induzieren. Diese *ternäre Gruppierung in einer binären Folge* ist der Keim der **Triphase**, eine polymetrische Reihe von Dreier-Zellen, die zu einem ternären Wert verschmolzen sind (wir werden sie im Weiteren erläutern). Triphasen kommen besonders eigenwillig im 4/4-Takt als Reihe punktierter Achtel zur Geltung (siehe Bild 79, Glasperlenspiel).

- In der dritten Zeile (3) wird der 6/8-Takt durch die notierten Akzente definiert. Hier entsteht im Bass der *hemiolische Rhythmus* durch die *binäre Gruppierung in einer ternären Folge*.

- Je nach instrumentaler Ausführung (oder eigenem Empfindungs-Raster) kann der 3/4- oder 6/8-Takt als **Leitmetrum** verstanden werden. Der Reiz ist die irgendwie gleichzeitige Wahrnehmung der beiden Metren. Wenn die Musik spielt, kann der Hörer, wie schon gesagt, mental von einem metrischen Gleis aufs andere springen.

In Bild 67.1. sind vier Takte des Stückes »Little Waltz« von G. Corman dargestellt. Die polymetrische Struktur ist die gleiche wie im Flamenco Bild 66, doch das Noten-Schriftbild kann unterschiedlich gestaltet werden, je nachdem ob der 3/4-Takt als Leitmetrum empfunden wird (Bild 67.2.) oder sein anders gepolter Zwilling, der 6/8-Takt (Bild 67.3.). Damit geht auch die wahrgenommene Akzentestruktur einher:

Bild 67 G. Corman – Little Waltz ❖

Wenn das Stück neutral, akzentlos gespielt wird, kann sich der Hörer nach Erfahrung, Vorliebe oder einfach momentaner Laune auf jede Akzentestruktur einlassen. Das ist der besondere Charme des Flamenco, vielleicht auch die Erklärung seiner außerordentlichen Verbreitung von Mittelamerika über Spanien und Nordafrika, dem Balkan, Persien bis hinunter nach Indien, und das in Folklore, U-Musik und E-Musik.

Den Namen »Flamenco« trägt dieser Rhythmus natürlich nicht überall. Wir verwenden ihn in diesem erweiterten Sinne, um eine Klasse von Harmonik und Rhythmik zu bezeichnen.

Der mexikanische Ableger des Flamenco ist **Huapango**, ein Rhythmus, der Leonard Bernstein in seinem Song »America« (West Side Story) inspiriert hat (Bild 68.1). Jede der vier Zeilen in diesem Beispiel kann in seinem eigenen Metrum empfunden werden. Alle Varianten der Polymetrie sind möglich (Bild 68.2, 3, 4):

Bild 68 L. Bernstein – West Side Story, »Amerika« ❖

Polymetrie gibt es nicht nur dort, wo sie als Hemiole oder Triphase deutlich hörbar ist. Der Hörer oder Spieler kann sein eigenes Bezugswerte-Raster metrisch so umpolen, dass polymetrische Strukturen wie unter fluoreszierendem Licht in Werken erscheinen, von denen man es eigentlich nicht vermutet hätte.

Zwei Beispiele. Im ersten – Bach, kleines Präludium D-Moll (Bild 69) – wurde in der zweiten Zeile die latente höchste Stimme durch punktierte Viertelnoten hervorgehoben. Dies ist nicht nur ein Fall latenter Polyfonie, wie sie bei Bach sehr oft, mehr als bei anderen Komponisten anzutreffen ist, sondern ein Beispiel von sofort erkennbarer

Polymetrik. Der Hörer muss hier nicht mutwillig sein inneres Raster umpolen – die
Polymetrik und die latente Polyfonie bieten sich geradezu an:

Bild 69 J. S. Bach – Kleines Präludium D-Moll ❖

Auch das zweite Beispiel, das kleine Präludium C-Moll von J. S. Bach (Original-Noten
in Bild 70, Zeile 1.) kann metro-rhythmisch umgepolt werden. Dafür aber muss der
Hörer oder Spieler von vornherein mit einem anders gepolten inneren Raster heran-
gehen (Zeilen 2. und 3.):

Bild 70 J. S. Bach – Kleines Präludium C-Moll ❖

- In der ersten Zeile (1.) sind die Originalnoten zu sehen.

- Sowohl in der zweiten (2.) als auch in der dritten Zeile (3.) sind die gleichen Notenwerte notiert, aber anders gruppiert als in der ersten Zeile.

Wenn diese neue Version mit deutlicher Akzentuierung gespielt wird – etwa durch künstliche Betonung – erklingt *ein anderes Stück als das, was man von Bach kennt*, auch wenn es die gleichen Töne und Tondauern sind.

Die Betonungsverhältnisse in den letzten beiden Zeilen sind radikal anders als in der Original-Zeile. Sie sind richtig jazzig. Nicht verwunderlich, dass die Jazzer so oft und so gern Bach-Motive in ihre Improvisationen einflechten.

Last, but not least: Auf Instrumenten, die nicht fähig sind, einzelne Noten zu betonen, kann man manchmal nicht entscheiden, welche metrische Version gespielt wurde – sie klingen alle gleich. Ob Bach innerlich auch die Polymetrie und die latente Polyfonie gehört hat? Bestimmt. Wenn man bedenkt, wie weit Bach seine Zeitgenossen überragte und wie gewaltig der Einfluss seiner Musik bis heute ist, schwirren einem merkwürdige Gedanken durch den Kopf: Er könnte ja von einem anderen Stern sein, ein Alien, der geschickt wurde, um den plumpen Erdbewohnern ein bisschen davon zu zeigen, was die Musik kann.

Polymetrie kann nur verstanden werden, wenn die Parallel-Metren einen gemeinsamen gefühlten Puls haben, den der Hörer als solchen wahrnimmt. Die Parallel-Metren kann man mit zwei eingeklinkten Zahnrädern mit ungleichem Durchmesser vergleichen. **Damit das Räderwerk läuft, müssen die Zähnchen beider Räder – die Bezugswerte – gleichgroß sein.**

Wenn die periodischen Gruppen von Bezugswerten größer als 4 sind, etwa wie im Bild 7 (Induzierungsgrenzen), werden unsere Wahrnehmungsfähigkeiten stark beansprucht, bis hin zur Unmöglichkeit, das polymetrische Spiel zu verfolgen.

Trainingsvorschlag:

Im folgenden Beispiel (Bild 71) ist die Bass-Linie ternär gruppiert (Triphasen mit drei Sechzehntel-Gliedern), die erste Stimme läuft in binären Achteln, ab und zu in zwei Sechzehntel unterteilt. Ein drittes Metrum konfiguriert sich: ein übergeordneter 7/8-Takt der ersten Stimme. Dieser Siebener liebäugelt zwar mit der Polymetrie, er befindet sich aber auf einer satztechnisch höheren Ebene: Er formt ein Motiv, einen Baustein der Form. Auch Nicht-Pianisten kann empfohlen werden, dieses zweistimmige Beispiel zu üben:

Bild 71 Komplexe Polymetrie ❖

Das Beispiel Bild 72 ist aus Olivier Messiaens Werk »Die Technik meiner musikalischen Sprache« zitiert. Die metrische Einheit der ersten Stimme enthält zehn Sechzehntel (das ist der Bezugswert), die zweite Stimme enthält neun Sechzehntel. Verhältnis der Bezugswerte: 10/9. Wenn diese Konstruktion ungehemmt weitergeht, fallen nach 9 Takten (bzw. nach 10 Wiederholungen der Neun-Sechzehntel-Einheit) die Anfangsnoten wieder zusammen:

Bild 72 O. Messiaen – Polymetrie

Kann unser musikalisches Gehör die Polymetrie in diesem Werk wahrnehmen? Wenn wir uns anstrengen, bemerken wir womöglich, dass sich da einiges wiederholt, doch eine zweigleisig empfundene Polymetrie kann nicht aufkommen. Zu groß sind die Gruppen, zu weiträumig die Phasenübereinstimmung. Wir gehen davon aus, dass der Hörer die Passage und die konstruktive Idee nicht kennt, sonst ist er geneigt, sich Empfindungen vorzumachen, was nur zu menschlich ist, aber die objektive Beurteilung verfälscht.

Fazit: Am Schreibtisch ist diese Phrase polymetrisch, gehört werden kann sie nicht. Der hier ermittelte »Bezugswert« entspricht nicht dem, was er sein sollte: ein **gefühlter** Puls.

In diesem Beispiel von Messiaen sind die Grenzen vom gehörten Konstrukt zum **Konstruktivismus** überschritten. Diese Grenze wurde in der Moderne, insbesondere von der Avantgarde, viel zu oft und zu weit überschritten. Nicht zuletzt deshalb verliert die moderne Kunstmusik seit der Mitte des vorigen Jahrhunderts kontinuierlich ihr

Publikum, das sich zunehmend der musealen Klassik zuwendet. Zeitgenössische Kompositionen können in den Konzertsälen und in der Tonträger-Nachfrage nicht einmal ansatzmäßig den großen Meistern der Vergangenheit Konkurrenz machen, und schon gar nicht dem übermächtigen Pop-Rock.

Mozart, der Popstar der Klassik, hat sich einen metrischen Scherz geleistet, indem er eine Partitur in gleichzeitig verschiedenen Takten geschrieben hat – mit übereinstimmenden Bezugswerten. Beim Lesen der Partitur kann man sich amüsieren, die Polymetrie hören kann man kaum, allenfalls bedingt. Es war ja nur ein Scherz.

G.1. Mechanismen der Polymetrie

Drei Bezugswerte gegen zwei / zwei Bezugswerte gegen drei

An dieser Stelle sollten wir der Polymetrie auf den Grund gehen, ihre Gesetzmäßigkeiten erörtern, um somit die rhythmische Wahrnehmung jedes musikalischen Werkes verstehen zu können.

Sehen wir uns folgende Reihe gleichlanger Klänge an, in zwei isorhythmischen Stimmen, ohne Taktangaben oder anderen metrischen Anhaltspunkten:

Bild 73 Achtelfolge

Diese Achtelnoten werden wir als Bezugswerte handhaben.

Entnehmen wir nun vier Abschnitte à drei bzw. à zwei Achtelnoten und verpassen ihnen die gebührenden Akzente (Bild 74):

- Das *Leitmetrum der unteren Stimme* zeigt in der linken Hälfte (Bild 74.a) ternäre Zellen – es ist der 6/8-Takt

- Das *Leitmetrum der oberen Stimme* zeigt in der rechten Hälfte (Bild 74.b) binäre Zellen – es ist der 3/4-Takt

Um das Geschehen zu verdeutlichen, verbalken wir die Achtelnoten entsprechend den Taktarten, die sich somit anbieten:

Bild 74 Sechs Achtel / Drei Viertel

Wer bestimmt das Leitmetrum? Das könnte eine vorangehende Einführung sein, oder eine künstliche Betonung, wie vorgegeben, oder eine induktive Begleitung, wie wir es in Bild 14 (Brahms), in Bild 17 (Beatles) oder in Bild 64 (Tschaikowski) gehört haben. Oder ein Metrum, das uns gerade in den Sinn kommt und passt.

Was passiert nun, wenn eine Stimme schön brav metrisch läuft und die andere Stimme sich eigenwillig gegen den Strich benimmt?

- Im 6/8-Takt (Bild 75.a) verbalken sich die Achtelnoten der rebellischen oberen Stimme binär. Wenn sie auch noch zu Viertelnoten verschmelzen, entsteht sichtbar eine *Hemiole*.

- Im 3/4-Takt (Bild 75.b) verbalken sich die Achtelnoten der undisziplinierten unteren Stimme ternär; wenn sie auch noch zu punktierten Viertelnoten verschmelzen, entsteht ein **Triphasen-Glied**, fototechnisch gesehen eine Art Negativ-Abdruck der Hemiole:

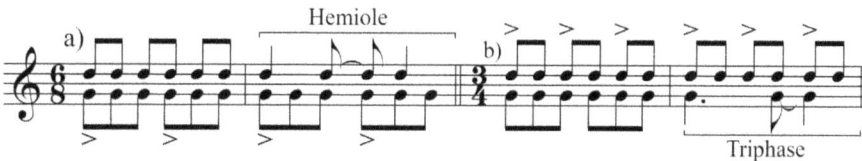

Bild 75 Hemiole / Triphase ❖

Wenn wir alle *verbalkten Achtelnoten verschmelzen* und die Taktart verstecken, entsteht für egal welchen Takt ein einheitliches Notenbild. Betrachten wir es aufmerksam:

Bild 76 Drei zu Zwei bzw. Zwei zu Drei ❖

- Wenn die untere Stimme das Leitmetrum ist (zwei ternäre Zählzeiten, im akzent-äquivalenten 2/4-Takt wären es zwei binäre Zählzeiten), dann ist die obere Stimme eine *Triole auf zwei Zählzeiten* – **metrorhythmisch** eine *Hemiole*.

- Wenn die obere Stimme das Leitmetrum ist, dann ist die untere Stimme eine *Duole auf drei Zählzeiten* – **metrorhythmisch** *eine Triphase*. Näheres dazu werden wir im Kapitel »Irreguläre Unterteilungen auf mehreren Zählzeiten« erläutern.

Triphasische Rhythmen

Samba ist für jedermann ein Begriff. Wenn nicht musikalisch, dann weltkulturell – man denke an den Karneval in Rio. Samba ist ein Tanz und eine Musik. Die langsamere, gehobene musikalische Version des Samba ist Bossa Nova. Im Bild 77 sind der Begleitrhythmus des brasilianischen Bossa Nova und dessen nordamerikanische Abwandlung parallel dargestellt. Dieser Rhythmus wird zuweilen auch »Clave« oder »Claves« genannt, nach den Klanghölzern, die ihn perkussiv gestalten:

Bild 77 Bossa Nova: Brasil und U.S.A. ❖

Anmerkung: Die hier angeführte Einteilung »Brasil« oder »U.S.A.« sollte nicht allzu genau genommen werden. Beide Varianten sind überall im Einsatz, sehr oft im Pop, dann meist in der »U.S.A.«-Version, auch wenn diese manchmal anders gepolt ist, also wenn sie auf der ersten Zählzeit mit einem anderen Triphasen-Glied der Formel anfängt.

Auffällig ist die *Folge von zwei punktierten Viertelnoten (Brasil) und vier punktierten Viertelnoten (U.S.A.), die im Ansatz eine vom binären Basis-Takt abweichendes ternäres Metrum einfädelt*, mit dem Bezugswert Achtelnoten in Dreierphasen – **triphasischer Rhythmus** eben.

Unter den bekanntesten musikalischen Ausschnitten aus Béla Bartóks Werken sind die triphasischen Einlagen in seiner »Musik für Streicher, Celesta und Schlagzeug«. Richtige Ohrwürmer, sogar als Klingelton bei Mobiltelefonen eingesetzt:

Bild 78 Bartók – Musik für Streicher, Celesta und Schlagzeug

Bemerkenswert sind hier auch die permutativen Fünfer-Perioden der Streicher. Bartóks Triphasen haben einen ähnlichen Schwung wie die Claves des Bossa Nova. Dass der brasilianische U-Musiker Carlos Jobim und der europäische Kunstmusiker Béla Bartók sich gegenseitig beeinflusst hätten, wäre eine unrealistische Vermutung.

So wie die Hemiole die Renaissance markierte, lag im 20. Jahrhundert der triphasische Rhythmus wohl im Geist der Zeit. Massiv ausgebrochen ist er nach ca. 1950 und ist heute aus der Unterhaltungsmusik nicht wegzudenken.

In manchen Songs oder Instrumentalstücken enthalten die Reihen mehr als vier Glieder (Dreiereinheiten) einer Triphase. Hier (Bild 79) der Song »Hungrige Herzen« des Duos »Glasperlenspiel«.

Das Vokal-Solo (Bild 79.a) hat nicht weniger als neun Triphasen-Glieder (im Bezugswert Sechzehntel notiert). Die Begleitung (Bild 79.b) hat auch ihr polymetrisches Moment: Die Formel auf zwei Zählzeiten in Bild 79.b ist ein 8/16-Takt (3+3+2) in Kleinformat. Das Schlagzeug (Bild 79.c) macht den **Backbeat** (Bezugswert Achtel, zweite und vierte Zählzeit künstlich betont):

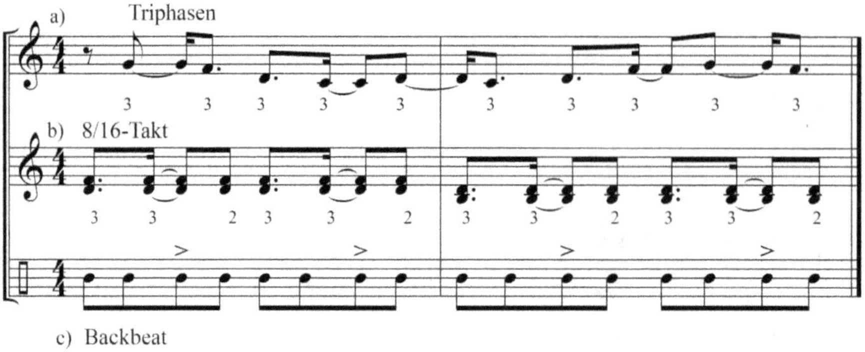

Bild 79 Glasperlenspiel – Hungrige Herzen ❖

Kleine theoretische Zugabe zum Song »Hungrige Herzen«: Wenn nur die Solo-Stimme ohne jegliche Begleitung erklingen würde, was könnte man hören? Eine hübsche Tet-ratonie 2-3-2 (»c-d-f-g« – siehe auch Bild 125, Debussy, Strawinsky) in punktierten Achtelnoten (Bild 80.a) oder, noch einfacher, in Viertelnoten (Bild 80.b). Spätestens mit diesem Beispiel wird die *Abhängigkeit des rhythmischen Feelings vom inneren Puls deut-lich,* spontan oder von einer Begleitung induziert:

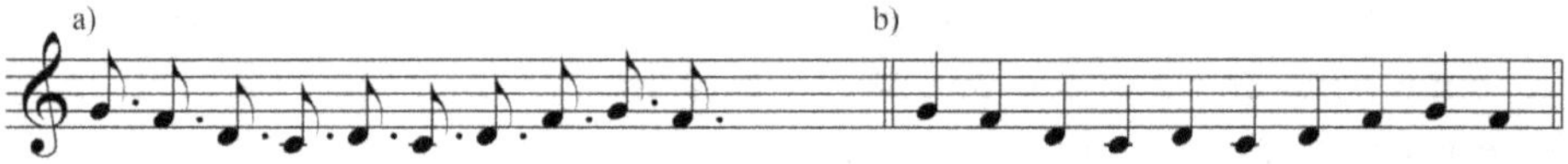

Bild 80 Glasperlenspiel ❖

Eine gewaltige, unerbittliche Schwungkraft haben die Triphasen in Strawinskys Sacre du printemps (Jeux des cités rivales – ab dem 2. Takt nach Nr. 64 in der Partitur). Die große Trommel dröhnt polymetrisch einen 3/4-Takt in den 4/4-Takt der restlichen Instrumente des Orchesters hinein:

Bild 81 I. Strawinsky – Jeux des cités rivales – Triphasen

Hochinteressant, auch aus musikgeschichtlichen Gründen, ist der Rhythmus in Schwarz-Afrika. Möglicherweise ist da eine Wiege der Triphasen. Hier ein Folklore-Beispiel aus Madagaskar:

Bild 82 Madagaskar – Folklore

Gezeigt wird hier die instrumentale Begleitung – etwas später setzt einer Männerstimme ein.

- Die zweite Stimme der ersten Zeile induziert den 3/4-Takt deutlich und unproblematisch, im Zusammenspiel mit den Contretemps der ersten Stimme.

- Die Stimme in der zweiten Zeile rasselt ein Geräusch ähnlich wie der Jazz-Besen beim Schlagzeug. So notiert sind die Verhältnisse im Prinzip klar, aber bei einem Tempo von Viertelnote ca. 160 (10,7 Impulse pro Sekunde) ist es sehr schwer, die Triphasen dieser Rasselstimme zu erkennen. Diese Frequenz liegt an der Grenze, an welcher einzelne Impulse (das sind hier die Sechzehntel als Bezugswerte) gerade noch getrennt gehört werden können.

- Die dritte Zeile gehört nicht zum Song. Sie ist als Referenzbild hier hinzugefügt, um die Triphasen der zweiten Stimme zu verdeutlichen. Sichtbar wird dadurch, dass die Triphasen eine analytische Zerlegung der *Quartole auf drei Zählzeiten* sind, exakt und kontrolliert.

Ein besonders scharfer triphasischer Rhythmus ist im »Temple of Acid« (Bild 83, Techno) zu hören. Nicht nur wegen des Tempos (8 Impulse pro Sekunde), sondern wegen der polymetrischen Komponente (die Ziffern »3« markieren nicht Triolen, sondern triphasische Gruppen):

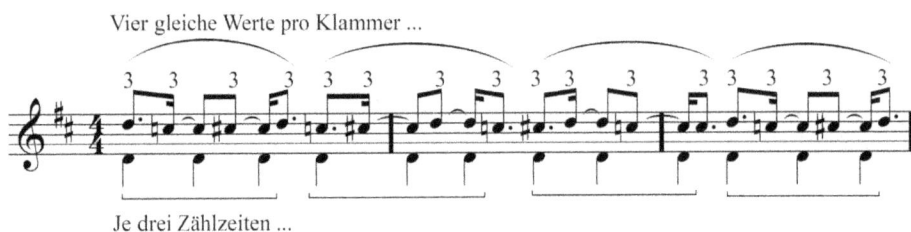

Bild 83 Techno – Triphasen-Kette ❖

Die Triphasen rollen im Hintergrund über die gesamte Länge des Stücks. Rhythmisch gesehen ist das die gleiche Triphasen-Kette wie in der Madagaskar-Folklore, nur das im Techno-Beispiel der Rhythmus einer Quartole auf *drei Zählzeiten* in einem Takt mit *vier Zählzeiten* eingebettet ist. Verständlich, dass über Jahre Serien von Musikstudenten es immer nur mit theoretischer Vorbereitung geschafft haben, den Rhythmus beim Hören dieser Tonaufnahme zu knacken. Fürs erste tippen sie ziemlich alle auf Triolen, was natürlich falsch ist.

Swing-Triphasen

In Bild 84.b ist in der zweiten Zeile ein zweistimmiges Thema von Glenn Miller (?) dargestellt, im 12/8-Takt, jazzig verswingt.

- Die erste Zeile (Bild 84.a) zeigt das gleiche Thema, einfach binär notiert. Etwa so, wie es in Klavier- oder Keyboardheften auftauchen könnte. In dieser ersten Zeile erscheint eine astreine Triphase mit vier Gliedern.

- Durch die Verswingung entsteht in der zweiten Zeile (Bild 84.b) die ternäre Version, so wie sie real erklingt. Die Triphase wird immer noch als solche empfunden, aber verzerrt; ihre Glieder sind durch die Verswingung ungleich: Das ist eine *Swing-Triphase:*

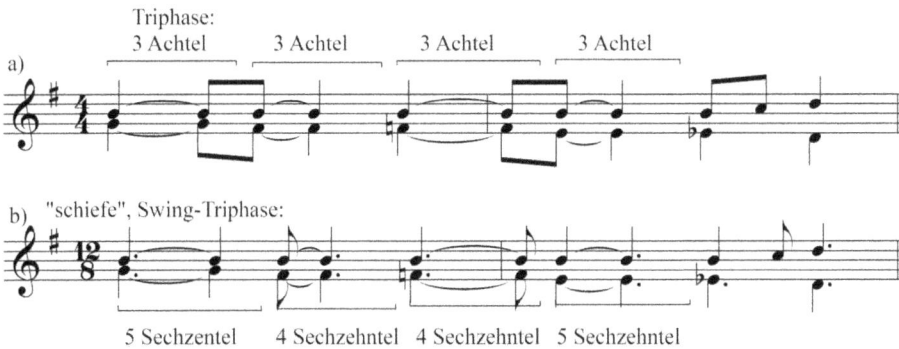

Bild 84 Glenn Miller (?) – Swing-Triphasen ❖

Es ist an der Zeit, den nächsten Schritt der Analyse polyrhythmischer Wahrnehmungen zu machen und den inneren Mechanismus freizulegen:

Vier Bezugswerte gegen drei / drei Bezugswerte gegen vier

Wir gehen wieder von einer zweistimmigen Reihe gleichlanger Klänge aus (wie in Bild 73):

Bild 85 Achtelfolge

Und wieder werden wir die Achtelnoten als Bezugswerte handhaben. Wir gruppieren sie diesmal in zwei Abschnitte à zwölf Achtelnoten, verpassen ihnen Akzente und verbalken sie so, wie es sich ihren Taktarten entsprechend gebührt.

- Im ersten Takt zeigt die untere Stimme mit ternären Zellen das Leitmetrum (Bild 86.a).

- Im zweiten Takt zeigt die obere Stimme mit binären Zellen (diesmal Vierergruppen des Bezugswertes) das Leitmetrum (Bild 86.b):

Bild 86 Zwölf Achtelnoten

Und wieder fragen wir uns: Was passiert, wenn die andere Stimme sich eigenwillig gegen den Strich benimmt? Dazu verschieben wir die verbalkten Achtelreihen übereinander (Bild 87):

Bild 87 Vier gegen Drei

Die polymetrische Struktur wird somit deutlicher:

- Wenn die obere Stimme Leitmetrum ist, (drei Zählzeiten) macht die untere Stimme eine *Quartole auf drei Zählzeiten.*

- Wenn die untere Stimme Leitmetrum ist (vier ternäre Zählzeiten, akzentäquivalent mit vier binären Zählzeiten), macht die obere Stimme eine *Triole auf vier Zählzeiten.*

H. Irreguläre Unterteilungen auf mehreren Zählzeiten

Es ist nicht schwer, eine irreguläre Unterteilung (Duole, Triole, Quartole, Quintole etc.) auf einer Zählzeit auszuführen. Man übt sie ein wenig, bis sie flutscht, und alles ist gut. Auch wenn die irreguläre Unterteilung über zwei oder mehrere Zählzeiten eingesetzt wird – zum Beispiel eine Triole über vier Zählzeiten – ist sie in schnellerem Tempo im Hauruck-Verfahren noch machbar; man gibt sich die Mühe, die oben genannte Unterteilung so gleichmäßig wie irgend möglich im Fluss der Zählzeiten zu spielen, und irgendwann ist das Ergebnis zufriedenstellend. In der Praxis wird es so gut wie immer auf diese Weise gemacht.

Problematisch wird es, wenn solche schwierige Rhythmen in langsamem Tempo gespielt werden, oder wenn die entsprechende Passage erst langsam eingeübt werden muss. Zu welchem metrischen Zeitpunkt genau müssen die Töne der irregulären Unterteilung angespielt werden?

H.1. Der Algorithmus

Um diese Frage für jede irreguläre Unterteilung auf mehreren Zählzeiten beantworten zu können, verfolgen wir zuerst am Bild 88 die Etappen eines Algorithmus, der da lautet:

1. Schritt: Die angestrebte irreguläre Unterteilung wird *auf jede Zählzeit* angewandt. Es entsteht die Reihe der zu dritt gruppierten Bezugswerte (Bild 88.a).

2. Schritt: Die Bezugswerte werden zu zweit überbunden (Bild 88.b). Die Anzahl der überbundenen Bezugswerte entspricht der Anzahl der Zählzeiten im gegebenen Raum (in diesem Bild sind es zwei).

3. Schritt: Die überbundenen Bezugwerte werden grafisch zusammengezogen (verschmelzt), aber in der Regel nur *innerhalb einer Zählzeit*. Visuell muss die Folge der Zählzeiten verständlich bleiben (Bild 88.c).

Im Wesentlichen verfolgen wir bei Anwendung des Algorithmus zwei Ziele:

- Was muss ich als ausführender Musiker tun, um das Klangergebnis möglichst nahe an der notierten rhythmischen Formel zu gestalten?
- Kann ich den notierten Rhythmus wirklich intuitiv empfinden oder bilde ich mir das nur ein?

Um komplizierte Rhythmen sinnesecht zu empfinden, muss ich meine Bezugswerte gefühlsmäßig vergegenwärtigen. Ist deren Frequenz höher als ca. 12 Hz (12 Schläge pro Sekunde), dann muss ich ungenaue, aber musikalisch vertretbare Hilfsformeln einsetzen (siehe auch Bild 98.d, Quintole auf drei Zählzeiten).

Erste Anmerkung: Nicht nur Zählzeiten können durch irreguläre Unterteilungen ersetzt werden, sondern jede Art und Anzahl von gleichen Notenwerten, die als »Zählzeiten« behandelt werden können (siehe auch Bild 93 und Bild 94, Chopin). Ebenso ist es möglich, dass nur ein Teil der Zählzeiten eines Taktes durch eine irreguläre Unterteilung ersetzt wird (siehe Bild 83, Techno – Quartolen auf drei Zählzeiten im 4/4-tel Takt).

Zweite Anmerkung: In unserem Beispiel (Bild 88) ist das *Leitmetrum* (hier als Zählzeiten) in die untere Stimme gesetzt. Das Leitmetrum und die irreguläre Unterteilung werden hier als kommensurabel dargestellt – der Bezugswert ist der gemeinsame Nenner. *Real empfundene Polymetrie* ist somit möglich.

Wenn der Hörer oder Spieler keinen kommensurablen Bezugswert ausmachen und empfinden kann – z.B. bei schnellen Tempi oder bei größeren Notenschwärmen – dann hat die irreguläre Unterteilung den Stellenwert einer melismatischen Figur, einer Verzierung.

Diese theoretische Anleitung ist praktisch nicht ganz einfach nachzuvollziehen. Die nächsten Beispiele von irregulären Unterteilungen auf mehreren Zählzeiten werden uns die Vorgänge ein wenig näherbringen.

Triole auf zwei Zählzeiten

Die Analyse:

a) Erster Schritt: jede Zählzeit wird dreigeteilt (die Bezugswerte werden ermittelt)

b) Zweiter Schritt: Achtelnoten zu zweit (weil zwei Zählzeiten) überbunden

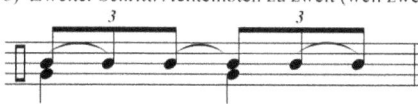

c) Dritter Schritt: Überbundene Achtelnoten werden zusammengezogen - aber nicht über die Grenzen der Zählzeiten (gestrichelte Linien)

Bild 88 Triole auf zwei Zählzeiten

Das wohl bekannteste Beispiel von Akzentäquivalenz zur Triole auf zwei Zählzeiten ist die Hemiole (siehe Bild 45).

Beim Erarbeiten eines Stückes, auch wenn es schnell gespielt werden soll, kann es dennoch hilfreich sein, die Analyse zu machen, weil man das Üben langsam anfangen sollte. Sonst könnten sich Gewohnheitsfehler einschleichen, die später schwer auszumerzen sind. Hier, in Bild 89, ein einfaches Beispiel aus der Fuge D-Moll WK II von J. S. Bach, Takt 9:

1. Schritt: Aus dem Takt 8 der Fuge (Abschnitt A mit den beiden Triolen) wurde die dritte Zählzeit extrahiert und …

2. Schritt: Im Abschnitt B als selbstständiges Fragment zur Analyse hingestellt.

3. Schritt: Im Abschnitt C wurden die Zählzeiten (in diesem Takt Sechzehntelnoten) in Triolen zerlegt und …

4. Schritt: Im Abschnitt D in üblicher Schreibweise zusammengezogen (siehe Bild 88, Triole auf zwei Zählzeiten).

Der visuelle Unterschied zwischen dem Beispiel in Bild 88 und der Analyse des Beispiels Bach (Bild 89) ist der Notenwert einer Zählzeit – vier Sechzehntel bei Bach statt vier Viertel in Bild 88.

Kaum ein routinierter Klavierspieler braucht diese Analyse. Dennoch bleibt sie für rhythmisch weniger sichere Spieler und auch als Training für kompliziertere Fälle empfehlenswert:

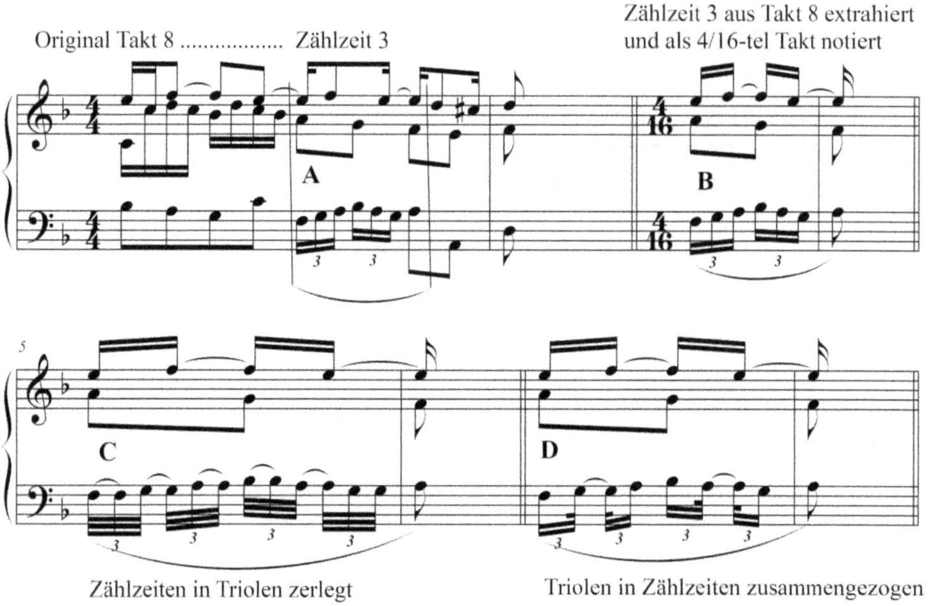

Bild 89 J. S. Bach – Fuge D-Moll WK II

Duole auf drei Zählzeiten

Die Schreibweise in Bild 90.d ist in langsamen Tempi für Anfänger nicht zu empfehlen (ebenso wie die Schreibweise in Bild 91.d), weil sie nicht deutlich zeigt, wer das Leitmetrum ist – wir sahen diese Formel schon in Bild 76. Dennoch ist sie wichtig, weil sie etwas Interessantes zutage bringt:

Die Duole auf drei binären Zählzeiten ist eine mit regulär binären Notenwerten notierbare rhythmische Formel. Der Einfachheit halber wird sie als »irreguläre« Unterteilung notiert, als Duole eben, aber auch um metrisch falsche Betonungen zu vermeiden.

Für die Duole auf drei Zählzeiten oder deren rhythmisches Äquivalent gibt es unzählige Literaturbeispiele im 20. Jahrhundert, besonders im Jazz-Rock-Pop-Bereich: Triphasen, Flamenco etc.

Deutsche Orthografie   Französische Orthografie

Die Analyse:

a) Erster Schritt: jede Zählzeit wird zweigeteilt (Bezugswerte werden generiert)

b) Zweiter Schritt: Achtelnoten zu dritt überbunden

c) Dritter Schritt: überbundene Achtelnoten werden zusammengezogen - aber nicht
   über die Grenzen der Zählzeiten
   (gestrichelte Linien)

c') Variante: In der Praxis werden die Achtelnoten innerhalb der ersten zwei
   Zählzeiten zusammengezogen.

d) Vierter Schritt - Akzentäquivalenz zur Duole; nicht empfehlenswerte Schreibweise:
   Es wird der 6/8-Takt suggeriert
   (Polymetrie) - siehe auch Bild 74

Bild 90 Duole auf drei Zählzeiten

Quartole auf drei Zählzeiten

Deutsche Orthografie   Französische Orthografie

Analyse:

a) Erster Schritt: Jede Zählzeit wird viergeteilt (Bezugswerte werden generiert)

b) Zweiter Schritt: Sechzehntel zu dritt überbunden

c) Dritter Schritt: Zusammenziehung der Sechzehntel - nur innerhalb einer Zählzeit
(gestrichelte Linien)

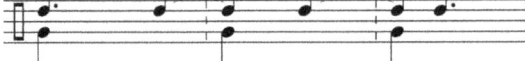

d) Vierter Schritt: Allgemeine Zusammenziehung geht zu weit. Induziert den 12/16-Takt;
die Formel bleibt schlecht lesbar

Bild 91 Quartole auf drei Zählzeiten

Auch die Quartole auf drei Zählzeiten ist eine binäre regulär schreibbare rhythmische Formel. Je schneller das Tempo, desto praktischer ist es jedoch, die Quartole als irreguläre Unterteilung zu notieren.

Allgemein: Irreguläre Unterteilungen auf mehreren Zählzeiten durch zwei, vier, acht, sechzehn etc. (2^n) können immer als reguläre binäre rhythmische Formeln notiert werden. Spätestens ab Oktole lohnt sich jedoch die Mühe nicht, den gemeinsamen Bezugswert durch den ersten Schritt (a) zu ermitteln. Es wäre eher ein Fall für den Taschenrechner, nicht für den Musiker.

Triole auf vier Zählzeiten

Analyse:

a) Erster Schritt: Jede Zählzeit wird dreigeteilt (Bezugswerte werden generiert)

b) Zweiter Schritt: Achtelnoten zu viert überbunden

c) Dritter Schritt: Zusammenziehung der Triolen-Achtel - nur innerhalb einer Zählzeit
(gestrichelte Linien)

Bild 92 Triole auf vier Zählzeiten

Zwei Literaturbeispiele aus der Klassik

Fürs Erste schenken wir unsere Aufmerksamkeit einem Ausschnitt aus der Etüde F-Moll op. posthum von Fr. Chopin (Bild 93):

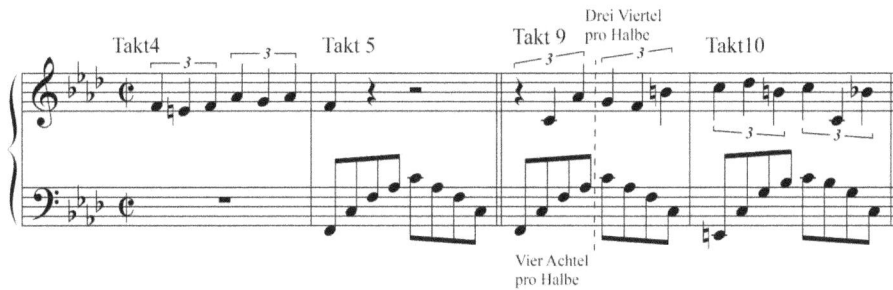

Bild 93 Fr. Chopin – Etüde F-Moll

Für das übliche, verhältnismäßig schnelle Spieltempo dieser Etüde ist eine exakte Analyse eigentlich nicht nötig. Dennoch macht es Sinn, sie durchzuführen, wenn man bei langsamerem Tempo den Rhythmus tadellos gestalten will.

Das zweigleisige Metrum erscheint in Takt 9. Wie packen wir das Problem an: »*Triolen auf vier Zählzeiten*« oder »*Quartolen auf drei Zählzeiten*«?

Vom Kompositorischen her hätte die rechte Hand das Sagen – ein gefühlter 6/4-Takt. Die linke Hand macht ab Takt 5 eigentlich Quartolen zu den Vierteltriolen der rechten Hand.

Dennoch, weil uns die Takte 5-8 die vier Achtel als Metrum induziert haben, sind wir gut beraten, Triolen auf vier Zählzeiten zu analysieren, wie es in den Noten steht.

Wenn dann das Spiel reibungslos geht, kann der Pianist sich voll und ganz auf den Ausdruck der thematischen rechten, ternären Hand konzentrieren. Die linke Hand muss etwas zurückstecken: Sie bringt eine Begleitformel.

Hier die analytische Auslegung der Passage (siehe auch Bild 92.b, »Zweiter Schritt«).

In Bild 94.a ist die linke Hand in Viertelnoten notiert, um mit Bild 92 besser verglichen werden zu können. In Bild 94.b spielt die linke Hand Achtelnoten – wie in der Original-Partitur:

Bild 94 Fr. Chopin – Etüde F-Moll zerlegt

Einmal mehr muss betont werden: *Die Analyse soll im Prinzip dazu führen, dass die Anschläge der Noten zeitlich möglichst nahe an dem sind, was ausdrucksmäßig erwünscht ist.*

Dass eine Stimme oder Gruppe von Tönen die Grenzen unseres rhythmischen Einfühlvermögens überschreiten, hat es in der Musikgeschichte, ganz besonders in der Instrumentalmusik wohl immer gegeben.

Verzierungen, Umspielungen, Begleitformeln oder auch rhythmisch unverfängliche Tonwolken etc. ändern den Status des Leitmetrums nicht, selbst wenn – wie bei Chopin – die Notation und die Taktangabe ein andersgeartetes Leitmetrum anzeigen.

Das zweite Beispiel stammt aus der Rhapsodie H-Moll op. 79 von J. Brahms (Bild 95):

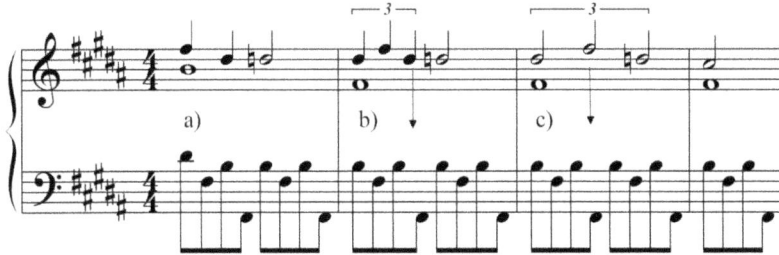

Bild 95 J. Brahms – Rhapsodie H-Moll

Im Takt **b)** finden wir die gleiche Notation wie beim Prélude von Chopin – Vierteltriole gegen vier reguläre binäre Achtel. Wie bei Chopin hat auch hier die rechte Hand das musikalische Leitthema (Melodie), während die linke Hand mit gebrochenen Akkorden/Intervallen begleitet.

Die beiden Triolen (die zweite mit Halben im Takt **c**) sehen richtig böse aus. Sie machen eine Art überspitztes Rallentando. Ein kommensurables Verhältnis der Triolen zu den Achtelnoten auszukalkulieren wäre Unsinn und hätte nichts mit Brahms' kompositionistischen Absichten zu tun. Die Pfeile in Bild 95 dienen zur Orientierung des Anschlags der rechten Hand. Überbewerten sollte man sie nicht.

Nichtsdestotrotz lohnt es sich für Anfänger immer noch, den genauen Einschlag der Triolen-Werte in die regulären Achtel der linken Hand zu berechnen und mit steigendem Tempo auf die Berechnung zu verzichten. Die Analyse machen wir jetzt nicht mehr – es ist die gleiche wie bei Chopin.

Ein kleiner Tipp noch: Der Pfeil von der zweiten Halben der Triole abwärts (im Takt **c**) zeigt *die gleiche metrische Stelle* wie der Pfeil vom dritten Triolen-Viertel im Takt **b**). Analog wird die dritte Halbe der Triole an der gleichen metrischen Stelle der Vier-Achtel-Gruppe wie die zweite Triolen-Viertel angeschlagen.

An dieser Stelle noch einmal: Verzierungen, Umspielungen, Rallentandi, Begleitformeln oder auch rhythmisch unverfängliche Tonwolken etc. ändern den Status des Leitmetrums nicht, egal ob es sich in einer Begleitstimme oder einer thematisch relevanten Stimme befindet.

Niedergeschriebene rhythmische Formeln hören dann auf, wahrnehmungsgerecht zu existieren, wenn das Notenbild kein Leitmetrum hervorbringt, das mit Bezugswerten gemessen, strukturiert oder zumindest verglichen werden kann.

Quintole auf zwei Zählzeiten

Die *Quintole auf zwei Zählzeiten* ist etwas heikler in der Ausführung. Der Algorithmus aber bleibt natürlich der gleiche:

Analyse:

a) Erster Schritt: Jede Zählzeit wird fünfgeteilt (Bezugswerte werden generiert)

b) Zweiter Schritt: Sechzehntel zu zweit überbunden

c) Dritter Schritt: Zusammenziehung der Quintolen-Sechzehntel - nur innerhalb einer Zählzeit (gestrichelte Linie)

Bild 96 Quintole auf zwei Zählzeiten

Die Gruppen von Bezugswerten, die man in der Regel innerhalb der Zählzeiten zusammenzieht, sind **rhythmische Wörter**. Wie schon erwähnt, sollten musikalische Rhythmen als Wort- oder Silbenfluss verstanden werden, nicht als Folgen von Einzeldauern, ebenso wie literarische Texte als Wort- oder Silbenfluss verstanden werden, nicht als Folge von einzelnen Buchstaben. Das ist eine der wichtigsten Voraussetzungen für die sprachliche bzw. musikalische Intelligenz.

Bei Triolen oder Quartolen sind die rhythmischen Wörter übliche ternäre oder binäre Einheiten (Zweier-, Dreier- oder Vierergruppen).

Bei Quintolen sind die rhythmischen Wörter gewöhnungsbedürftig – und schwieriger, weil ein Fünfer-Wort aus zwei unterschiedlichen Einheiten besteht: eine binäre und eine ternäre.

Deshalb sollten diese Fünfer-Wörter, wie in Bild 97 dargestellt, besser erst getrennt geübt und dann mit Überbindungen von einer Zählzeit zur anderen eingesetzt werden.

Trainingsvorschlag:

Mit der Hand die Viertel klopfen, mit der Stimme (»ta-ta-ta-...«) die Fünfer-Wörter ausführen (die Wiederholungszeichen laden ein, die Zeile so oft wie möglich zu spielen/singen):

Sechzehntel-Gruppierung 2+2+1

Sechzentel-Gruppierung 1+2+2

Alternierend 2+2+1 ... 1+2+2

Zwei Quintolen auf je zwei Zählzeiten zerlegt (siehe Bild 94.c)

Bild 97 Fünfer-Wörter-Übung (Quintolen auf vier Zählzeiten)

Quintole auf drei Zählzeiten

Französische Orthografie   Deutsche Orthografie

Analyse:

a) Erster Schritt: Jede Zählzeit wird fünfgeteilt (Bezugswerte werden ermittelt)

b) Quintolen-Sechzehntel zu dritt überbunden

c) Überbundene Achtelnoten werden verschmelzt - aber nicht über die Grenzen der
Zählzeiten

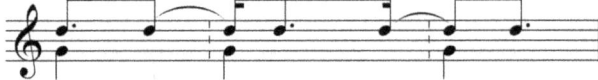

d) Notbehelf: Fünfer-Wörter durch ähnliche binäre Wörter ersetzt und leicht verfälscht:

Bild 98 Quintole auf drei Zählzeiten

Die Zusammenziehung in Bild 98.c ist auf den ersten Blick niederschmetternd. So etwas kann nur in einem extrem langsamen Tempo ausgeführt werden. Und dadurch befänden wir uns hier, realistisch gesehen, weitab jeden Anspruchs, reale Musik zu praktizieren.

Um die Formeln dennoch praktisch spielbar zu machen, muss ein wenig gemogelt werden – der Zweck heiligt die Mittel: Wir ersetzen die zusammengezogenen Fünfer-Wörter durch reguläre ternäre und binäre, leicht verfälschte Sechzehntel-Wörter (siehe auch Trainingsempfehlung binäre und ternäre Wörter bzw. Raster, Bild 105 bis Bild 111).

Die Pfeile über den Noten zeigen die Richtung, in welche der Anschlag hauchdünn verzögert oder vorgezogen werden soll, um nach einiger Übung eine akzeptable Quintole zu spielen – es ist eine *Näherungsmethode.*

Ein interessantes Beispiel liefert uns das Prélude Nr. 3 G-Dur op. 39 von A. Skrjabin (Bild 99). Wie soll man diese Überlagerung von Triole und Quintole im Kontext eines regulären binären Taktes spielen?

Bild 99 A. Skrjabin – Prélude G-Dur op. 39

Sehen wir uns erst die Notation an. Im Prinzip macht eine polyfonisch eingebettete irreguläre Unterteilung nur Sinn, wenn sie sich einer regulären Unterteilung stellen muss. Im gesamten Prélude gibt es aber keine Stelle, in der eine Zählzeit (halbe Note) regulär unterteilt wäre und von da aus den Hörer zum Empfinden der Triolen bzw. Quintolen zwingen würde.

Nichts ändert sich am Erklingen der komponierten Musik, wenn dieses Prélude im 12/4-Takt notiert ist. Das heißt, es erübrigt sich, Bezugswerte zwischen regulären Vierteln oder Achteln *und* Triolen-Vierteln *und* Quintolen-Achteln zu suchen.

Das Bild 100 zeigt die analytische Auslegung der Notation im 3/4-Takt – in dieser Orthografie zeigt sich die Überlagerung 5:3 als machbar. Die Analyse und die nötigen leichten Verfälschungen entnehmen wir dem Bild 98.

a) Die ersten zwei Zählzeiten in den 3/4-Takt umgeschrieben

b) Die Bassstimme in Quintolen-Wörter zerlegt (siehe NB 43.3)

Bild 100 A. Skrjabin analytisch

Eine Erklärung für Skrjabins Wahl der Notation dürfte dem »Wandel seiner Sprache vom Subjektiven zum Konstruktiven« sein (Zitat aus unauffindbarer Quelle). Vielleicht ist ihm so etwas wie ein verwischter, wenn man so will »impressionistischer« Rhythmus vorgeschwebt. Noch deutlicher als im Prélude H-Moll ist diese Tendenz in seiner 8. Sonate für Klavier zu erkennen:

Bild 101 A. Skrjabin – 8. Sonate

Achtelquintole gegen sechs reguläre Sechzehntel? Die Anwendung des Algorithmus auf die Noten in Bild 101 würde ein unnötig kompliziertes und praktisch unbrauchbares Notenbild erzeugen. Fragmentär können in dieser Sonate auch schwer definierbare aber durch Wiederholung wahrnehmbare Leitmetren erkannt werden – im Original ist der 6/8-Takt notiert. In seinem Analog-Takt 2/4 würden nicht nur Quintolen, sondern auch Sextolen erscheinen.

Skrjabins rhythmische Grafik ist noch weit entfernt von den abgehobenen Konstrukten der Avantgarde. Deren Vorbote aber ist sie allemal.

Quintole auf vier Zählzeiten

Analyse:

a) Erster Schritt: Jede Zählzeit wird fünfgeteilt (Bezugswerte werden generiert)

b) Zweiter Schritt: Quintolen-Achtel werden zu viert überbunden

c) Dritter Schritt: Zusammenziehung der Quintolen-Achtel - nur innerhalb einer Zählzeit

d) *Notbehelf: Fünfer-Wörter durch ähnliche binäre Wörter ersetzt und leich verfälscht:*

Bild 102 Quintole auf vier Zählzeiten

Literatur-Beispiel: J. Cage – Living Room Music, Melody (für frei wählbare Schlagin-strumente und ein Melodieinstrument, Bild 103):

Bild 103 J. Cage – Melody

Eine Berechnung der gemeinsamen Bezugswerte der Viertel-Quintolen mit den Ach-telnoten wäre viel zu aufwendig und dementsprechend ineffizient. Wichtig ist die *ge-meinsame Wahrnehmung des Leitmetrums,* der Viertelnoten als Zählzeiten. Das Zusam-menspiel aller Teilnehmer regelt sich bei den Ensemble-Proben, und zwar praktisch deutlich schneller und sicherer als die Analyse in Bild 102. Tempo und Rhythmus-schärfe der Beteiligten entscheiden über die Methode.

X-tolen auf Y Zählzeiten

Analog kann man theoretisch jede irreguläre Unterteilung auf egal wie vielen Zählzeiten zerlegen und ausführen. Fraglich ist nur der Sinn der Sache, denn großzählige irreguläre Unterteilungen haben keine rhythmische, sondern nur eine melodisch-ornamentale Bedeutung. Wenn Chopin einen Riesenbogen zeichnet mit einer 37 darüber, denkt er ganz bestimmt nicht an eine XXXVII-tole, wie sollte sie denn nur heißen? Er will nur, dass innerhalb eines gewissen Zeit-raums die notierten 37 Noten irgendwie gleichmäßig und ausdrucksvoll gespielt werden.

Die in der Mitte des 20. Jahrhunderts erblühende »Avantgarde«, eine Extrem-Strö-mung der Kunstmusik, stach hervor unter anderem durch ein Abheben der rhythmi-schen Notation in Fantasie-Areale, wo die Korrespondenzen zwischen Gehörtem und Notiertem beinahe vollständig abhandengekommen sind.

Wenn die Analyse eines Werks nicht ein irgendwie spielbares/hörbares Leitmetrum hervorbringt oder der menschlich-rhythmische Urinstinkt nicht mehr mithalten kann, dann ist der Komponist einer ideologisch-konstruktiven Fata Morgana nachgelaufen. Was auch immer die Absicht des Komponisten in Bild 104 war, das menschliche Ge-hör kann sie musikalisch nicht entziffern.

Das Stück, entstanden Mitte der 50er Jahre, im Höhepunkt der Avantgarde, ist eine unentwirrbare Folge von kurzen und langen, hohen und tiefen Tönen, vom Komponisten sicherlich sorgfältig erdacht. Dem Hörer jedoch, egal ob geschult oder nicht, bringt das Stück keine rhythmische Empfindung. Das Notenbild[1] kann einem musikalisch gebildeten und an zeitgenössischer Musik ehrlich interessierten Gemüt intellektuellen Respekt einflößen – mehr aber nicht, weil auf dem Kommunikationskanal »Rhythmus« keine musikalische Information fließt. Und wenn Empfindungen dennoch aufkommen, war die Autosuggestion stark – und der Placebo-Effekt entsprechend:

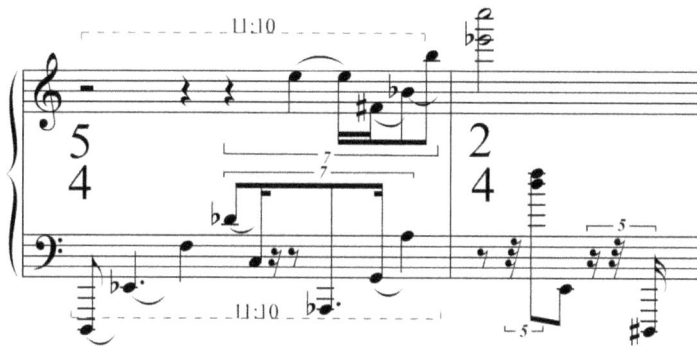

Bild 104 K. Stockhausen – Klavierstück

Dieses Beispiel verdeutlicht einmal mehr, wie wichtig es ist, mit offenen Ohren und Augen zwischen gehörtem und notiertem Rhythmus zu unterscheiden. Vieles, was gehört wird, kann nur unzureichend oder gar nicht notiert werden, und vieles, was in Notenschrift umgesetzt ist, kann nur mühsam oder gar nicht ausgeführt werden.

Wohl nie war Andersens Märchen »Des Kaisers neue Kleider« so aktuell wie in den Zeiten der Avantgarde.

Die Unterhaltungsmusik hat sich – vielleicht mit Ausnahme des Free Jazz – nie so weit in die dünne Luft der Avantgarde verirrt. Der wahrnehmungsmäßig verständliche Gebrauch der irregulären Unterteilungen hört eigentlich bei der Quartole auf drei Zählzeiten auf – diese allerdings sollten möglichst genau umgesetzt werden, denn das, was gehört und verstanden wird, ist das K.O.-Kriterium dieser Art von Musik.

---

[1] Aus Walter Gieseler, Komposition im 20. Jahrhundert (Moeck Verlag, 1975)

Zwei Orientierungshilfen sollten noch einmal erwähnt werden:

- Da irreguläre Unterteilungen auf mehreren Zählzeiten meist in schnellen Tempi erscheinen, braucht man sie nicht groß zu analysieren. Die besagte Unterteilung wird irgendwie in einem Abwasch in den ihr zugeordneten Raum gelegt, fertig, aus.

- Bei langsamem Tempo ist es ratsam, sich des Algorithmus zu bedienen, zumindest beim ersten Kontakt mit dem rhythmischen Problem.

I. Rhythmus sehen und verstehen

I.1. Visualisierung des Metrums – die Gruppierung der Notenwerte

Das Beispiel Bild 105.a im 4/4-Takt verwendet gängige Notenwerte, reguläre Sechzehntel und Viertel, keine abenteuerlichen Unterteilungen. Dennoch ist kaum jemand in der Lage, die Zählzeiten zu klopfen und mit »ta-ta …« den richtigen Rhythmus auszuführen. Verantwortlich dafür ist die völlig nicht-intuitive Schreibweise. Was tun?

Trainingsvorschläge:

Die Arbeit mit binären rhythmischen Wörtern

a) Vom Blatt nicht spielbare rhythmische Folge.
Kleinster Wert = Sechzehntel = Bezugswert

b) Der Takt wird in Bezugswerte zerlegt un in Vierergruppen verbalkt

c) Haltebögen formen die Tondauern von a)

d) Auf Zählzeiten zusammengezogene Schreibweise
jetzt ist die Formel spielbar

Bild 105 Umstrukturierung von Notenwert-Folgen in binäre Gruppierungen

a) Als Erstes entscheiden wir uns für einen praktischen Bezugswert. Das wäre hier der kürzeste Wert – die Sechzehntelnote.

b) Wir gruppieren diese Sechzehntelnoten zu viert, weil die Vierergruppen uns intuitiv am nächsten liegen (sieh auch Bild 2, Bild 3 und Bild 4).

c) Wo größere Notenwerte in Bild 105.a sind, überbinden wir in **c)** die Sechzehntelnoten durch Haltebögen. Freie, ungebundene Sechzehntel sind mit einem Keil markiert.

d) Die Schreibweise wird *innerhalb einer Zählzeit* zusammengezogen (nicht über die Grenzen der Zählzeiten hinweg). Jetzt kann der Rhythmus gesungen, gespielt oder geklopft werden. Nicht ganz einfach, aber machbar – und sehr effizient als Training für das Lesen und Verstehen von Rhythmus.

Es ist durchaus empfehlenswert, den Takt im Bild 105.d mehrere Male zu wiederholen. Und zwar in gleichmäßigem Tempo und ununterbrochen: Sollte die Luft aus der Lunge raus sein, dann eben einatmen und *dabei den Rhythmus unverändert weiter klopfen und mental weiterführen.* Im Ensemble verlässt kein Musiker das Vortragstempo, nur weil irgendetwas nicht klappt (Luft raus bei Sängern oder Bläsern, Bogen am Ende bei Streichern, Patzer oder tonlose Tasten bei Pianisten etc.). Deshalb ist diese Empfehlung streng zu beachten.

Weniger anstrengend ist die Ausführung, wenn die Töne leise und kurz gesungen werden – der nötige Hinweis ist in Bild 51.c (Hänschen klein mit Pausen) zu sehen. Wenn das Klopfen und das »ta-ta …« gut funktionieren, allmählich das Tempo steigern, im Idealfall bis die Zunge oder die Lippen physikalisch nicht mehr mitmachen können. Das innere rhythmische Bewusstsein darf nie verwischt empfunden werden.

Zum Vergleich: In Bild 97 wurde ein Trainingsverlauf für die Quintole auf vier Zählzeiten vorgestellt. Die Haltebögen zwischen den **Fünfer-Wörtern** wurden zunächst entfernt, um sie bei wiederholtem Üben genauer ausführen zu können. Erst in der 5. Zeile wurden die Haltebögen eingesetzt – so muss eine exakte Quintole auf vier Zählzeiten klingen.

Binäre Wörter (Vierergruppen) und **ternäre Wörter** (Dreier- oder Sechser-Gruppen) sind der Regelfall in Partituren. Das gewissenhafte Training mit diesen Bausteinen erleichtert enorm den Umgang mit undurchsichtigen Rhythmen.

In Bild 106 werden durch verschieden platzierte Haltebögen alle acht möglichen Vierer-Wörter vorgestellt. In der Notenzeile **c)** wurden nicht angeschlagene Sechzehntel durch Pausen ersetzt, nur um noch einmal hervorzuheben, dass das Kürzen der effektiven Tondauern nach dem Anschlag den Rhythmus nicht ändert (siehe auch Bild 51, Hänschen klein mit Pausen):

Bild 106 Die Liste der acht binären rhythmischen Wörter

Um sicherzustellen, dass sich alle Wörter ins rhythmische Gedächtnis einbrennen, sollte das Übungsraster in Bild 107 (mit Platzhalter X für jedes rhythmische Wort) bis zum Automatismus abgearbeitet werden. Zur Veranschaulichung wurde das Wort Nr. 2 aus Bild 106 (Achtel + zwei Sechzehntel) herangezogen. Die Platzhalter X können durch jedes Wort ersetzt und analog geübt werden. Mischungen aus verschiedenen Wörtern verfeinern das Training.

Der rhythmische Ausdruck der Zeile c) in Bild 107 wird auch realisiert, wenn die Anschläge kurzgehalten werden: Ta – tata – – ta ta – – tata, wie in Bild 106.c. Das spart auch Atemluft – an dieser Stelle noch einmal der Hinweis auf Bild 51.c (Hänschen klein mit Pausen):

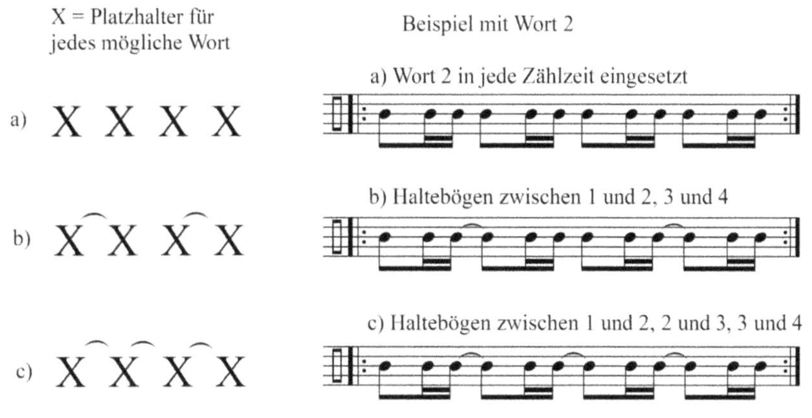

Bild 107 Übungsraster binär

Die Arbeit und das Training mit ternären rhythmischen Wörtern

Rhythmen mit ternären Zählzeiten brauchen ein anderes Schriftbild, nicht nur für die einfachen ternären Zellen, sondern auch für alle denkbaren Sechser-Wörter. Davon gibt es zweiunddreißig. Die meisten davon sind in der Tabelle Bild 108 dargestellt, mit dem Bezugswert Sechzehntelnote. Die Zeilen 108.c zeigen die Atemluft sparende, quasi staccato Anschlagsart:

Bild 108 Die ternären rhythmischen Wörter 1. bis 30. in Sechsergruppen

Betonungseigenarten der ternären Wörter

Die **Sechser-Wörter** aus Bild 108 können auf zwei unterschiedliche Arten betont werden.

Um die Betonungsmöglichkeiten besser zu verstehen, zeigt das Bild 109 (Bezugswert = Achtelnote) die Akzentvarianten anhand einiger ausgewählter Sechser-Wörter. Diese Varianten hängen von der inneren Einstellung ab – 3/4tel oder 6/8tel Takt – es kommt drauf an, von welcher Seite man diesen Janus-Kopf betrachtet, um Hemiolen oder Triphasen zu sehen.

- In der ersten Zeile (Bild 109.a) sind die Achtelnoten in jedem Takt aneinandergereiht, mit einigen der möglichen Überbindungen.

- In der zweiten Zeile (Bild 109.b) waltet die Akzentevererbung des Dreivierteltaktes. In den Wörtern 16 und 30 erscheinen Synkopen auf halber Zählzeit. Das Wort 30 bildet eine Triphase.

- In der dritten Zeile (Bild 109.c) gelten die Verhältnisse des 6/8tel Taktes, der eigentlich aus zwei ternären Zählzeiten besteht. In dieser Zeile erscheinen zwei Synkopen und zwei Pseudosynkopen. Mehr noch: Das Wort **12.** bildet eine Hemiole:

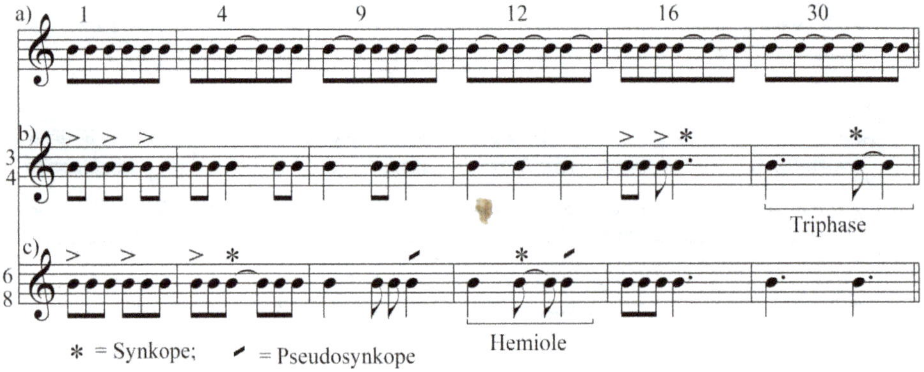

Bild 109 Betonung der Sechser-Wörter 1, 4, 9, 16, 30

Wie auch die binären Wörter sollten auch die ternären Wörter mithilfe des Rasters in Bild 111 abgearbeitet werden. In Bild 110 wird die Gruppierungsübung für ternäre Rhythmen gezeigt (analog zum Bild 105):

- In der Zeile a) die sehr schlecht lesbare Formel im 12/8tel-Takt.

- In der Zeile b) die in Sechser-Wörtern gruppierten offen liegenden Bezugswerte.

- In der Zeile c) definieren Haltebögen die längeren Notenwerte.

- In der Zeile d) die vernünftig lesbare Schreibweise, mit dem Nummern-Index der entsprechenden Sechser-Wörter (**18. 25. 30.** und **6.**):

a) Vom Blatt nicht spielbare rhythmische Folge.
   Kleinster Wert = Sechzehntel = Bezugswert.

b) Der Takt wird in Bezugswerte zerlegt und in Sechsergruppen verbalkt

c) Haltebögen formen die Tondauern von a)

d) Auf (ternäre) Zählzeiten zusammengezogene Schreibweise.
   Jetzt ist die Formel spielbar:

Wörter: 18   25   30   6

Bild 110 Umstrukturierung von Notenwert-Folgen in ternäre Gruppierungen

Das Training erfolgt mit der gleichen Vorlage (XXXX) wie im Bild 107, wobei der Platzhalter X diesmal durch ein ternäres Wort ersetzt wird (Bild 111). Hier wird als Beispiel das Wort **4.** aus Bild 108 eingesetzt: ein besonders reizvolles Wort, weil in der dritten Notenzeile (c) eine polymetrische triphasische Kette entsteht, ein polymetrisch laufender 3/16-Takt, den man beim Abspielen sofort hört:

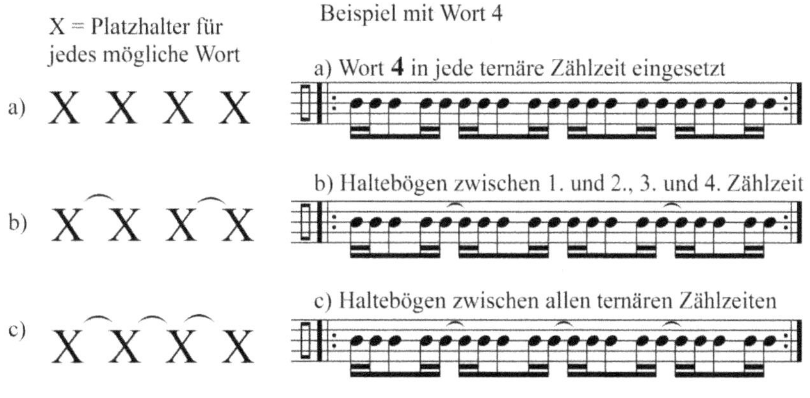

X = Platzhalter für   Beispiel mit Wort 4
jedes mögliche Wort
                            a) Wort **4** in jede ternäre Zählzeit eingesetzt
a) X X X X

                            b) Haltebögen zwischen 1. und 2., 3. und 4. Zählzeit
b) X X X X

                            c) Haltebögen zwischen allen ternären Zählzeiten
c) X X X X

Bild 111 Beispiel Übungsraster ternär

J. Das Musikdiktat und die musikalische Intelligenz

Das Musikdiktat ist eine der schwierigsten Herausforderungen der Musiklehre. Eine gut gemeinte Empfehlung fordert von Musikschülern und Musikstudenten, erst die Tonhöhen des melodischen Diktats als Punkte ins Liniensystem einzutragen, dann den Rhythmus hinzuzufügen. Begabte schaffen es. Weniger Routinierte schaffen es vielleicht, das Diktat gerade so zu Ende zu bringen, wenn es nicht zu komplex ist. Viele scheitern, zu oft werden irgendwelche Noten und Notenwerte strukturlos zu Papier gebracht. Dabei sollte ja beachtet werden, dass auch der Rhythmus eine Grammatik und eine Syntax hat, wie die Sprache, die Harmonielehre oder die Formenlehre.

Wie war das noch mal, was ist das Gegenteil von gut? Gut gemeint!

Ein sinnvoller Weg muss mit dem erlebten, empfundenen Verständnis von Rhythmus vereinbar sein:

Schritt 1: Das Diktat (Bild 112) wird 2-3 Mal gehört, *ohne etwas zu notieren.* Dabei formt sich beim Hörenden (mit oder ohne Hilfe) sein inneres Raster – Bezugswerte, Zählzeiten und Takt:

Bild 112 Vorgespielte drei Takte Hänschen klein mit Variation

Schritt 2: Der Hörende notiert auf dem Notenpapier erst eine Vorlage, eine Art Baustelle. Er notiert *nur die Taktangabe und die Taktstriche,* in solch einem Abstand, dass voraussichtlich alle Noten des Diktats komfortabel in den Takt hineinpassen (zwei-drei Takte in einer Zeile, selten mehr). Und noch: Die *Zählzeiten werden mit gestrichelten Linien getrennt:*

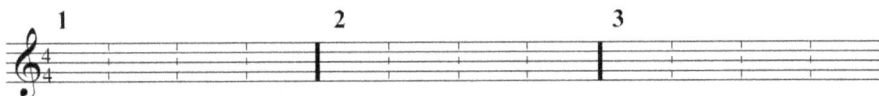

Bild 113 Diktat-Vorlage (Baustelle)

Schritt 3: Nun klopft der Hörende *während des Erklingens des Diktats* die Zählzeiten, aber nicht irgendwohin auf den Tisch, *sondern physikalisch (mit Finger oder Bleistift) genau* *in die entsprechenden Zählzeiten-Räume* auf dem vorbereiteten Notenpapier. **Es ist wichtig, dass der Hörende jederzeit weiß, wo er sich befindet**.

Nur Zählzeiten klopfen, *nicht* den Rhythmus der Melodie!

Schritt 4: Der Hörende singt, summt oder pfeift jetzt die Melodie, im Idealfall bis er sie auswendig kann, und klopft die Zählzeiten jedes Mal in die richtige Stelle auf dem Notenblatt. Währenddessen versucht er, die *rhythmischen Wörter* jeder Zählzeit auszumachen.

Beispielbeschreibung: In Bild 112 ist in der ersten Zählzeit des ersten Taktes das rhythmische Wort »zwei Achtelnoten«, in der zweiten Zählzeit das Wort »Viertelnote«, im zweiten Takt auf der vierten Zählzeit »Viertelnote überbunden mit …« Im dritten Takt, auf der dritten Zählzeit (gerne mit einem Seitenblick auf die latente Polyfonie) das Wort »Achtel + zwei-Sechzehntel« … etc.

Mehr oder weniger gleichzeitig notiert der Hörende auch die Tonhöhen – nicht unbedingt alle der Reihe nach, sondern diejenigen, die er an irgendeiner Stelle einer rhythmischen Silbe festmachen kann. Besonders hilfreich ist es, zuerst metrisch wichtige Noten zu platzieren, etwa betonte Zählzeiten, Anfangstöne von Phrasen, längere Noten o.ä. Tonlücken lassen sich dann leichter füllen. Schwieriger ist es, die Tonhöhen Intervall für Intervall oder Notenwert für Notenwert der Reihe nach zu notieren, in der Hoffnung, am richtigen Ziel zu landen.

Wenn während eines Klopfschlags kein Ton des Diktats angeschlagen wird, ist an dieser Stelle ein Haltebogen oder eine Pause – zu sehen in Bild 112 zwischen den Takten 2 und 3, sowie zwischen der 2. und 3. Zählzeit des dritten Taktes.

Beim Nicht-Erklingen der ersten Note der ersten rhythmischen Silbe im dritten Takt wird der Hörer natürlich die überbundene, nicht-angeschlagene Achtelnote (oder die Pause) notieren.

Schritt 5: In einer ersten Fassung könnte das Diktat etwa so aussehen wie in Bild 114 oder auch anders, *auf jeden Fall aber metrisch strukturiert*. Jetzt ist das Diktat noch lückenhaft und mit Tonhöhen-Fehlern, aber *der Hörende hat die Übersicht* und kann die Lücken beim nächsten Diktieren aus dem Gedächtnis schließen.

Deutlich schneller kommt der Hörende ans Ziel, wenn er von vornherein in rhythmischen Wörtern denkt (siehe auch Bild 106 und Bild 108), auch wenn er nicht sicher ist, dass alle Tonhöhen richtig sind:

Bild 114 Diktat Zwischenentwurf

Es kann nicht genug betont werden, dass der Hörende während seiner Ausbildung so lange die Vorlage mit gestrichelten Trennlinien beim Diktat vorbereiten soll, bis er wirklich sicher ist, dass er sie nicht mehr braucht. Das kann nach der ersten Unterrichtsstunde, nach zwei Monaten oder nach zwei Jahren der Fall sein. Kaum eine menschliche Fähigkeit zeigt eine so riesige Kluft zwischen arm und reich wie die musikalische Begabung.

Um Musik professionell verstehen und handhaben zu können, reicht das musikalische Gehör allein nicht. Es gibt auch so etwas wie die »musikalische Intelligenz«. Der diktierende Lehrer sollte sich nicht scheuen, sie vom Diktat-Hörer zu fordern. Die naiven Reihen von Notenköpfen, die viele Diktat-Hörer notieren, in der Hoffnung, aus dieser vermeintlichen Eselsbrücke ein stimmiges Notenbild erstellen zu können, haben mit musikalischer Intelligenz recht wenig zu tun.

Auch andersrum: Besonders wenn das musikalische Gehör schwächelt, ist der Einsatz der musikalischen Intelligenz sehr hilfreich, eigentlich zwingend. Auch deshalb gibt es in den musikalischen Ausbildungsstätten das Nebenfach Gehörbildung/Musiktheorie.

Zweiter Teil – Die Klänge

K. Die Wurzeln

Rund dreihundert Jahre hat die funktionstonale Musik das Konzertleben der westlichen Welt dominiert. Von zentraler Bedeutung war das Empfinden einer Tonika als Klangzentrum, als stärkste Funktion, wie auch die Etablierung eines harmonischen und melodischen Apparats, der sie definieren konnte – authentische Kadenzen, Leittöne, Dominantseptakkorde u. a. m.

Die Tonalität ist eine Art zentralistischer Staat, dessen Institutionen unmissverständlich die Identität des Oberhauptes, der Tonika, anstreben. Die Tonika kann auch geändert werden; brutal, putschartig (durch sogenannte *Rückungen*), oder funktionsgerechter, durch Umstrukturierung seiner Institutionen (Kadenzen etc.) – durch *Modulation*.

Das war der königliche Weg der Musik bis gegen 1900, als zwei völlig unterschiedliche Stränge aus diesem Mainstream herausbrachen: der **Atonalismus** als systematische Verneinung der tonalen Funktionen und, viel gewichtiger, die **modale Musik**, mit ihren bislang weniger beachteten Einzugsrevieren – Fernost, Mittelalter, Folklore.

Für den Atonalismus und die darauffolgende Zwölftontechnik und den Serialismus war die herkömmliche Musiktheorie kein besonderes Problem: Diese Satztechniken hatten in einem Zeitraum von zwei-drei Jahrzehnten fast alles über Bord geworfen und kurzerhand ihre eigenen Theorien oder Programmerklärungen entwickelt.

Problematisch war – und ist immer noch – die modale Musik. Atonal ist sie nicht, aber funktionstonal nur zähneknirschend zu erklären. Erschwerend war – und ist – auch der Umstand, dass es keine trennscharfen Grenzen zwischen den Strängen gibt. Was ist tonal? Was ist modal, freitonal oder atonal?

Die 1950er Jahre markieren einen neuen, vielleicht den größten Umbruch der Musikgeschichte. Die Erfindung der Tonträger und damit der Zugang zu jeglicher Musik, nach Belieben, verändert fast darwinistisch die Mechanismen der Auslese und damit der Evolution.

Die Schwierigkeiten der Musiktheorie, mit althergebrachten Mitteln die Realität zu erklären, spitzten sich zu, weil sie sich immer entlang des königlichen Weges der großen Musikwerke und -Stile entwickelt hat. Der Gesamtstrom der Musik ist aber deutlich breiter. Aus diesem Grund wird dieser breitere Weg in diesem Buch satztechnisch, historisch und geografisch begangen.

Wir beginnen mit der Steinzeit.

K.1. Präpentatonische Musik – die Oligochordien

Zwei Töne – die Bitonie

Bild 115 Ein Kinderlied

Dieses urige, in seiner Einfachheit schöne Kinderlied könnte aus jedem bewohnten Fleck unseres Planeten stammen. Weil die fallende kleine Terz vermutlich das erste Musikintervall ist, das kleinere Kinder verstehen und ohne Anstrengung singen können, unabhängig vom sozio-kulturellen Umfeld, in das sie hineingeboren wurden.

Diese kleine Terz scheint in unser Genom eingebrannt zu sein. Und zwar so tief, dass selbst Erwachsene manchmal unwillkürlich ihrem Ruf folgen. Hören wir, was Hirten oder Wanderer im Hochgebirge über die Täler schallen lassen. Oder lassen wir uns von den zweitönigen Kampfgesängen der Fußballfans in glühenden Stadien mitreißen:

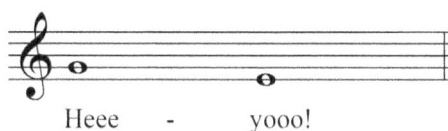

Bild 116 Die Rufterz (Bitonie) ❖

Verständlich, dass diese **Bitonie**, die fallende kleine Terz, auch »Rufterz« genannt wird.

Fundstätten aus der Steinzeit haben mehrfach gelochte Knochenstücke zutage gebracht – offensichtlich uralte Flöten, mit denen – so die Meinung einiger Forscher – sogar pentatonische Weisen gespielt werden könnten. Der älteste Fund wurde auf 38.000 Jahre datiert. Das kann nur bedeuten, dass schon viele zehntausend Jahre davor Homo sapiens allmählich aus Zufallslauten oder -Rufen ein Verhältnis zweier Töne bewusst wahrnehmen konnte – ein Verhältnis, das wir heute Intervall nennen. Und dieses wird wohl die Rufterz gewesen sein.

In der Zeit der Wiener Klassik, der Höhepunkt der funktionstonalen Musik, war die kleine Terz eher unauffällig in den allgemeinen Intervallvorrat eingereiht. Im 20. Jahrhundert gewinnt sie als klangliche Individualität wieder an Bedeutung, vermutlich in

Verbindung mit der Rückkehr des Modalen nach Jahrhunderten der Vorherrschaft tonaler Strukturen. Hier zwei Beispiele Bild 117 und Bild 118):

Bild 117 Rufterzen (Cl. Debussy – »La mer«, erster Teil)

Bild 118 Rufterzen (S. Prokofjew – 7. Sonate, dritter Satz)

Aus tonalen Orthografie-Gründen notiert Prokofjew ein »cis« im Bass-Ostinato. Dennoch ist im gnadenlos motorischen Rhythmus unmissverständlich eine gewalttätig gewordene Rufterz »b-des« zu hören.

Man darf mutmaßen, dass in der Vorgeschichte der Menschheit nach zigtausend Jahren Rufterz bestimmt nicht ein damaliges Musikgenie gerufen hat: »Wir brauchen einen dritten Ton!« Vielmehr sind mit der Zeit aus einem klanglichen Ur-Nebel einige Töne mehr oder weniger definierbar geronnen, ähnlich wie Himmelskörper aus galaktischem Nebel entstanden sind, durch allmähliche Kondensierung und Verklumpung. Wie auch immer das geschah, für die Systematik brauchen wir einen Quantensprung – den dritten Ton.

Drei Töne – die Tritonien

Ein dritter Ton gesellt sich zur kleinen Terz, zunächst die große Sekunde darüber – es entsteht die **Tritonie 3-2** (Bild 119). Die Intervalle werden aufwärts bezeichnet, egal in welche Richtung die Melodie sich real bewegt:

Bild 119 Tritonie 3-2 (Haribo-Lied) ❖

»Haribo« ist die betextete Variante des als »Neck-Melodie« bekannten Kinderlied-chens. Die Werbeleute wussten, was sie klangmäßig tun müssen, um die Kinder rum-zukriegen. Und wir ahnen, wie die Reise der Musik nach der Geburt der kleinen Terz weitergegangen sein könnte.

Dass die Tritonie 3-2 (»b-des-es«) in I. Strawinskys »Sacre du printemps« (Bild 120) eine bedeutende Rolle spielt, dürfte nicht überraschen. Das Werk ruft uralte heidnische Bräuche herauf – der Komponist hat in die russische Folklore hineingelauscht, mit der er aufgewachsen ist:

Bild 120 Tritonie 3-2 (I. Strawinsky – Le sacre du printemps, Introduction)

Für Cl. Debussys »Prélude à l'après midi d'un faun« (Bild 121) war eher die Wahrneh-mung der Obertonreihe die Quelle. Gleichwohl sind zwei aneinandergekoppelte Tri-tonien 3-2 (»f-as-b« und »as-ces-des«) zu hören:

Bild 121 Cl. Debussy – Prélude à l'après midi d'un faun

Eine Passage aus Chopins erstem Klavierkonzert E-Moll lässt aufhorchen. Die slawi-sche Ader des Komponisten lässt im Sopran eine Tritonie 3-2 (»dis-fis-gis«) aufleuch-ten (Bild 122). Das ist bei Chopin kein Zufall – an mehreren Stellen in seinem Werk erklingen solche Tritonien:

Bild 122 Tritonie 3-2 (Fr. Chopin – Klavierkonzert E-Moll)

Die **Tritonie 2-3** (aufwärts: große Sekunde, kleine Terz) ist kaum als eigenständige Struktur in der Kinder-Folklore zu finden, sie passt wohl nicht so richtig in die Hörfähigkeit der Kleinen. Vielleicht ist dafür auch ihre höhere, schwierigere Position in der Obertonreihe verantwortlich (*Obertöne* 6-7-8; 9-10-12; Bild 123):

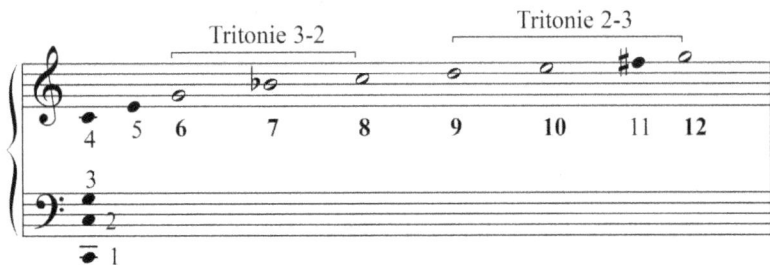

Bild 123 Obertöne 1-12

In Bild 124 (Philip Glass – Oper »Einstein on the Beach«, 1976, Train 1) erscheinen, im Parallellauf, zwei Tritonien 2-3, als Bruchstücke einer anhemitonischen Pentatonik:

Tritonien 2-3 in beiden Stimmen   In der Summe: Pentatonik

Bild 124 Philip Glass – Einstein on the Beach

Vier Töne – die Tetratonien

Die **Tetratonie 2-3-2** ist eine wichtige Station in der Entwicklung der Musik. Sie ist ein lückenloser Vier-Töne- oder Drei-Quinten-Ausschnitt aus der Reihe der reinen Quinten. Sie ist demnach **diatonisch**. Zu sehen ist das in folgenden Notenbeispielen bzw. Tonfeldern (Bild 125):

Bild 125 Tetratonien 2-3-2 (Debussy, Strawinsky) ❖

Der »**Vamp**« (Bass-Ostinato) des Songs »Hole in the Head« (Sugababes 2003) besteht aus den vier Tönen der **diatonischen Tetratonie 2-3-2**. Die Melodie greift auf eine **Tetratonie 3-2-3** zurück (Vier-Quinten-Ausschnitt = fünf Töne, das E fehlt). In der Summe (Melodie + Vamp) bilden die Töne eine **Pentatonik** (Bild 126):

Bild 126 Tetratonie 3-2-3 (»Hole in the Head« – Sugababes 2003 ❖)

Das Hinzukommen des fünften Tons zu den vier Tönen der Tetratonien – vermutlich irgendwann in der Steinzeit – ist ein enorm bedeutender Schritt in der Kristallisierung der Tonsysteme. *Es entsteht ein erstes stabiles, weltweit umgreifendes und bis heute im Einsatz befindliches Tonsystem, die* **anhemitonische Pentatonik.**

K.2. Die pentatonischen Skalen

Alle Musikkulturen der Welt haben sich – in einer ersten Annahme – bis zum Stadium der Pentatonik entwickelt. Viele hoch entwickelte Kulturen – wir nennen hier China, Japan oder Korea – sind nicht oder nicht entscheidend darüber hinausgegangen – ihre traditionellen Werke sind heute noch pentatonisch (von den Auswirkungen der Medien und Tonträgern im 20. Jahrhundert wird natürlich abgesehen).

Die **anhemitonische (halbtonlose) Pentatonik** besteht aus großen Sekunden und kleinen Terzen. Sie ist »diatonisch«: Ihr Tonfeld ist ein lückenloser Ausschnitt von fünf Tönen aus der prinzipiell unendlichen Quintenreihe (Bild 127.a):

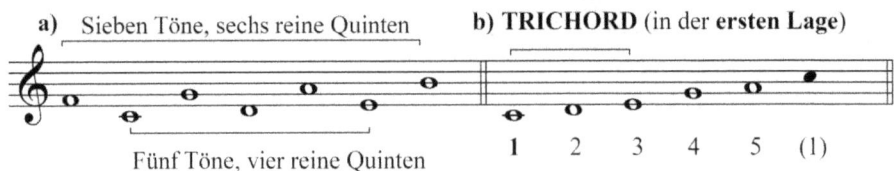

Bild 127 Pentatonik ❖

Rückblickend wird festgestellt, dass **Tritonien** und **Tetratonien** nie das gleiche Intervall (Sekunde oder Terz) aneinanderreihen.

Auffällig ist die Erscheinung eines neuen Bausteins in der Pentatonik: der **Trichord** (Bild 127.b). *Es ist der erste Baustein, in dem zwei Sekunden aneinandergereiht werden.* Er wird ab den 1950er Jahren ganz besonders in der populären Musik, hier ein wenig genauer »Pop-Rock« genannt, eine überragende Bedeutung gewinnen. Als erkennbarer Baustein erscheint er auch in der Frühmoderne (Debussy, Prokofjew, Strawinsky), allerdings seltener als im Pop-Rock.

Anmerkung: Von der Benennung her soll man unterscheiden zwischen »…tonien« (Beispiele: Tri-**tonie**, Tetra-**tonie**), in welchen Terzsprünge und Sekundschritte alternieren, und »…chordien« (Beispiele: hier der Tri-**chord**, später auch Tetra-**chord**, Penta-**chord**, Hexa-**chord**), Skalen, die ausschließlich aus Sekundenschritten bestehen.

Die in Bild 127 dargestellte Pentatonik kann als Skala mit jedem ihrer Töne beginnen und von dort geordnet werden, wie die Umkehrungen eines Akkords. Praktisch ist es, den Trichord (mit dem tiefsten Ton **1** als Grundton) an die Basis zu stellen, die Stufen zu beziffern und dann als Ausgangspunkt für die fünf möglichen Lagen dieser Pentatonik zu gebrauchen. Ähnlich wie im Falle von Akkorden: Deren Terzschichtung ist als »Grundstellung« der Ausgangspunkt für die weiteren Umkehrungen.

Demnach ist die Pentatonik in Bild 127 auf dem Grundton »c« in der **ersten Lage**. In Bild 128 sind all fünf Lagen dargestellt, die erste auf »c«, die zweite auf »d« etc.:

Bild 128 Pentatonik-Lagen ❖

In erster, vierter und fünfter Lage ist der Trichord in der Skala sichtbar (markiert durch Sternchen). In der zweiten und dritten Lage erscheint er gesplittet (die schwarzen Vollkopf-Noten sind nur Oktav-Marken der tiefsten Noten). In Anlehnung an die Systematik der Akkorde und deren Umkehrungen werden wir den ersten Ton des Trichords – die **1** der Pentatonik – »**Grundton**« nennen. Das vereinfacht die Analysen.

Die Pentatonik in der fünften Lage wird eine entscheidende Rolle in der *Entstehung des Jazz* spielen. Ihre ersten beiden Töne bilden eine kleine Terz, weshalb sie oft als »Moll-Pentatonik« bezeichnet wird. Diese Bezeichnung ist nicht empfehlenswert, weil sie mit Hinblick auf die echten *Moll-Pentatoniken* (siehe Bild 132), mit Moll-Trichorden in der Basis, Verwirrung stiftet. Schließlich wird der Dur-Dreiklang in der ersten Umkehrung auch nicht »Moll«-Dreiklang genannt, nur weil seine tiefsten Töne eine kleine Terz bilden.

In der Renaissance und eine Weile danach, bis ins späte 19. Jahrhundert zeigt die Pentatonik keine explizite motivische Präsenz; stärkere, tonale Klangstrukturen waren am Werk.

In der nationalen Romantik (Mussorgski, Janácek) und sogar bei modalen Komponisten der Frühmoderne (etwa Debussy oder Strawinsky), bei denen Bi-, Tri- und Tetratonien streckenweise stilprägend sind, schimmert sie allmählich durch, doch als eindeutig definierte Pentatonik macht sich immer noch rar. Hier aber zwei Beispiele (Bild 129):

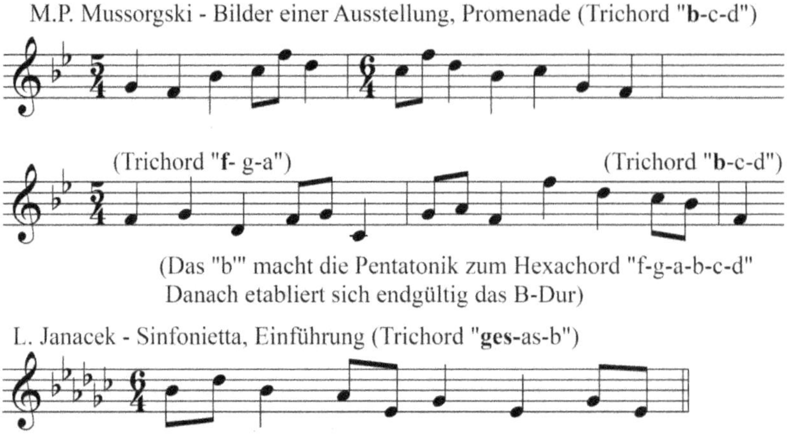

M.P. Mussorgski - Bilder einer Ausstellung, Promenade (Trichord "b-c-d")

(Trichord "f- g-a")   (Trichord "b-c-d")

(Das "b'" macht die Pentatonik zum Hexachord "f-g-a-b-c-d"
Danach etabliert sich endgültig das B-Dur)

L. Janacek - Sinfonietta, Einführung (Trichord "**ges**-as-b")

Bild 129 Pentatoniken Mussorgski, Janácek

Für den Jazz ist die Pentatonik sozusagen Gründermitglied. Wie das genau zu betrachten ist, zeigt das Kapitel zum Jazz (siehe Bild 190, Blue Notes).

Der Pop-Rock ist in der Wahl seiner Mittel ein ziemlich vorurteilsloser Stil. Alles kann drin sein, auch die Pentatonik. Das ist sie auch, und nicht zu wenig. Bild 130 zeigt Shakiras Fußballweltmeisterschafts-Song 2004 (»Waka-Waka«):

Trichord

Bild 130 Shakira – Waka-Waka ❖

Hemitonische und anhemitonische, diatonische und chromatische Pentatoniken

Mit der halbtonschrittfreien, **anhemitonischen Pentatonik** hat sich der zentrale Stamm der Musikentwicklung in der Kultur des Homo sapiens fest etabliert. Und damit auch ein fundamentales Kriterium seines Kernbereichs: die **Diatonik**, also die Möglichkeit, alle Töne eines Tonfeldes als lückenlosen Abschnitt in der Quintenreihe einzuordnen. Das ist kein formales Merkmal, sondern es bezeugt die Verbindung zur Obertonreihe, die natürliche Abhängigkeit des Hörens von den physikalischen Gesetzen des Schalls.

Mehr oder weniger gleichzeitig könnten auch die **hemitonischen Pentatoniken** (mit kleinen Sekunden und großen Terzen) erschienen sein. Etwa als Intonations-

Abweichungen. Oder vielleicht später, als Teilbereiche der **heptatonischen** (sieben-tönigen) **Skalen**.

Mit den anhemitonischen Pentatoniken eröffnet sich ein Feld, das schon vor der Etablierung der heptatonischen Skalen sehr vielfältig erscheint (Bild 132, Pentatonik-Arten).

Später, bei Einbeziehung der **chromatischen heptatonischen Skalen**, scheint das Feld der Skalenvarianten schier endlos. Veröffentlichte Beiträge zu künstlichen oder folkloristischen, von der Skalentheorie des Jazz oder in der zeitgenössischen Kunstmusik erdachten Tonsystemen laden geradezu ein, die Masse der Skalen einer überschaubaren Ordnung zuzuführen.

In diesem Sinne jetzt ein kurzes Intermezzo, um Ordnungswerkzeuge anzulegen. Einige Rahmen-Begriffe sollten schon definiert sein:

Tonvorrat ist die Menge der Töne, die in einem Musikstück oder in einem ausgewählten Abschnitt des Musikstücks vorkommen.

Tonfeld ist die geordnete Menge der Töne eines Tonvorrats eines Musikstücks oder einer Klasse von Musikstücken. Tonfelder werden üblicherweise einfach und intuitiv in Skalenform dargestellt, oder auch als Abschnitte der Quintenreihe.

Skala ist die nach Tonhöhen gerichtete Anordnung der Elemente eines Tonvorrats oder Tonfelds. Die alten Griechen notierten sie abwärts. Wir reihen die Töne aufwärts.

Diatonisch ist ein Tonfeld, wenn alle seine Töne aus einem lückenlosen Abschnitt von sieben Tönen (bzw. sechs reinen Quinten) stammen. Diatonische Tonfelder bestehen aus maximal 6 Tönen. Diatonisch sind alle Intervalle, Akkorde, Skalen etc., die in einem diatonischen Tonfeld eingebettet sind.

Anderslautende Definitionen, etwa »diatonisch sind Töne oder Mehrklänge einer bestimmten Skala« sind kontraproduktiv. Sie liefern uns keine Information, inhaltlich sind sie gleichzusetzen mit dem Begriff »leitereigen«.

Im Bild 131 wird ein längerer Abschnitt der Quintenreihe gezeigt, von »ges« bis »cis«. Drei Tonfelder mit einer Breite von 6 Quinten (maximale diatonische Quintenbreite; 7 Töne lückenlos) sind als Beispiele für diatonische Systeme gekennzeichnet:

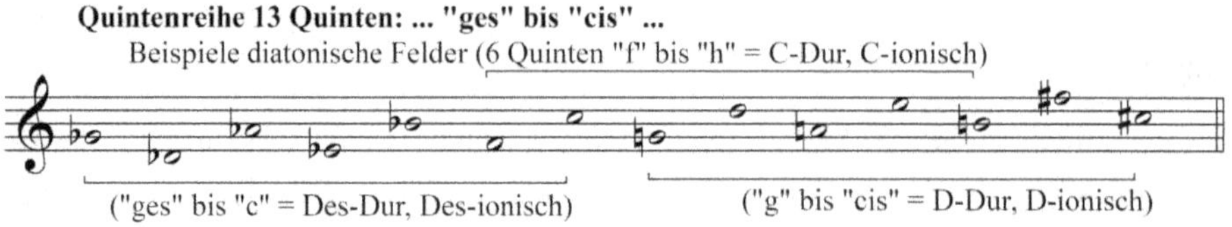
Quintenreihe 13 Quinten: ... "ges" bis "cis" ...
Beispiele diatonische Felder (6 Quinten "f" bis "h" = C-Dur, C-ionisch)
("ges" bis "c" = Des-Dur, Des-ionisch)
("g" bis "cis" = D-Dur, D-ionisch)

Bild 131 Diatonische Felder

Die Normierung der Lage des Trichords (bzw. des Grundtons) an tiefster Stelle vereinfacht die Systematik der Pentatoniken, einschließlich der schon erwähnten hemitonischen Pentatoniken.

Eine weitere Normierung, die die verschiedenen Arten von Pentatoniken griffig identifizieren lässt, geht von der Struktur des Trichords (Bild 132), und in Anlehnung an die diatonischen Modi ggf. von einem charakteristischen Intervall aus:

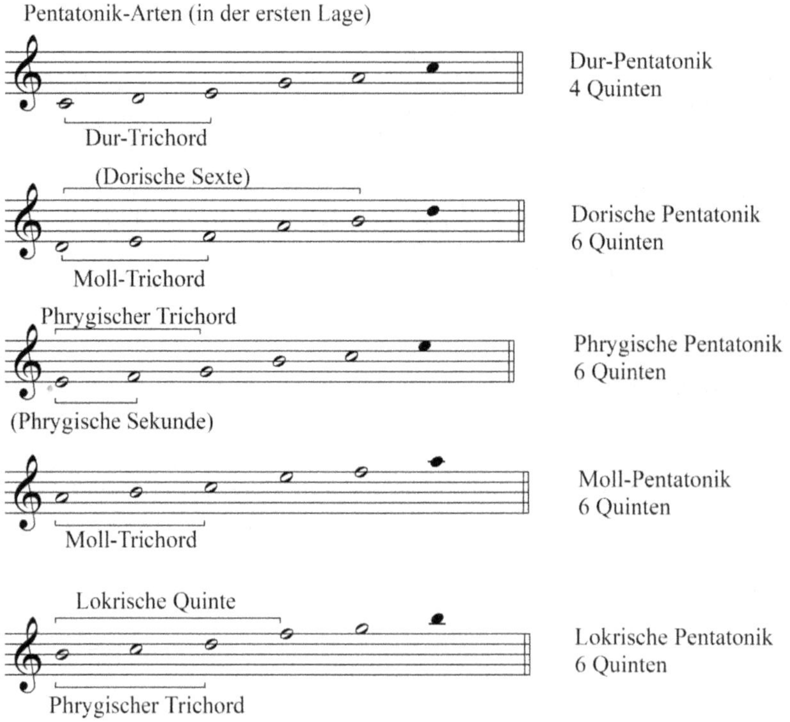
Pentatonik-Arten (in der ersten Lage)
Dur-Pentatonik
4 Quinten
Dur-Trichord
(Dorische Sexte)
Dorische Pentatonik
6 Quinten
Moll-Trichord
Phrygischer Trichord
Phrygische Pentatonik
6 Quinten
(Phrygische Sekunde)
Moll-Pentatonik
6 Quinten
Moll-Trichord
Lokrische Quinte
Lokrische Pentatonik
6 Quinten
Phrygischer Trichord

Bild 132 Pentatonik-Arten

Im Folgenden (Bild 133) sind sechzehn Pentatoniken aus Indien (I.) und Japan (J.) dargestellt. Die überwiegende Mehrheit gehört zu der anhemitonischen Pentatonik

(4 Quinten) in verschiedenen Lagen. Diese ist nach wie vor ein zentraler Baustein der Folklore aber auch der Musik des letzten Jahrhunderts.

Einige sind diatonische Sechs-Quinten-Pentatoniken. Zwei tanzen aus der Reihe. Eine von ihnen (Nr. 3, Shri) ist extrem chromatisch (beansprucht ein Tonfeld von 9 Quinten, ihr Trichord macht eine verminderte Terz) – vielleicht weil sie letztendlich nur ein Teilbereich einer chromatischen Heptatonik ist. Die andere (Nr. 10, Vibhasa) hat zwar fünf Töne, ist aber keine Pentatonik, sondern eine unvollständige siebentönige Skala, weil sie einen **Tetrachord** (vier Töne in Sekundenschritt) enthält. Zitiert wird Vibhasa hier, um ggf. ähnliche Fehl-Zuordnungen aufdecken zu können.

Bild 133 Pentatoniken Indien (I.), Japan (J.)[2]

Es ist erkennbar, dass einige der hier zitierten Pentatoniken nichts anderes sind als verschiedene oder sogar gleiche Lagen der anhemitonischen Pentatonik: Ryosen

(Japan) und Bhupali (Indien) sind anhemitonische Pentatoniken in der ersten Lage. Megha (Indien) und Ritsusen (Japan) sind anhemitonische Pentatoniken in der zweiten Lage, Malakosha (Indien) ist eine anhemitonische Pentatonik in der dritten Lage.

Das heißt noch lange nicht, dass die realen Musikdarbietungen, denen eine gemeinsame Struktur zugrunde liegt, gleich oder auch nur ähnlich wären. Jede Region hat ihre eigenen melodischen Wendungen, Formeln und stilistische Feinheiten. Man denke an die unendliche Zahl aller tonalen Musikstücke, die dem gemeinsamen Schema »natürliches Dur« entsprechen.

Zu berücksichtigen ist noch, dass die in Bild 133 notierten Töne und Intervalle nicht genau unseren temperierten Tönen entsprechen. Mehr noch: Das indische Mikrointervall »Shruti« soll ungefähr der zweiundzwanzigste Teil einer Oktave sein. Aber eben nur ungefähr – Shrutis sind nicht mathematisch berechnet oder sonst wie standardmäßig eingestimmt, sondern sie sind von den Hörgepflogenheiten des Musikers abhängig. Und diese sind nicht einheitlich. Auch deshalb sind die in Bild 133 dargestellten Pentatoniken mit Vorsicht zu genießen – was jedoch dem Ordnungsprinzip keinen Abbruch tut. Und hauptsächlich darum geht es hier.

Benennungen wie »dorische« oder »phrygische« Pentatonik in indischer oder japanischer Musik mögen befremdlich erscheinen. Akzeptieren wir sie als Gedächtnisstützen.

Wie weit reicht die Welt der archaischen pentatonischen Strukturen in die Vergangenheit? Fünftausend Jahre? Zehntausend Jahre? Fünfzigtausend Jahre? Wer weiß das schon. Ein Homo sapiens, der genetisch mehr oder weniger mit dem heutigen Menschen gleichgesetzt werden kann, soll nach Meinung einiger Forscher schon vor 200.000 Jahren gelebt haben. Sicher ist nur, dass die Bausteine dieser musikalischen Urwelt – Oligochordien und Pentatoniken – in den letzten hundert Jahren mit aller Macht wiedergekommen sind. Nicht alleinherrschend, sondern in Verflechtung oder Koexistenz mit tonalen, freitonalen und atonalen Systemen.

Freitonal können Systeme genannt werden, die irgendwo zwischen atonal und tonzentral (tonal oder modal) schwimmen. Ein schwer definierbarer Begriff – doch wir brauchen ihn.

---

² Zitiert aus V. Giuleanu – Tratat de teoria muzicii, Editura muzicala, Bucuresti 1986

Der Durchbruch zu den heptatonischen Skalen

Die Musik eines geografischen Streifens mit der Ausdehnung Europa-Nordafrika-Nahost bis südlich in den indischen Subkontinent hat irgendwann auch den nächsten Schritt zur **Heptatonik** (Siebentönigkeit) vollzogen. Die alten Griechen jedenfalls kannten sie schon einige Hundert Jahre v. Chr.

Ein anschauliches Moment des möglichen Übergangs von der Pentatonik zur Heptatonik könnte die traditionelle chinesische Musiktheorie bieten:

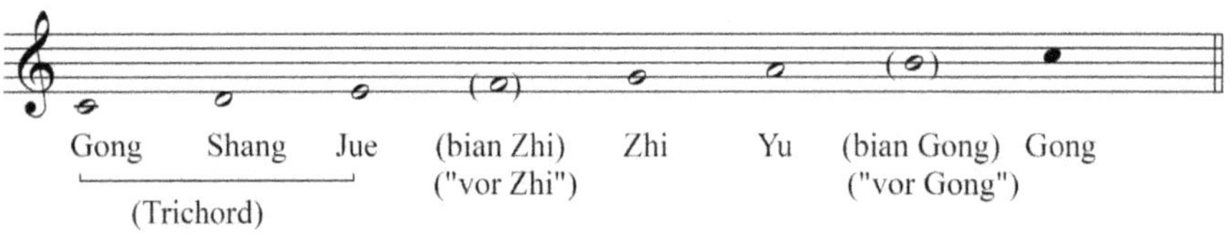

| Gong | Shang | Jue | (bian Zhi) | Zhi | Yu | (bian Gong) | Gong |
| | | | ("vor Zhi") | | | ("vor Gong") | |

(Trichord)

Bild 134 Pentatonik China

Außer den Stammnoten der anhemitonischen Pentatonik werden in der traditionellen chinesischen Musik, seltener, zwei Fülltöne herangezogen – in Bild 134 in Klammern angezeigt. Sie bekamen keine eignen Namen, sondern sie wurden in die Terz-Lücken der Pentatonik mit dem Präfix »bian« (= »unter«) eingeschoben. Eine weitere Entwicklung eines eigenständigen heptatonischen Systems gab es in den fernöstlichen Kulturen nicht.

Anders im antiken Griechenland – schriftliche Belege dokumentieren, dass schon mehrere Jahrhunderte v. Chr. heptatonische Skalen begrifflich existierten. Inwiefern beim Vortragen einer Melodie tatsächlich alle Töne einer Skala zum Einsatz kamen, ist ungewiss. Vielleicht hätten wir es genau gewusst, wenn die antike Bibliothek von Alexandria, die größte ihrer Zeit, nicht abgebrannt wäre.

L. Dreitausend Jahre dokumentierter Tonkunst – eine Kurzgeschichte

Heptatonik und der Tritonus – Diabolus in Musica

»Systema teleion« hieß im antiken Griechenland die damals vollendete theoretische Darstellung der Tonsysteme. Erwähnt werden unter anderem Skalen, Tetrachorde, Intervalle. Die musikalische Praxis war wahrscheinlich monodisch. Ob in irgendeiner Form unterschiedliche Töne dieser Skalen auch gleichzeitig gesungen oder gespielt wurden, kann zurzeit nicht sicher beantwortet werden.

L.1. Das zehnte Jahrhundert n.Chr. – Die erste Revolution in der Musikgeschichte

Zunächst fügten sich in der Antike und/oder im Mittelalter die beiden neuen Töne »f« und »h« zur Pentatonik »c-d-e-g-a« vermutlich sanft und fließend in die Melodik, analog zu den »bian«-Tönen der chinesischen Musik. Gegen Ende des ersten Jahrtausends n.Chr. jedoch entstand etwas, was den Fluss der Musikgeschichte auf weite Sicht radikal durchmischt und immer steiler hochfliegen lässt: die **Polyfonie**, mit ihrem entwicklungsträchtigen Kernstück, der Vokalpolyphonie.

»**Organum**« wurde im zehnten Jahrhundert die musikalische Praxis in der Kirche genannt, zwei Stimmen in Quart- und Quintparallelen zu führen. Verständliche Wahl der Intervalle – es handelt sich um die reinen Intervalle vom Grundton zu den ersten Obertönen. Eine Rolle werden auch die unterschiedlichen Register der Stimmen gespielt haben (Tenor – Bass/Bariton), die sich natürlicherweise in reine Intervalle eingependelt haben. Anleitungen zu dieser vermutlich schon früher existierenden Singpraxis sind in der um 900 n.Chr. entstandenen Schrift »Musica enchiriadis« enthalten. Etwa im elften Jahrhundert finden auch Terzen und Sexten den Einzug als Konsonanzen.

Der Höhenflug zum meisterhaften Stimmengeflecht der vokalen Polyfonie der Renaissance und zu J. S. Bachs instrumentaler Polyfonie ließe sich zu dem Zeitpunkt noch nicht einmal erahnen, doch die Lawine ist losgetreten.

Mehrstimmige Musik zwingt uns Töne zu hören, die zeitlich und strukturell viel näher aneinander liegen als in der einstimmigen Melodie, bis hin zum gleichzeitigen Erklingen. Je komplexer die Polyfonie in den nächsten Jahrhunderten wurde, desto größer war die Notwendigkeit, eine schlüssige Notation der Tonhöhen und Rhythmen zur

Verfügung zu haben. Konsonanz und Dissonanz der Töne werden differenzierter wahrgenommen.

Zudem gerinnen die verschiedenen Zusammenklänge des polyfonischen Musikwerks in den ersten Jahrhunderten des zweiten Jahrtausends allmählich zu Akkorden. Anfangs wurde nicht von Dur- oder Mollakkorden in dieser oder jener Umkehrung gesprochen, wie wir es heute kennen, sondern nur etwa so, sinngemäß: »Terz über Terz klingt gut, Terz über Quart schnell weiterführen …« oder so ähnlich.

Im 16. Jahrhundert kam System in die Darstellung und Beurteilung solcher Klang-Klumpen. Der Akkord und seine Erscheinungsformen – Grundstellung, erste, zweite Umkehrung, Grundton, Terzton etc. – etablierten sich mit der Zeit begrifflich.

Die irgendwie geheimnisvolle übermäßige Quart »f-h«, der **Tritonus,** der »Diabolus in musica«, wurde schon einige hundert Jahre v.Chr. an die Pentatonik angedockt. Doch dieses Intervall ist anderes als alle anderen diatonischen Intervalle. Es kann nicht einfach so in die Klasse der Dissonanzen eingeordnet werden:

- Zum einen ist dieses Intervall – so wie wir es heute klassifizieren – nicht groß oder klein, wie die Dissonanzen Sekunde oder Septime, sondern vermindert bzw. übermäßig.

- Zum anderen reicht es nicht, wie bei den Sekunden oder Septimen, einen der Töne als akkordfremd bzw. dissonant zu betrachten und ihn aufzulösen. Im Falle der übermäßigen Quart oder ihrer Umkehrung, der verminderten Quint, sind meist beide Töne auflösungsbedürftig.

- Und zum dritten kann man im temperierten System klangmäßig die Grundstellung von der Umkehrung nicht unterscheiden. Die übermäßige Quart und die verminderte Quint sind enharmonisch gleich.

Vielleicht deshalb wirkte der Tritonus tausende Jahre wie eine Barriere in der Entwicklung der Musik. Die Chinesen haben es versucht, sie zu durchbrechen, doch es ist bei zaghaften Versuchen geblieben. Der Dammbruch geschah nur in der schon erwähnten geografischen Diagonale von Europa bis Indien.

Dieser einmal eingeschleuste Erreger »Tritonus« mausert sich im Laufe des zweiten Jahrtausends zur Zündschnur, die das musikalische Klanggefühl vorantreibt, mit dem Ziel, den Schlusston als zentralen Ton mit höchstmöglicher Überzeugungskraft erklingen zu lassen. In der Kirchenmusik heißt dieser Schlusston »**Finalis**«, in der funktionstonalen Musik (ab etwa 1600) wird er »**Tonika**« genannt.

Die Musiklehre des Mittelalters und der frühen Renaissance diente, so wie es auch zu erwarten ist, der musikalischen Praxis der Zeit. Da diese damalige Praxis unseren Hörgewohnheiten nur bedingt entspricht, ist auch die alte Musiklehre für unser Verständnis ziemlich sperrig und unüberschaubar. Faux Bourdon, authentische und plagale Modi, Hexachorde, Tempus perfectum, Repercussa, weiße Mensuralnotation und viele andere Begriffe machen es uns nicht gerade einfach, die Entwicklung der Musiktheorie zu verstehen. Der heute praktizierende Klassik-Musiker kann sich vielleicht an den einen oder anderen Begriff aus der Studienzeit erinnern. Für den Jazzer, Rocker oder Popstar abseits des Musikstudiums sind diese Begriffe oft nur Fachchinesisch.

Anders ausgedrückt: Die musiktheoretischen Werkzeuge der damaligen Zeit waren weit davon entfernt, auch für unsere zeitnahe Musik einsetzbar zu sein. Das sollte sich aber mit der Fortschreitung der Musik und ihrer Theorie mit der Zeit ändern.

L.2. 1600 – Die zweite Revolution in der Musikgeschichte

Das siebzehnte Jahrhundert bringt im Grundsatz auf allen Ebenen die Werkzeuge der Musiklehre, von denen wir auch heute Gebrauch machen:

1. *Das Ordnungssystem der siebenstufigen sogenannten »Kirchentonarten«* (ionisch, dorisch, phrygisch, lydisch, mixolydisch und äolisch). Um auch die letzte Lücke in der Systematik zu schließen, wurde im 19. Jahrhundert der lokrische Modus hinzugefügt; eine praktische Bedeutung hat er kaum. Nicht zu vergessen sei, dass die ältesten mittelalterlichen Kirchentonarten gewissermaßen auf komplizierten Wegen erweiterte Hexachorde waren.

2. *Der Akkord als Terzschichtung,* Dur oder Moll, sogar mit der Empfehlung, im Tonsatz den Grundton zu verdoppeln.

3. *Der Taktstrich,* der in Verbindung mit Notenwerten uns alles exakt notieren lässt, was rhythmisch auch exakt ausgeführt werden kann.

Damit wurden musiktheoretische Werkzeuge geschmiedet, die auch heute im Einsatz sind. Das 17. Jahrhundert ist das Sprungbrett für die zweite Revolution in der Musik: Ab ca. 1600 etabliert sich das Dur-Moll-System in der europäischen Kunstmusik als alleinherrschend für 300 Jahre. Die Instrumentalmusik ersetzt auf dem höchsten Treppchen des Podiums die bis dahin dominierende Vokalpolyfonie.

L.3. 1900 – Die dritte Revolution in der Musikgeschichte

Wenn es um die satztechnische Dimension geht, markiert das 20. Jahrhundert den dritten Umbruch in der Musikgeschichte – vermutlich der gewaltigste überhaupt. Gezündet wurde er hauptsächlich vom modalen Claude Debussy (1862–1918), vom polymodalen Igor Strawinsky (1881–1972), vom Jazz, und ab den 1950er Jahren von der Elektronik-Ära und der neueren Unterhaltungsmusik.

Andere revolutionäre Träume, die in der ersten Hälfte des 20. Jahrhunderts gelebt wurden – etwa Zwölftonmusik, Vierteltonmusik, Zufallsmusik und allgemein Avantgarde-Musik – werden zwar auf akademischem Niveau musikgeschichtlich notwendiger- und verständlicherweise hochgehalten, doch für die größtmögliche Mehrheit der Musikkonsumenten sind sie so gut wie bedeutungslos.

Um den historischen Werdegang der Musik etwas besser zu verstehen, sollte auch das musiktheoretische Instrumentarium ein wenig angepasst, wenn nötig erweitert werden. Deshalb, zurück zur Musiklehre.

M. Die Skalen

M.1. Die diatonischen Modi

Der *Tonvorrat* der sieben diatonischen Modi (Bild 135) ist ein *diatonisches Tonfeld* – ein Ausschnitt von sieben Tönen aus der Reihe der reinen Quinten (siehe Bild 131). Jeder dieser sieben Töne kann der Tiefst-Ton für einen Modus sein. Etabliert hat sich der Referenzmodus »ionisch« – das spätere natürliche Dur. Die anderen folgen den aufsteigenden Stufen:

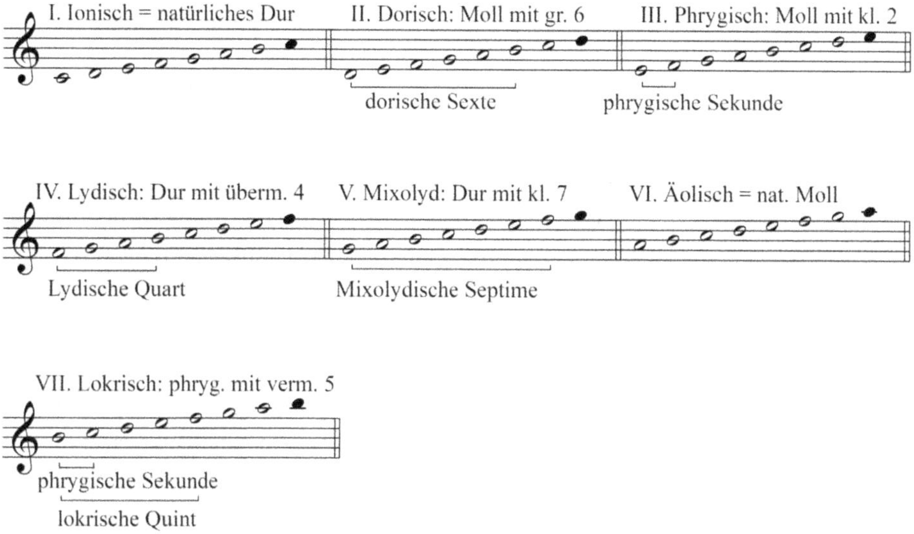

Bild 135 Die diatonischen Modi ❖

Es gibt mehrere Möglichkeiten, einen bestimmten diatonischen Modus auf einem bestimmten Ton zu bauen. Ein einfacher Weg ist, für einen im Dur-Moll-System ausgebildeten Musiker die Stufen der natürlichen Dur- oder Moll-Tonarten tief oder hoch zu alterieren und damit *charakteristische Vergleichs-Intervalle* zu definieren, so wie in Bild 135 und in der folgenden Tabelle sichtbar.

> **I.** Der *ionische Modus* ist identisch mit dem natürlichen Dur
>
> **II.** Der *dorische Modus* ist »moll«, weil er eine kleine Terz auf der I. Stufe hat. Um ihn zu bauen, muss die VI. Stufe des natürlichen Moll hochalteriert werden. Die somit entstandene große Sexte wird »dorische Sexte« genannt.

III. Der *phrygische Modus* ist »moll«. Um ihn zu bauen, muss die II. Stufe des natürlichen Moll tiefalteriert werden. Im Ergebnis steht eine kleine Sekunde, eine »phrygische Sekunde« auf der I. Stufe.

IV. Der *lydische Modus* ist »dur«, weil er in der Basis eine große Terz hat. Die Hochalterierung der IV. Stufe des natürlichen Dur generiert die übermäßige, »lydische Quarte« auf der ersten Stufe.

V. Der *mixolydische Modus* ist »dur«. Er entsteht durch die Tiefalterierung des Leittons (VII. Stufe) des natürlichen Dur. Sein charakteristisches Intervall ist die »mixolydische Septime«.

VI. Der äolische Modus ist identisch mit dem natürlichen Moll.

VII. Der *lokrische Modus* ist, wie schon erwähnt, erst im 19. Jahrhundert, eigentlich der Systematik zuliebe erfunden. Um ihn zu bilden, müssen die II. und die V. Stufe des natürlichen Moll tiefalteriert werden. Die verminderte Quint auf seiner I. Stufe, die »lokrische Quint« ist ein Begriff, den man akzeptieren sollte. In der funktionstonalen Klassik wäre er kam anwendbar, weil keine Tonika dieses Intervall duldet. Bei der Beschreibung von südasiatischen und jazzeigenen Skalen könnte dieser Begriff einiges vereinfachen.

Traditionell wird der intuitiv wichtigste, zentrale Ton einer Skala als erste Stufe vermerkt. In einer tonalen Musik mit starken funktionalen Anziehungskräften (etwa in einem klassischen oder romantischen Stück) wird er, wie schon erwähnt, »*Tonika*« genannt. Im kirchlichen Gebrauch heißt er »*Finalis*«. In der Folklore oder in Musikstücken mit schwachen funktionalen Anziehungskräften wird er auch »*Ruheton*« genannt.

In einer echten Kirchentonart (also in einem mittelalterlichen Hexachord, nicht in einem der Modi aus Bild 135) wäre die Bezeichnung »Tonika« ein unnötiger Begriffsmissbrauch. Andererseits wäre in einem exotischen modalen Volkslied das Etikett »Finalis« nicht gerade passend, zumal in manchen alten Folkloreliedern der Endton eine Stufe höher liegt, als die, die man als Grundton des Modus erwartet.

Einen einheitlichen Namen für diese wichtigste Funktion eines Tonvorrats gibt es noch nicht, weil die Kriterien zu unterschiedlich, zu subjektiv und zu abhängig von der Einstellung des Namensgebers sind. Von Fall zu Fall werden Wörter wie »Tonika«, »Finalis«, »Endton«, »Schlusston«, »Tonzentrum« verwendet, aber auch vom Begriff **»Grundton«** werden wir Gebrauch machen – das Wort, das den wichtigsten Ton in einem Akkord oder einer Pentatonik benennt.

Es wäre sogar einfacher, im Zweifel die Tonika oder Finalis »Grundton« zu nennen. In diesem Sinne ist in Bild 135 die Note »c^1« der Grundton des Ionischen oder des natürlichen Dur, »d^1« der Grundton des Dorischen etc.

Wenn es um Namen geht: Der Name »*Kirchentonarten*« für die in Bild 135 angeführten Modi hat sich umgangssprachlich zwar etabliert, doch er entspricht nicht ganz der weltweit erfassbaren Entwicklung der Musik. Weniger irreführend wäre die Einschränkung des Begriffs »Tonart« auf die tonale Musik ab dem 17. Jahrhundert. Die Skalen der Renaissance sind in diesem Sinne keine Tonarten, noch sind sie kirchliche Modi, die, wie schon erwähnt, komplizierter sind – und anders, auf der Basis von Hexachorden.

Außerdem sind die diatonischen Modi keineswegs geistige Erfindung oder irgendwie geistiges Eigentum der Kirche, nicht einmal Europas allgemein. Das Verbreitungsgebiet ist – wie schon erwähnt – viel größer, von Island, Schottland und Norwegen über Ost-Eurasien gen Süd-Osten bis Sri Lanka im Indischen Ozean.

Deshalb: Bleiben wir lieber beim unstrittigen Namen »**Diatonische Modi**«. Als solche werden wir bei den Analysen der Musik des 20. Jahrhunderts immer wieder Bezug auf ihn nehmen, zumal er sich problemlos und schlüssig auf die U-Musik anwenden lässt.

Wie wir sehen werden, ist Dorisch der Shootingstar der Impressionisten, des modalen Jazz und des Pop-Rock. Für die Macher der Musik-Tracks im Fernsehen könnte die Maxime gelten: kein Tag ohne dorische Akkorde (siehe Bild 152).

Bausteine der diatonischen Modi

Der **Tetrachord** ist ein wichtiger Baustein der heptatonischen Skalen. Wir kennen ihn von den alten Griechen. In der Renaissance und in der tonalen Ära von Bach bis Wagner ist er als selbsttragender Baustein ein Stück in Vergessenheit geraten. Andere Relationen zwischen den Tönen standen im Fokus.

Und wieder ist es die Frühmoderne – Debussy, Strawinsky – die diese vier Töne in Stufenabständen in den Vordergrund bringt, als eigenständige melodische Zellen, ähnlich wie die Tetratonie in der archaischen Melodik. Oder als modusbestimmende Komponente einer Skala.

Zunächst die Tabelle der vier diatonischen Tetrachorde (Bild 136), mit denen alle diatonischen Skalen gebaut werden:

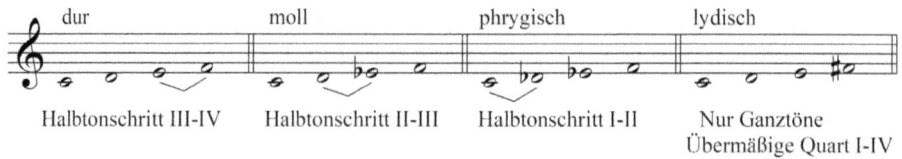

Bild 136 Diatonische Tetrachorde ❖

Sehen wir uns noch einmal die Zusammensetzung der diatonischen Modi an – diesmal mit dem Augenmerk auf die Paarung der Tetrachorde. Eine besondere Aufmerksamkeit verdient im jeweiligen Modus **der zweite Tetrachord:**

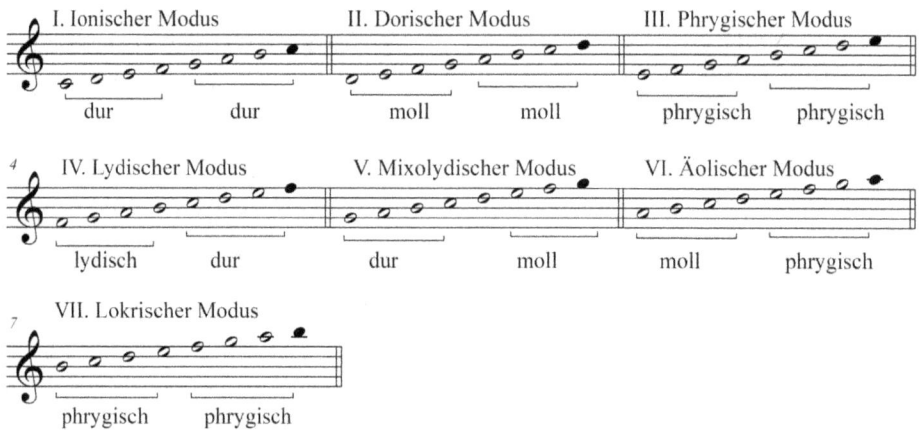

Bild 137 Die Tetrachorde der diatonischen Modi ❖

In den Tonsystemen des 20. Jahrhunderts wird der zweite Tetrachord eine überragende Bedeutung erlangen – er entscheidet, wie wir sehen werden, unter anderem über die Varianten des tonalen Moll (natürlich, harmonisch, melodisch) oder Dur (natürlich, Molldur I., Molldur II., Flamenco) und auch über die modale Struktur des Tonvorrats (dorisch, mixolydisch etc.).

M.2. Wege zur Chromatik und Tonalität

Eine chronologisch saubere, lineare Darstellung der Entstehung chromatischer Keime im diatonischen System wäre äußerst schwierig. Hier nur ein paar kleine musiktheoretische und musikgeschichtliche Ansätze.

Die mittelalterlichen Kirchenskalen (oder Kirchentonleitern) stützten sich, wenn man das so nennen darf, auf Hexachorde. Den Start-Hexachord im »genus naturale« würden wir heute »Dur-Hexachord« nennen, zum Beispiel die Tonfolge »c-d-e-f-g-a«. Wenn der Gesang die Ausdehnung dieses Hexachords überschritt, wurde eine »Mutation« vorgenommen, der Gesang wurde in einen gleich strukturierten Hexachord eine Quart oder Quint höher verlagert. Die Mutation zur Quart generierte zwangsläufig ein »b« (»f-g-a-b-c-d«), die Mutation zur Quint ein »h« (»g-a-h-c-d-e«). Das »b« definierte den »genus molle«, das »h« den »genus durum«. Ein klein wenig Chromatik blinzelt uns hier an.

Interessanterweise waren die beiden Töne des Diabolus in musica, »f« und »h«, weder im genus naturale, noch im genus durum oder im genus molle gleichzeitig zu finden. Erst die vollwertigen heptatonischen Modi ließen das explosive Gemisch zu, das wir als »Tritonus« kennen.

Den entscheidenden Schritt in Richtung Chromatik und Tonalität machten die »**Klauseln**«, die Schlusskadenzen eines polyfonischen Werkes oder eines Abschnitts davon. Ein wesentliches Merkmal einer Klausel ist die Sicherstellung eines **Leittons**, einer VII. Stufe im Halbtonschritt-Abstand zur Finalis, zu der er sich tendenziell hinbewegt. Zwei diatonische Modi – ionisch und lydisch – haben einen natürlichen Leitton: »h« für die Finalis »c« im ionischen, »e« für die Finalis »f« im lydischen. Die anderen diatonischen Modi haben die VII. Stufe im Ganztonschritt vor der Finalis – das ist die **Subtonika**. In den Klauseln der Modi ohne Leitton wurden die Subtoniken mit einer erzwungenen Hochalterierung in Leittöne umgewandelt.

So sehen nun die Grundrisse von Standard-Klauseln der Renaissance aus:

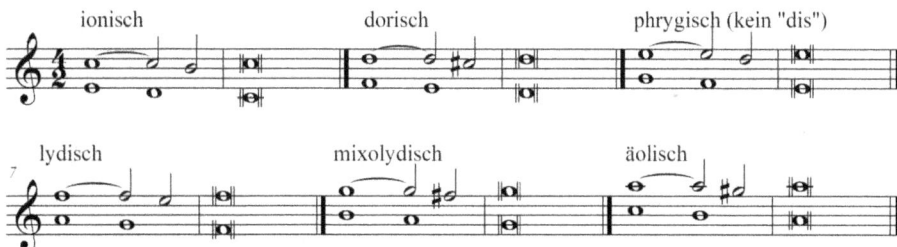

Bild 138 Renaissance-Klauseln

In der phrygischen Klausel wird die VII. Stufe nicht zum Leitton (»dis«) hochalteriert. In Verbindung mit dem »f« im Tenor ergäbe das »dis« eine übermäßige Sexte, eine noch schlimmere Dissonanz als die übermäßige Quart des Diabolus. Zu heftig für das damalige Verständnis.

Der lokrische Modus mit seiner verminderten Quint auf dem Grundton wird nicht gebraucht.

Das waren im Wesentlichen die Stützpunkte der Klauseln, die Giovanni Pierluigi da Palestrina, der »Fürst der Musik« (1514–1594) in seine Werke einwob. Nur 17 Jahre später veröffentlichte ein echter Fürst, Carlo Gesualdo da Venosa (1566–1613) sein sechstes Buch, fünfstimmige Madrigale.

Hier (Bild 139) die ersten vier Akkorde seines Madrigals »Moro mio lasso ...«. Stufen- oder Funktionsbezeichnungen sind in dieser **freitonalen** Akkordfolge nicht anwend- bar. Hier hilft eine vom Jazz abgeguckte Symbolik weiter: C# = Cis-Dur, Am/C = A- moll mit Terzton (C) im Bass, H = H-dur (im angelsächsischen Raum und allgemein im Jazz, ist es üblich, B statt H zu notieren; hier werden wir das H verwenden, weil B im deutschsprachigen Raum zu anfällig für Verwechslungen ist), G/H = G-Dur mit Terzton »h« im Bass:

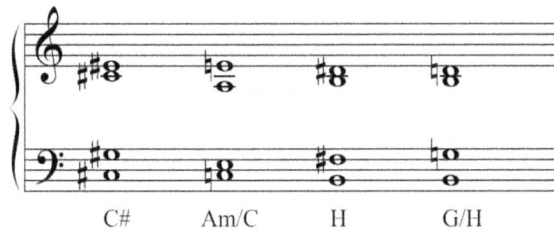

Bild 139 C. Gesualdo – »Moro mio lasso ...«

Unglaublich, wie weit die Chromatik in der Zeit davor vorgeprescht ist. Ein Feuer- werk. Welche Zündstoffe stecken dahinter?

Ein kleines Theorie-Intermezzo: Was ist modal? Was ist tonal? Welcher Ton ist To- nika? Wie schon dargestellt, besetzt der Tonvorrat eines Musikstücks ein bestimmtes Tonfeld – zum Beispiel die sieben Töne eines diatonischen Ausschnitts aus der Quin- tenreihe. Zur besseren Übersicht werden die Töne des Tonvorrats skalenmäßig auf- wärts aneinandergereiht.

Mit welchem Ton soll nun die Skala beginnen? Das könnte sie mit jedem Ton, doch das musikalische Empfinden bringt uns dazu, den Ton zu wählen, der uns der wichtigste erscheint. Diesem Auserwählten verpassen wir die Ordnungsnummer I. und setzen ihn am liebsten als Schlusston des Musikstücks ein (wie schon genannt, Tonika, Finalis etc.). Damit können wir einen strukturierten und individualisierten Eindruck vom Gehörten mitnehmen.

Und wenn wir im gegebenen Tonfeld die Klasse der Musikstücke mit dem gleichen auserwählten Ton definieren wollen, beginnen wir die Skala vorzugsweise mit diesem Ton und geben ihr einen Namen. Zum Beispiel »D-dorisch«, »Fis-Dur«, »G-Zigeuner-Moll« oder »E-Flamenco«.

Und jetzt die wichtigste Frage überhaupt: **Was bringt uns dazu, einen Ton, einen einzigen Ton der Melodie, wichtiger als die anderen zu empfinden, stärker, schlusstonfähiger?**

Machen wir uns nichts vor: Eine wirklich zufriedenstellende Antwort darauf zu finden ist nur näherungsweise möglich, weil das Problem stark subjektiv ist.

Was wir tun können ist, die aus der Praxis der Musik, aus der Musikgeschichte und nach Möglichkeit auch aus der Physik, der Informationstheorie, der Neurologie, der Psychologie und den Sozialwissenschaften etc. gewonnenen Erkenntnisse irgendwie zusammen zu packen und Hypothesen aufzustellen, von denen wir hoffen, dass sie nicht allzu weit von den Tatsachen entfernt sind. Weiter reicht die Macht der Musiktheorie nicht.

Faktoren, die die Ausstrahlung und Prägnanz einer Tonika beeinflussen:

- **Faktor 1:** Stufenweise gebrachte Schlusstöne, denen ein Leitton vorausgeht, sind stärker, überzeugender als Schlusstöne, die von der Subtonika kommen.

Dadurch lassen sich auch die mehrstimmigen Klauseln der Renaissance mit **künstlichem Leitton** erklären: Der Text einer Motette wurde polyfonisch imitativ vertont, indem jeden einzelnen Texteinheiten eigene Abschnitte mit Schlussklauseln zugeordnet wurden. Auch wenn der Tonvorrat, bzw. das Tonfeld einer Motette im Prinzip unverändert oder wenig verändert blieb, waren die verschiedenen Abschnitte durch die jeweiligen Klauseln erkennbar. So konnte beispielsweise die erste Klausel dorisch sein, die zweite mixolydisch, die dritte ionisch etc. bis zur gesamten Vertonung des Textes. Es gab keine Korrelation zwischen Anfang und Ende. Die Motette konnte mit jedem Ton des Tonfeldes anfangen und mit jeder Schlussklausel enden.

Die künstlichen Leittöne dienten offensichtlich der Hervorhebung der Finalis, der Schlusston eines Abschnitts, der sich damit deutlich profilierte. Zur Verdeutlichung in Bild 140 eine nachgefertigte Mini-Mikro-Motette:

Bild 140 Mini-Motette

Der Tonvorrat dieses Beispiels ist grundsätzlich der siebentönige diatonische Ausschnitt aus dem Quintenzirkel »f« bis »h«, also der Tonvorrat eines natürlichen C-Dur – abgesehen natürlich von den künstlichen Leittönen, durch welche der dorische und der äolische Modus chromatisch werden.

Der erste Einsatz des Alt (Dux I.) könnte dorisch genannt werden, die Klausel des ersten Abschnitts ist äolisch, mit Leitton »gis«. Der Beginn des zweiten Abschnitts (Dux II. im Sopran) könnte phrygisch genannt werden; die Schlussklausel ist mixolydisch mit Leitton »fis«.

Eine definierende einzige Tonika kann man für eine Motette nicht nennen. Jede Klausel hat ihre Finalis – das »a« am Ende des ersten und »g« am Ende des zweiten Abschnitts. Diese reihen sich in der Motette wie auf einer Perlenschnur. Eine zentrale Finalis gibt es erst später, nach 1600 – sie wird zur »Tonika«.

Die Klauseln der Renaissance sind die Vorreiter der funktionstonalen Musik im 17. Jahrhundert und später.

- **Faktor 2: Quintparallelen** neigen dazu, die Funktionen der Töne zu vereinheitlichen, zu nivellieren. Hören wir uns diese Rock-Begleitformel aus den 1970er Jahren an:

Bild 141 Rock-Quintparallelen ❖

Wer ist die Tonika? Das »c« scheint wohl als tieferer Ton eher Tonika zu sein, doch auch das »g« lässt ähnliche Ansprüche erklingen. Letztendlich ist die Entscheidung lange nicht so eindeutig wie in klassisch tonalen Stücken. Die Ursache scheint in der Einförmigkeit zu sein, in der jeder Ton seinen stärksten Oberton, die Quinte, ausposaunt. Es ist, als ob bei einer Hochzeit alle Damen das gleiche Kleid trügen wie die Braut. Wer ist dann die Braut?

Wenn man die allgemeine Entwicklung der musikalischen Sprache aus dem Mittelalter bis in die tonale Klassik nachvollzieht, ist es nicht verwunderlich, dass das Verbot der Quintparallelen bis in die Frührenaissance zurückverfolgt werden kann. Heute noch gelten sie in der tonalen Satzlehre als Todsünde. Zu Recht.

- **Faktor 3:** Die **Subtonika** ist lange nicht so zielstrebig auf eine Auflösung zur Tonika ausgerichtet wie der Leitton. Übrigens, in dem Rock-Beispiel Bild 141 sind beide potenziellen Tonika-Kandidaten (»c« oder »g«) von ihren Subtoniken (»b« zw. »f«) eingeleitet, nicht von einem Leitton. An allen Ecken und Enden ist dieses Rock-Beispiel **modal**.

- **Faktor 4: Authentische Schlussverbindungen** zwischen den Akkorden fördern das Tonika-Gefühl, plagale Verbindungen schwächen eher die Tonika. Genauere Angaben dazu in Bild 160, Bild 161, Bild 162 (Mondscheinsonate).

Nach diesem »Faktor 4« wäre jetzt die Auflistung der Faktoren 5., 6. usw. zur Definition der funktionstonalen Musik zu erwarten. Darauf müssen wir verzichten. Eine Menge solcher Faktoren, Feststellungen, Forderungen, Empfehlungen, Verboten und Geboten bilden den substanziellen Inhalt eines jeden Handbuchs der funktionstonalen Harmonielehre. Letztendlich dienen alle Regeln der Harmonielehre-Handbücher in erster Reihe der Bestätigung und Stärkung der Tonika. Alles, was die Position der Tonika schwächt, wird vermieden oder verbannt – oder als Mittel verwendet, bei Modulationen die alte Tonika zu schwächen.

Vielleicht ist es kein Zufall, dass das tonale System etwa in der gleichen Zeit allmächtig wurde, in der in Europa sich der zentralistische Staat etablierte. »L'etat, c-est moi!« – »Der Staat, das bin ich!« soll Ludwig der XIV, König von Frankreich, ausgerufen haben. Er war die erste vollwertige Polit-Tonika Frankreichs.

Eine Anmerkung noch zur Übergangszone vom *Modalen* zum *Tonalen*: **Es gibt keine scharfe Trennlinie zwischen diesen beiden Musikräumen, zwischen schwacher (modaler) und starker (tonaler) Tonika.** Beide sind Teile eines kontinuierlichen Feldes von klanglichen Mitteln und Gefühlswelten, dessen Bewegung in Richtung Tonzentrum seit dem Mittelalter beobachtet werden kann und seinen Höhepunkt in der klassisch-romantischen Ära erreicht hat.

In der Nähe der Jahrhundertwende 1900 – Stichwort Chromatik – erreichte die funktionstonale Kunstmusik den größtmöglichen Höhenabstand zu den urzeitlichen, in der Folklore der meisten Völker immer noch präsenten pentatonischen, präpentatonischen und modalen Skalen. Die somit eingeleitete schleichende Entfremdung vom Musikkonsumenten führte zu einer überraschend schnellen Verbreitung und Entwicklung der modalen Keime in der Kunstmusik, *ohne dass damit der tonale Strang abgeschafft worden wäre.* Die beiden Tonsysteme koexistieren mit unterschiedlichen Gewichtungen und Ausprägungen auch heute. Das wird bis auf weitere Erkenntnisse auch so bleiben.

Man sollte aber nicht glauben, dass der historisch gesehen schroffe Einbruch des Modalen in die Frühmoderne ausgelöst worden wäre von Debussys »Aha«-Erlebnis beim Kontakt mit fernöstlichem »Gamelan« in der Weltausstellung oder von Saties Bestreben, ein Musik-Revoluzzer zu sein. Das wäre zu einfach.

Vielmehr sollte man in Erinnerung bringen, dass die Perlenschnur der musikalischen Meisterwerke von der Frührenaissance bis ins 20. Jahrhundert nicht Allgemeingut für die ärmere und mehrheitlich ländliche europäische Bevölkerung war. Der Aufstieg des Bürgertums und die Verbreitung des Klaviers im 19. Jahrhundert haben den Zugang zu diesen Meisterwerken stark gefördert, doch die Mehrheit blieb bei Folklore und Volksmusik. Eine Brücke zur musikalischen Sprache der Meisterwerke gab es jedoch für alle: Die Kirche.

Nüchtern betrachtet lief der modale Strang gleichzeitig mit der gewissermaßen elitären, tonalen Musikrichtung. Das Modale fasste nach 1900 schnell Fuß in einer E-Musik, die sich teilweise in Strukturen verrennen sollte, die immer weniger Musikliebhaber wirklich hören wollten.

M.3. Die Skalen der funktionstonalen Musik

Standardmäßig werden in der funktionstonalen Musik das **natürliche Dur**, das **harmonische Moll** (hochalterierte VII. Stufe), das **natürliche Moll** und das **melodische Moll** (hochalterierte VI. und VII. Stufe) gebraucht.

Aus harmonischen Gründen kommt auch das **Molldur** hinzu, eine Dur-Skala mit tief alterierter VI. Stufe, um Moll-Subdominanten, den Neapolitaner und den Dv (verminderter Septakkord auf dem Leitton) zu gestalten. Nennen wir diese Skala »**Molldur I**«.

Dur-Themen und Motive der osteuropäischen Romantik – aber auch Bachs picardische Schlusskadenzen oder wie manchmal streckenweise auch bei Brahms oder Liszt

– erklingen gerne mit tiefalterierter VI. **und** tiefalterierter VII. Stufe – nennen wir die entsprechende Skala »**Molldur II**« (siehe Bild 143).

Der Einsatz dieser Begriffe vereinfacht das Verständnis des tonalen Systems.

In der osteuropäischen Musiklehre (seltener im Westen) wird das **Molldur I** »**harmonisches Dur**« genannt, weil der zweite Tetrachord der Skala (Bild 142) die gleiche Intervallstruktur hat wie im harmonischen Moll:

übermäßige Sekunde

Bild 142 Harmonischer Tetrachord

Dieser zweite Tetrachord mit seiner übermäßigen Sekunde zwischen seiner II. und III. Stufe spielt eine wichtige Rolle nicht nur in der Definition der tonalen Skalen, sondern auch – wie wir später sehen werden – im Aufbau der chromatischen Skalen.

Analog, in Anlehnung an die Namen der tonalen Moll-Varianten, wird das **Molldur II** in der osteuropäischen Theorie »**melodisches Dur**« genannt (sein zweiter Tetrachord ist phrygisch). Hier also die sechs Skalen (Bild 143), die der **funktionstonalen Ära** 1600–1900 systemeigen sind:

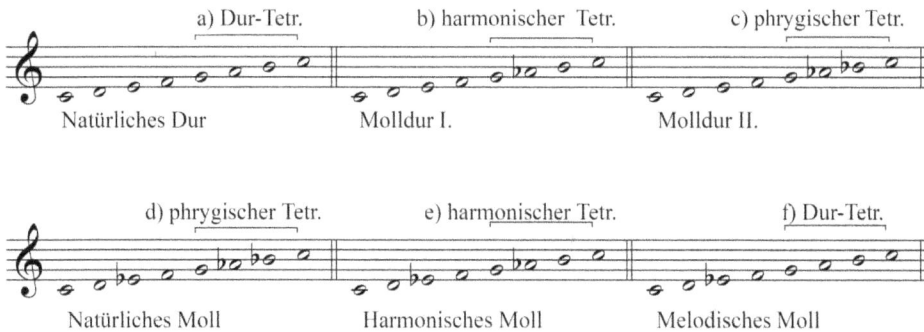

Bild 143 Tonale Skalen ❖

Musikbeispiele der gängigen tonalen Skalen (Moll – harmonisch, melodisch, natürlich; Dur – natürlich, Molldur I.) sind hier wohl nicht nötig. Die gesamte Ära von Bach bis Wagner baut darauf.

Eigenartig schwermütig klingen die selteneren Molldur-II-Passagen (Bild 144, Bild 145, Bild 146):

Bild 144 J. S. Bach – Kleines Präludium D-Moll

Bild 145 J. Brahms – Violinkonzert, 3. Satz

Bild 146 S. Rachmaninow – 2. Klavierkonzert, 3. Satz

Den modalen Touch verdankt dieses Thema in B-Dur von S. Rachmaninow auch der Tetratonie 2-3-2 der ersten Gruppe von vier Achtelnoten.

Das Tonfeld eines Musikabschnitts an sich und seine Projektion auf die Quintenreihe sagen wenig über seine tonalen oder modalen Potenzen aus. Auf den Einsatz und das Zusammenspiel der Töne kommt es an.

- Der erste Tetrachord einer tonalen Skala ist systembedingt immer dur oder moll.

- Der letzte Tetrachord darf in einer tonalen Skala nicht moll sein – das würde automatisch dorisch oder mixolydisch bedeuten:

Moll-Tetrachord: "c ──→b ──→a →g"

Bild 147 The Beatles – Norwegian Wood, mixolydisch ❖

Um den betont orientalischen Schritt der übermäßigen Sekunde im harmonischen
Moll zu vermeiden, wurde in der tonalen Klassik auch die VI. Stufe erhöht – so entsteht das melodische Moll. Doch genau weil dieser Ton melodische Verpflichtungen
hat, darf er nicht wie andere reale Stufen herumspringen, er **muss** weiter zum Leitton
führen, sofort oder figuriert.

Desgleichen, wenn in einem tonalen Satz die Subtonika gespielt wird (im zweiten,
phrygischen Tetrachord im natürlichen Moll oder im Molldur II), **muss** sie abwärts
zur VI. Stufe (kleine Sexte) weitergeführt werden, sofort oder figuriert (wohlgemerkt,
in der tonalen E- oder U-Musik).

Die Basslinie des Hits »Hit the Road, Jack« von Ray Charles (Bild 148) kann als Bil-
derbuch-Beispiel für dieses tonale Gebot stehen:

"b   -   as"   "a - h"

Bild 148 Ray Charles – Hit the Road ❖

Der Ausdruck dieser Regel entfaltet sich machtvoll in Brahms' Ballade G-Moll op. 118
(Bild 149). Hier wird auch deutlich, dass die **kritischen Töne** (erhöhte VI. Stufe im
melodischen Moll, sowie die Subtonika im natürlichen Moll) *nicht* reale Akkordtöne
einer tonalen Funktion sind, sondern sich ihrem melodischen Status unterwerfen müssen als Durchgangsnoten, Wechselnoten etc. Desgleichen müssen auch Dreiklänge,
die solche kritischen Töne beherbergen, sich dem Weiterführungszwang beugen:

Bild 149 J. Brahms – Ballade G-Moll

Anderslautende Stimmführungen generieren modale Harmonik oder Melodik. Hören wir, was passiert, wenn die VI. Stufe im melodischen Moll nicht stufenweise zum Leitton steigt (siehe Bild 151, Debussy), oder wenn die Subtonika im natürlichen Moll oder im Molldur II sich nicht stufenweise abwärts auflöst (Bild 150, Orff): Die Schlusswendung »b-c« ist nicht tonal, sie ist modal:

Bild 150 Carl Orff – Carmina Burana

Bei Orffs Carmina Burana steigt die Subtonika »b« zur Tonika »c«, statt abwärts zum »as« zu gehen – ein eindeutig modales Merkmal, verstärkt auch durch die wiederholte Rufterz und die kadenzielle Tritonie 3-2.

Im gleichen Molldur II wird bei Bach, Brahms und Rachmaninow Bild 144, Bild 145, Bild 146) der zweite, phrygische Tetrachord stufenweise abwärtsgeführt. Die Farbtönung bleibt tonal, wenn auch ein wenig modal eingetrübt.

Im nächsten Beispiel (Debussy – Bild 151), ist die Moll-Tonart kein tonales Moll; die Skala ist eindeutig dorisch. Äußerst prägnant ist die Folge A-moll – D-dur. Von einer Weiterführung der großen Sexte »fis« zum Leitton des melodischen Moll (das wäre »gis«) kann keine Rede sein. Diese pur modale Akkord-Paarung hat eine bemerkenswerte Karriere in allen Stilrichtungen des 20. Jahrhunderts gemacht (siehe Bild 152, die »dorischen Akkorde«):

1. Stufenbezeichnung:	I.	IV.	I.	IV.	I.
2. Jazz-Symbolik:	Am/E	D/F#	Am	D/A	Am
3. Funktionsbezifferung:	(t)	(S)	(t)	(S)	(t)
4. Generalbass:	6 4	6		6 4	

Bild 151 Cl. Debussy - Fêtes (Original in Gis-Moll)

Wie soll man diese Akkorde symbolisieren?

1. Die Stufenbezeichnung in der ersten Zeile markiert richtig die Folge von Grundtönen, sagt aber nichts über die Struktur der Akkorde.

2. Die Jazz-Symbolik der zweiten Zeile beschreibt die Akkorde genau, doch es fehlt die Verankerung in einer wie auch immer definierten Tonika. Tonika-Bestimmung ist oft ein schwieriges Unterfangen. Ohne eine sichere Tonika ist die Funktionsbezeichnung zweifelhaft. Manchmal werden im Jazz Stufensymbole verwendet, wenn die »Changes« (Akkordvorlagen für den Spieler) auf eine zuverlässige Tonika bezogen werden können, etwa im Blues.

3. Die in Zeile 3. angezeigte Funktionsbezifferung geht von der in diesem Fall ziemlich deutlichen Tonart A-Moll aus. So gesehen kann man sie noch akzeptieren, doch funktionstonal zeigt sie eine unübliche harmonische Färbung. Eine Dur-Subdominante, die mit der Moll-Tonika alterniert, ist kein tonales Verhältnis, sondern ein modales, zumal es keine Dominante für die mutmaßliche Tonika A-Moll gibt. Das ist üblich beim reifen Debussy. Nach »Claire de lune« (1899) ziehen sich in seinen Werken Dominantseptakkorde und tonale Kadenzen immer mehr in die Schlussklänge zurück. **Dur-Septakkorde** (kurzer Name für Durakkorde mit kleiner Septime) treten bei ihm häufig auf, wie im Jazz, doch sie sind meist *keine Dominantseptakkorde*.

4. Die Generalbassbezifferung in der vierten Zeile ist möglich, aber viel zu aussageschwach; sie braucht alle Bassnoten, um Sinn zu machen. Man sollte sie dort lassen, wo sie hingehört: in das Notenmaterial der Generalbasszeit.

Um dieser farbenfrohen Paarung A-moll – D-dur ein Etikett zu geben, egal, in welcher Musikrichtung sie erscheint, nennen wir sie »**Dorische Akkorde**«. Bei dieser Bezeichnung werden wir bleiben, auch wenn sie auf anderen Stufen in anderen Modi erscheint, wie in Bild 152 zu sehen ist:

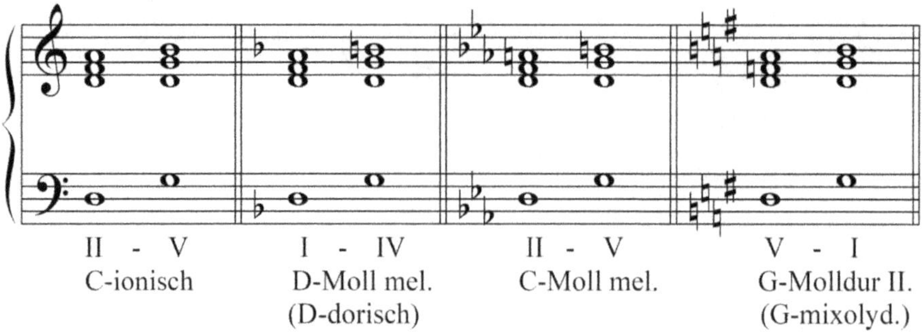

Bild 152 Dorische Akkorde ❖

Wo auch immer die »Dorischen Akkorde« erscheinen, sind sie für die modale Musik ebenso ausdrucksstark wie die Paarung Dominante-Tonika für die tonale Musik.

Ein Beispiel noch (Bild 153), fast hundert Jahre nach Debussy: Dorische Akkorde in einem Song von Michael Jackson in den 1980er-Jahren:

Bild 153 Michael Jackson ❖

M.4. Die chromatischen Heptatoniken

Tonale chromatische Skalen

Der Tonvorrat des natürlichen Dur und des natürlichen Moll ist identisch mit dem der **diatonischen** Modi ionisch bzw. äolisch. Das harmonische und melodische Moll sowie Molldur I. und Molldur II. beanspruchen mehr als 7 Töne aus der Quintenreihe – sie sind **chromatisch** (Bild 154):

C-Molldur II. 8 Quinten (9 Töne, "a" und "es" sind weggelassen)

C-Molldur I. 9 Quinten (10 Töne, "es", "b" und "as" sind weggelassen)

A-Melodisches Moll, 8 Quinten (9 Töne, "g" und "cis" sind weggelassen)

A-Harmonisches Moll, 9 Quinten (10 Töne, "g", "fis" und "as" sind weggelassen)

Bild 154 Chromatische tonale Skalen

Es könnte vielleicht befremdlich erscheinen, das harmonische und das melodische Moll »chromatisch« zu nennen. Diese Skalen definieren ja die große Mehrheit der musikalischen Moll-Abläufe in der tonalen Ära. Mit ihnen sind die meisten Musiker aufgewachsen, außerdem ist eine Molltonart ohne Leitton keine richtige Tonart – also sollte man den Leitton wohl »diatonisch« nennen dürfen. Manche Musiker gehen so weit, dass sie die tiefalterierte II. Stufe als Akkordton des Neapolitaners »diatonisch« nennen.

Bei aller Rücksicht auf langjährige Gewohnheiten, das sind keine empfehlenswerten Begriffsanwendungen; mit solchen Ungenauigkeiten beginnt die Musiktheorie individuell, schwammig und widersprüchlich zu werden (siehe auch Tabelle in Bild 227). Um nur das Beispiel einer in Lehrbüchern weitverbreiteten Definition zu nennen: »Diatonisch ist eine Skala, die aus fünf Ganztonschritten und zwei Halbtonschritten besteht«. Demnach soll die Skala »c-d-e-fis-gis-ais-h-c« diatonisch sein?

Es gibt genug Gründe, nur die *Quintenbreite des Abschnittes der Quintenreihe* als Kriterium für diatonisch oder chromatisch zu akzeptieren. Desgleichen gibt es genug Gründe, andere Kriterien zu vermeiden oder schlichtweg abzulehnen.

Akkorde, in denen chromatische Töne der jeweiligen Skala erscheinen, sind »leitereigen«. Ob und in welchem Sinne sie diatonisch oder chromatisch sind, ist eine andere Frage.

- Der Neapolitaner und die Mollsubdominante im Molldur I. sind, bezogen auf die Skala, in der sie erscheinen, chromatisch; man könnte sagen, »relativ chromatisch«. Auf sich selbst bezogen sind sie, als Dur- bzw. Molldreiklänge diatonisch, »*absolut diatonisch*«. Der verminderte Dreiklang ist der einzige dissonante Dreiklang, der »absolut diatonisch« ist (siehe auch Bild 131 und die ihm vorangehende Kassette).

- Jeder übermäßige Dreiklang und jeder verminderte oder hartverminderte Septakkord (siehe auch Bild 157) ist »*absolut chromatisch*«, weil seine Töne mindestens Acht-Quinten-Abschnitte aus der Quintenreihe beanspruchen, um zu existieren. Desgleichen sind auch übermäßige Sekunden und verminderte Terzen absolut chromatisch.

Orient-Skalen

Skalen, die im ersten Tetrachord eine übermäßige Sekunde haben, sind von Südspanien über Nordafrika, Nahost bis Indien zu finden. Ausläufer führen in den Balkan, in den Kaukasus und nach Mittelasien. Diese sind – wegen der übermäßigen Sekunde – **chromatische Skalen**.

An dieser Stelle wird die Liste der in Bild 136 angeführten vier diatonischen Tetrachorde um weitere vier, chromatische Tetrachorde erweitert. Sie sind Bausteine der Orient-Skalen, aber auch Komponenten anderer folkloristischer oder künstlicher Skalen (Bild 155):

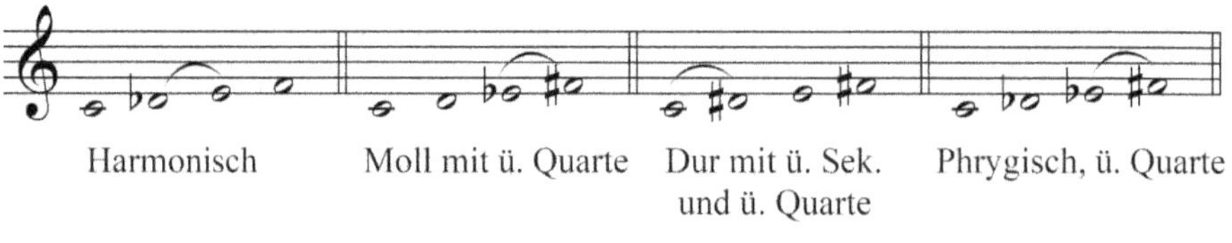

Harmonisch   Moll mit ü. Quarte   Dur mit ü. Sek.   Phrygisch, ü. Quarte
                                        und ü. Quarte

Bild 155 Chromatische Tetrachorde

Aus diesen acht Tetrachorden lassen sich alle siebentönigen Skalen der gelebten musikalischen Traditionen bauen. Bild 156 zeigt einige bekanntere Beispiele. Die Anzahl der real existierenden chromatischen Skalen ist viel höher. Der größte Teil davon lässt sich mit zwei Tetrachorden zusammenstellen, wie mit zwei Lego-Steinen:

Bild 156 Chromatische Skalen

Der orientalische Charakter der beiden sogenannten Zigeunerskalen, dur oder moll, ist wegen der beiden übermäßigen Sekunden besonders stark ausgeprägt. Sie werden nicht nur von Roma und Sinti gespielt, wie es ihr Name suggeriert, sondern von sehr vielen Ethnien. Die »Balkanskalen« wiederum sind weit über das namensgebende Gebiet hinaus verbreitet.

Zum Vergleich hier (Bild 157) noch eine am Schreibtisch entworfene, künstliche, maximal chromatische Heptatonik: Phrygisch mit erhöhter IV. und VII. Stufe. Sie braucht ein zwölftöniges Tonfeld (hier »f« bis »ais«), elf Quinten, mit zwei Lücken. Eine Skala mit phrygischer Sekunde und zwei übermäßigen Sekunden – »orientalischer« geht's nicht:

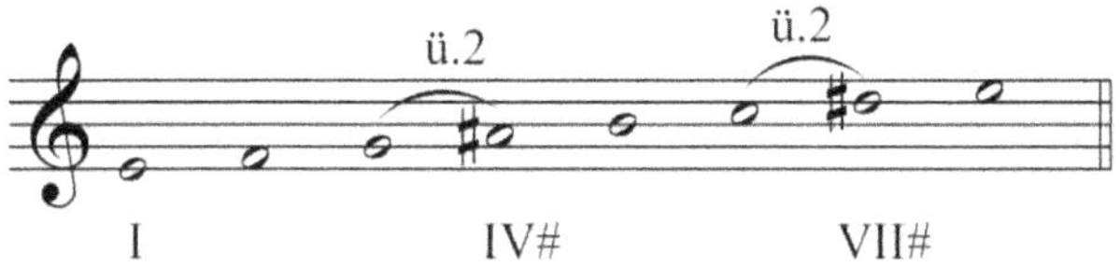

Bild 157 Elf-Quinten-Skala: Phrygisch mit erhöhter IV. und VII. Stufe

Auch andere Töne dieser extremen Heptatonik könnten Schlusston sein, mit einer entsprechend anderen intervallischen Struktur der so definierten Skalen. Real existierende Beispiele sind uns nicht bekannt, doch im Orient, vom Maghreb über Nahost bis nach Indien oder auch in Süd-Ost-Europa, dürfte sie möglicherweise irgendwo zu finden sein.

Die **Flamenco-Skala** (die letzte in Bild 156) ist ein Sonderfall. Sie wird nicht durchgehend so gespielt wie hier notiert. Welche Töne wann gespielt werden, bestimmen die dazugehörenden Akkorde – Näheres im Kapitel »Akkorde und Funktionen«. Deshalb ist hier nur der Tonvorrat abgebildet, ohne nähere Angaben.

Ähnliches kann übrigens auch über das **tonale melodische Moll** gesagt werden: Die Töne des zweiten Tetrachords werden nicht in willkürlicher Richtung abgespielt. Das hängt von der Richtung der Melodie und von der Harmonik ab (siehe Bild 148, Bild 149 – Ray Charles, Brahms).

Gleichermaßen sind Darstellungen der »**Blues-Skala**« (siehe Bild 196) nur als Tonvorrats-Übersichten zu betrachten. Wer mit diesen Tönen einfach so, frei komponiert, macht bestimmt keinen Jazz.

N. Akkorde und Funktionen

N.1. Modale und tonale Akkorde und Akkordverbindungen

Menschen als isolierte Individuen haben keine Funktionen. Wenn jemand »Diener«, »Doktor«, »Vorbestraft«, »Hochwohlgeboren« oder »Schurke« ist, dann nur in einem gesellschaftlichen Kontext.

Ebenso wenig hat ein einzelner Akkord eine tonale oder modale Funktion – nicht einmal der Musterknabe der Funktionsharmonik, der Dominantseptakkord. Brahms hat das als einer der ersten in seinem »Ein Deutsches Requiem« gezeigt (»Denn alles Fleisch, es ist wie Gras« – Bild 158):

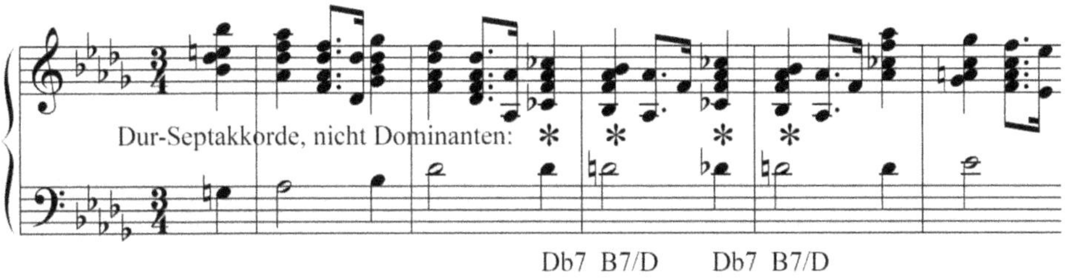

Bild 158 J. Brahms – Ein Deutsches Requiem (»Denn alles Fleisch«)

Der Durakkord mit kleiner Septime (wir nennen ihn einfacher »**Dur-Septakkord**«) ist größtenteils in Debussys Werken **nicht Dominantseptakkord**. Er kennt keinen Auflösungszwang und bewegt sich frei, wie jeder andere Dreiklang auch. So darf er sich »**Freier Dur-Septakkord**« nennen. Die Jazz-Notation der Akkorde kann ihn darstellen, weil diese Notation nicht auf eine festgenagelte Tonika hinweist. Die Funktionsharmonik kann solche Passagen nicht überzeugend beziffern.

Übrigens, durchaus tonale Passagen, wie zum Beispiel Quintfallsequenzen, besonders in natürlichem Moll, aber nicht nur (siehe auch Bild 176, Bach), können über die Funktionsharmonik nur notdürftig beziffert werden. Notbehelf ist in diesem Fall die Stufennotation – oder eben die Jazz-Notation, wobei gesagt werden muss, dass Bezifferungen nur Stenogramme sind, keine vollwertigen Texte (siehe Bild 177).

Das Tonika-Gefühl ist nicht das Ergebnis eines Akkords, sondern einer Verkettung von Akkorden, die innerhalb eines bestimmten Tonvorrats Funktionen gestaltet, eine Tonika hervorspült, verwischt oder verändert.

Horchen wir in einen Gesangsunterricht mit Klavierbegleitung hinein (Bild 159):

Bild 159 Gesangs-Korrepetition

Was hat die Akkordfolge in der Basszeile, dass sie immer wieder bei Gesangsübungen eingesetzt wird? Im Grunde genommen ist es einfach: Sie bietet den kürzesten Weg, um im Hörbewusstsein des Sängers eine Tonika zu induzieren, an der er sich schnell einstimmen kann.

Authentische und plagale Akkordverbindungen

Einfache authentische Kadenzen bestehen bekanntlich aus der Funktionsfolge Dominante-Tonika, deren Grundtöne sich in einer fallenden Quinte (oder steigenden Quarte) bewegen – in C-Dur zum Beispiel von »g« zu »c«.

In Erweiterung: Alle Akkordfolgen in fallender Quinte (oder steigender Quarte) in einem Tonfeld sind **authentische Verbindungen**, unabhängig davon, auf welchen Stufen sie liegen.

Einfache plagale Kadenzen beenden einen Abschnitt mit der Akkordfolge Subdominante-Tonika, deren Grundtöne sich in fallender Quarte (oder steigender Quinte) bewegen – in C-Dur zum Beispiel von »f« zu »c«.

In Erweiterung: Alle Akkordfolgen in steigender Quinte (oder fallender Quarte) in einem Tonfeld sind **plagale Verbindungen**, unabhängig davon, auf welchen Stufen sie liegen.

Die Begriffe »authentisch« und »plagal« werden **verallgemeinert**: Authentisch oder plagal sind auch die Bewegungen eines Akkords zu den terzverwandten Akkorden des Ziels (Bild 160):

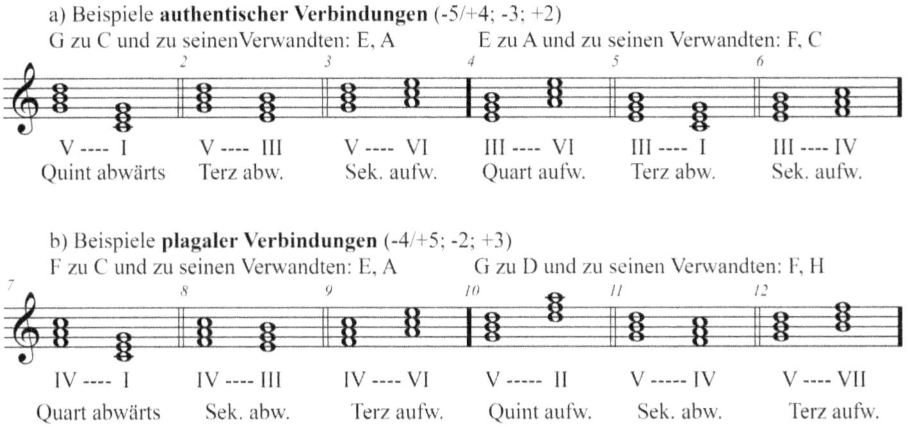

a) Beispiele **authentischer Verbindungen** (-5/+4; -3; +2)
G zu C und zu seinenVerwandten: E, A   E zu A und zu seinen Verwandten: F, C

V ---- I	V ---- III	V ---- VI	III ---- VI	III ---- I	III ---- IV
Quint abwärts	Terz abw.	Sek. aufw.	Quart aufw.	Terz abw.	Sek. aufw.

b) Beispiele **plagaler Verbindungen** (-4/+5; -2; +3)
F zu C und zu seinen Verwandten: E, A   G zu D und zu seinen Verwandten: F, H

IV ---- I	IV ---- III	IV ---- VI	V ----- II	V ----- IV	V ---- VII
Quart abwärts	Sek. abw.	Terz aufw.	Quint aufw.	Sek. abw.	Terz aufw.

Bild 160 Authentische und plagale Verbindungen

Die Erklärung liegt – wie ziemlich alles, was das musikalische Gehör betrifft – in den Obertönen:

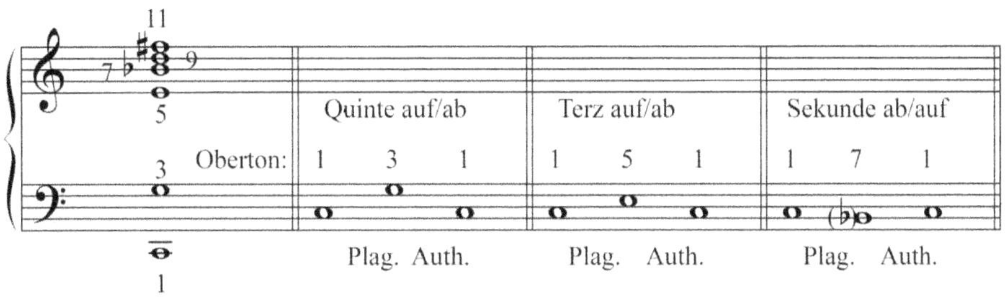

Bild 161 Obertöne (plagal/authentisch)

Wenn wir ein »c« (Oberton 1) singen, und dann das »g« (Quinte darüber), steigen wir resonanzmäßig zum Oberton 3, von unserem gefühlten Referenzpunkt »c« zu einem anderen, neuen, zunächst fremden Ton.

- Der *Quintsprung aufwärts (Quartsprung abwärts) ist mit einer gewissen Anstrengung verbunden. Er ist* **plagal**. Zwei Akkorde, deren Grundtöne sich so bewegen, bilden eine **plagale Verbindung**. In C-Dur wäre das Tonika→Dominante oder Subdominante→Tonika. Gerne und erleichtert machen wir den Weg zurück zum Mutterton »c«. Dabei ist es unerheblich, ob das »g« über dem »c« (Quinte aufwärts) oder unter dem »c« (Quarte abwärts) gesungen wurde.

- Der *Quintsprung abwärts (Quartsprung aufwärts) bringt Entspannung. Er ist* **authentisch**. Zwei Akkorde, deren Grundtöne sich so bewegen, bilden eine

authentische Verbindung. In C-Dur wäre das Tonika→Subdominante oder Dominante→Tonika.

- Steigen wir nun vom »c« zum nächsthöheren neuen Oberton, »e« – *die Terz aufwärts bildet eine* **plagale Verbindung**. Zurück zum »c« – *Terz abwärts – das ist eine* **authentische Verbindung**.

- Das Gleiche gilt für die Verbindung mit dem nächsthöheren neuen Oberton, »b«. *Die Septime aufwärts (oder Sekunde abwärts) ist ein* **plagaler Schritt**, *die Septime abwärts (oder Sekunde aufwärts) ist ein* **authentischer Schritt**.

Der Quintsprung abwärts wird im Laufe der Jahrhunderte – besonders als Bewegung der Grundtöne von Akkorden – zum überzeugendsten Mittel, eine Tonika zu definieren. **Als Verbindung von der Dominante zur Tonika** wird er zum Dreh- und Angelpunkt des tonalen Funktionssystems.

Das ist auch die Erklärung, warum die Akkordbegleitung aus Bild 159 so beliebt in der Gesangsausbildung ist: Dem Sänger fällt es leicht, mithilfe des stärksten authentischen Akkordsprungs sich in eine neue Tonika einzustimmen.

Und wiederum deshalb ist diese Kadenz auch die Kernharmonik einer Entwicklung, die schon seit den Klauseln der Renaissance das Tonika-Gefühl vorangetrieben hat, bis zur allgegenwärtigen Dominanz dieser Funktion im 17., 18. und 19. Jahrhundert. Die Entstehung der Tonalität ist auch auf das Ringen in der Renaissance zwischen authentischen und plagalen Akkordbewegungen zurückzuführen. Im allgemeinen Verlauf der musikalischen Phrasen wurden immer mehr die authentischen Bewegungen bevorzugt.

Plagale Verhältnisse (einige in Bild 160 dargestellt) waren in der tonalen Ära auf dem Rückzug, manche wurden sogar verboten, etwa die Bewegung von der Dominante (gekürzt oder nicht) zur Subdominante Bild 160 (Takt 11) oder zum Akkord der II. Stufe (Takt 10). Terzsprünge aufwärts von der II. zur IV. Stufe oder von der VI. zur I. Stufe sind in der Zeit der Wiener Klassik selten. Heute wissen wir warum: Plagale Verbindungen schwächen die Tonika, sie verfärben das Tonalitätsgefühl in Richtung *modale Musik*.

Hören wir uns als markantes Beispiel für die Dominanz authentischer Akkordfolgen die ersten fünfzehn Takte des ersten Satzes (Bild 162) der »Mondscheinsonate« von Beethoven an. In diesem Bild wurden nur die Akkorde dargestellt (keine Triolen und keine thematischen Motive):

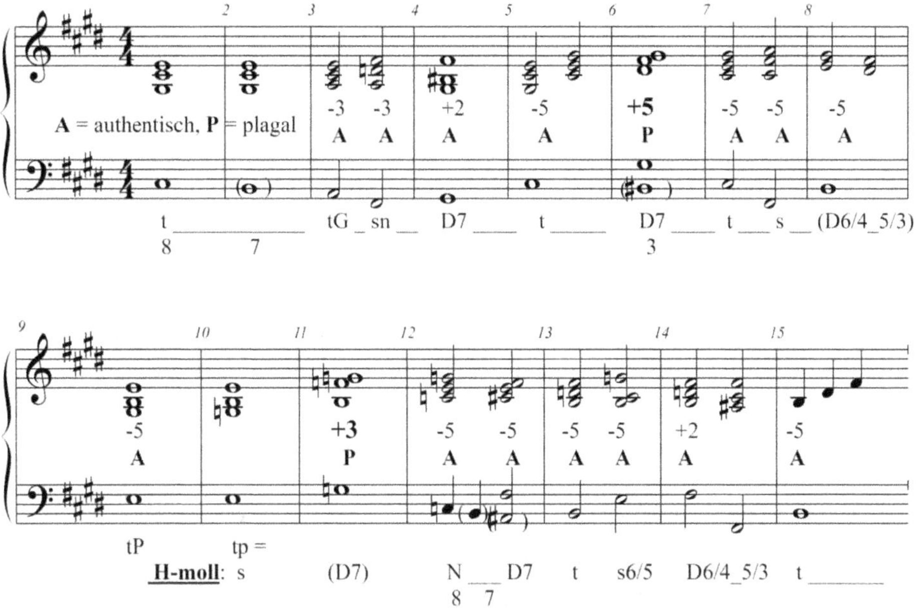

Bild 162 Mondscheinsonate – authentische und plagale Verbindungen

Auffällig ist die symptomatische Mehrheit der authentischen Verbindungen (einge-klammerte Basstöne sind nicht Grundtöne). Nur zwei Akkorde kommen plagal: die Dominante in Takt 6 (steigende Quint, +5) und der G-Dur-Akkord in Takt 11 (stei-gende Terz, +3). Diese letzte Bewegung ist ausgesprochen tonika-unloyal, markant modal, was in diesem Fall der tonalen Satztechnik sogar willkommen ist – durch Miss-achtung der Haupttonart Cis-Moll wird der Weg der Modulation nach H-Moll vorbe-reitet.

Denn, auf welchem Weg auch immer sie realisiert wird, Modulation heißt in jedem Fall das Verlassen der bisherigen Tonika. Das kann abrupt passieren, durch eine Rückung, oder graduell, durch eine vorbereitende Modulationskadenz.

Die Kadenz, die mit einem plagalen Schritt zur Tonika kommt, im Regelfall der Schritt +5 (-4) – steigende Quint oder eben fallende Quart IV. → I. – sollte nicht als eben-bürtige Alternative zur authentischen Kadenz betrachtet werden. In der Renaissance war sie nicht die eigentliche finale Kadenz (Klausel) der Motette oder des Madrigals, sondern eher eine Coda, eine Art harmonisch figurierte Fermate *nach* der echten, au-thentischen Schlusskadenz. Und auch später musste sie sich meist mit der Rolle als schmückendes Beiwerk einer funktionsechten Tonika zufriedengeben.

Wie schon erwähnt, spielt der Register (die Oktavenlage), in dem sich der Grundton befindet, bei authentischen und plagalen Verbindungen keine Rolle: Plagal ist die steigende Quint (+5) oder die fallende Quart (-4), die steigende Terz (+3) oder die fallende Sext (-6) etc.

Um die Symbolik zu vereinfachen, werden fortan die kleineren Komplementärintervalle bevorzugt notiert (-4 statt +5, -3 statt +6, +2 statt -7 etc.). Beethoven hatte die Mondscheinsonate 1801 fertiggestellt. 1853 komponiert Richard Wagner das Vorspiel zu Tristan und Isolde, mit seinem berühmten »Tristan-Akkord« – ein Höhepunkt der tonalen Chromatik.

Aus einer anderen, modalen klanglichen Welt kommt 1848 Chopins Einführung zu seiner Polonaise-Fantasie op. 61, As-Dur: eine plagale, konsequent reale Sequenz mit zwei Gliedern. Das Beispiel hier (Bild 163) ist aufs Wesentliche reduziert und nach A-Dur transponiert, um die Grausamkeiten der Doppel-bs zu umschiffen:

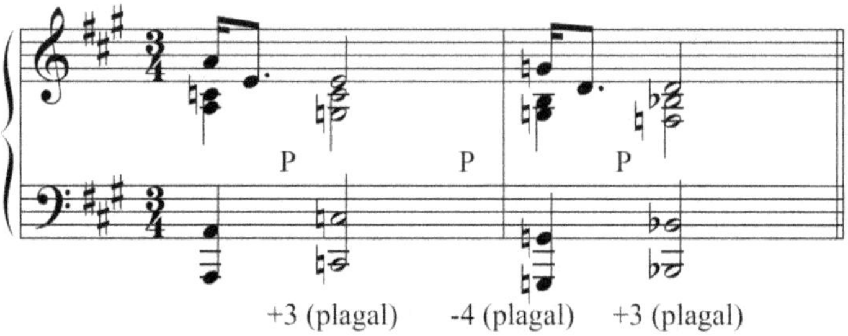

Bild 163 Fr. Chopin – Polonaise (transponiert)

Ein halbes Jahrhundert später zeigte sich die Spaltung, die Eric Satie und Claude Debussy um 1900 radikal durchziehen werden: Das Modale bekommt Profil mit Blick auf die Musik östlicher Völker und auf die Satzlehre des Mittelalters – und entfernt sich vom Funktionstonalen. Was bei Chopin nur ein Wetterleuchten war, wird bei Debussy System. Hören wir die ersten drei Takte aus dem Prélude X Heft 2, »Canope« (Bild 164):

Bild 164 Cl. Debussy – Canope

Von den vier authentischen Schritten sind drei fallende Quinten, doch keiner der Akkorde ist Dominante. Auffällig sind die **dorischen Akkorde** im Takt 2. Dieses Beispiel zeigt auch eine andere modale Auffälligkeit: die Parallel-Bewegung der Akkorde mit sich selbst, reine Quintparallelen inklusive. In Anlehnung an das mittelalterliche **Organum** (siehe Kapitel L.1., »die erste Revolution in der Musikgeschichte«) wird diese Art der Stimmführung »**organale Technik**« genannt.

Anmerkung: Der kadenzielle authentische Quintsprung in der zweiten Stimme, Takt 3 (»g^1« zu »c^1«, Bild 164), überschneidet sich **bimodal** mit den organal geführten Akkorden.

Ein dreiviertel Jahrhundert später, um 1990, singt Madonna einen ihrer schönsten Songs, »Beautiful Stranger«. In Bild 165 ist die nackte Dreiklangs-Folge dargestellt, bereinigt von Rhythmus, Melodie, Dissonanzen, Nebennoten etc. und um einen Halbton von Cis-Dur auf C-Dur transponiert. Zehn plagale, zwei authentische Schritte. Ein einheitliches Tonfeld gibt es nicht, eine vernünftige Vorzeichnung zu setzen ist ein zweifelhaftes Unterfangen. Es ist eben **modale Musik**, als solche sollte man sie auch akzeptieren und analysieren:

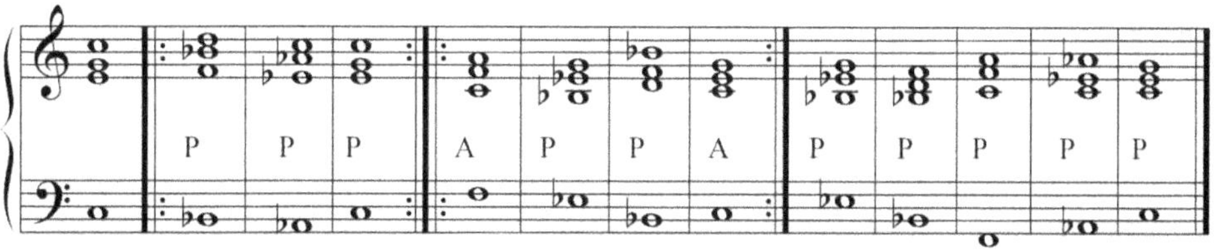

Bild 165 Madonna – Beautiful Stranger ❖

Merkwürdig: Beim Spielen dieser Akkorde fühlt man sich unwillkürlich in die Renaissance versetzt. Oder gar nicht merkwürdig: Die modale Moderne ist bestimmt nicht aus dem Nichts entstanden. Sie hat viel tiefere Wurzeln als die funktionstonalen Kadenzen der letzten drei-vier Jahrhunderte.

Debussys Akkord-Quellen – die Obertöne

Debussy nimmt sein Akkordmaterial teilweise aus dem Geäst der diatonischen und chromatischen Funktionsharmonik. Doch gerne holt er es sich auch aus der Mutter aller harmonischen Zusammenklänge, aus der Obertonreihe.

In Bild 166 wird die Obertonreihe noch einmal aufgelistet, gezeigt werden allerdings nur die Obertöne bei ihrem ersten Erscheinen (1, 3, 5, 7, 9, 11). Das vereinfacht die Übersicht:

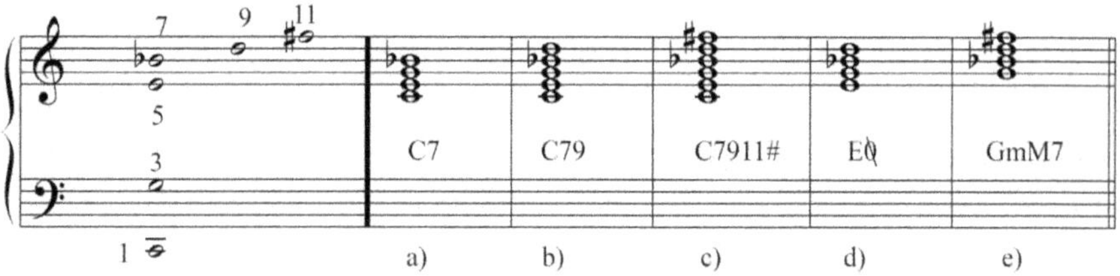

Bild 166 Cl. Debussy – Obertöne

Die Beschriftung der Akkorde ist in der modalen Musik mit tonalen Werkzeugen nicht ganz einfach. Im Falle »Canope« (Bild 164) gibt es zwar ein b als Vorzeichnung, der erste Akkord ist zwar D-moll, doch das muss nicht Tonika D bedeuten. Wenn nur diese Anfangstakte isoliert betrachtet werden, könnte es sich um D-Moll oder um ein späteres F-Dur handeln oder um einen anderen Modus aus diesem Tonfeld.

Wie auch bei Gesualdos freitonalen Akkordfolgen (siehe Bild 139) sind Funktions- oder Stufenbezeichnungen hier problematisch. So ärgerlich das dem exklusiven Klassik-Fan erscheinen mag, die Jazz-Symbolik beschreibt das Geschehen am genauesten; sie zwingt nicht zur Festlegung auf eine Tonika bzw. auf tonale Funktionen: Das ist der Preis, den man hinnehmen muss. Jazz-Symbole können für den gleichen Akkord ziemlich unterschiedlich sein. Es gibt leider kein einheitliches System. Wir beschränken uns hier auf die Bedeutung der in Bild 166 verwendeten Jazz-Symbole:

C7 = C-dur mit kleiner Septime (mögliche tonale Funktion: D7)

C7/9 = C-dur mit kleiner Septime und großer None (mögliche tonale Funktion: D9/7 – vorausgesetzt, gemeint ist eine Dur-Tonika)

C7/9/11# = C-dur mit kleiner Septime, großer None und übermäßiger Undezime (mögliche tonale Funktion: D11</9/7)

E-7/b5 = Halbverminderter Septakkord. Der verminderte Dreiklang ist als »moll« (C-) mit »verminderter Quint« (»b5«) bezeichnet.

GmM7 = G-moll mit akkordeigener großer Septime (keine tonale Funktion: Große Septimen sind in der tonalen Ära nicht Akkordtöne, sondern aufzulösende Dissonanzen – abgesehen vom Jazz und Pop, wo Dur- oder Mollakkorde mit großer Septime sogar bevorzugt als Tonika verwendet werden).

Das Beispiel in Bild 164 (»Canope«) sollte nicht dahinführen zu glauben, dass Debussy der Tonika oder einem Schlusston abgeschworen hätte. Seine Stücke haben Vorzeichnungen und huldigen in der einen oder anderen Art einer Schlusstonika. Die Bögen seiner melodisch-harmonischen Phrasen sind modal, doch sie münden in tonalen Abschlüssen.

Folgendes Beispiel (Bild 167) zeigt Debussys klangliche Vorliebe für Ausschnitte aus der Obertonreihe (Dur-Septakkorde – Obertöne 1, 3, 5, 7) und deren nicht-funktionale organale Verkettung:

Bild 167 Cl. Debussy – La terrasse d'audiences ... (Takt 5)

Die Akkorde dieser organalen Reihe sind *nicht* Dominantseptakkorde. Eine Neigung zu einer entsprechenden tonalen Auflösung ist nicht wahrnehmbar, weil offensichtlich vom Komponisten nicht angestrebt.

In Bild 168, im gleichen Prélude VII, in den letzten Takten, bleibt die organale Reihe bei Grundton und Quintton der Obertonreihe: Quintparallelen. Eindeutig tonal jedoch sind die finalen Takte, die in einem zweifelsfreien Fis-Dur die Ruhe finden. Die Reihen von Quintparallelen sind schmückendes Beiwerk, ebenso wie die plagalen Kadenzen in den Motetten der Renaissance:

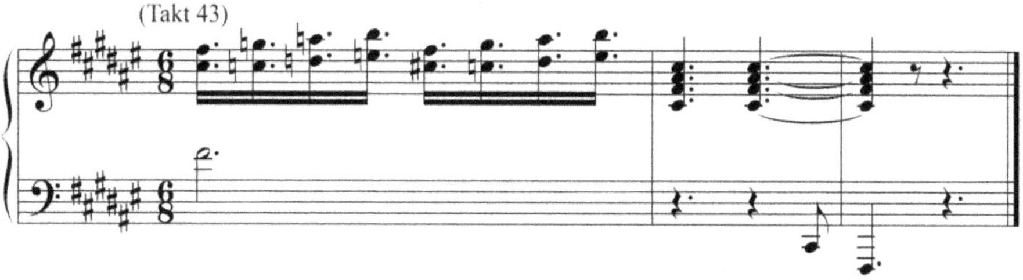

Bild 168 Cl. Debussy – La terrasse d'audiences ... (Takt 43)

In Bild 169 ist ein Ausschnitt aus dem Werk für Chor und Orchester »Sirènes« (Trois Nocturnes) zu sehen. Die Akkorde bestehen aus den Obertönen (bis zur None) der jeweils tiefsten Note:

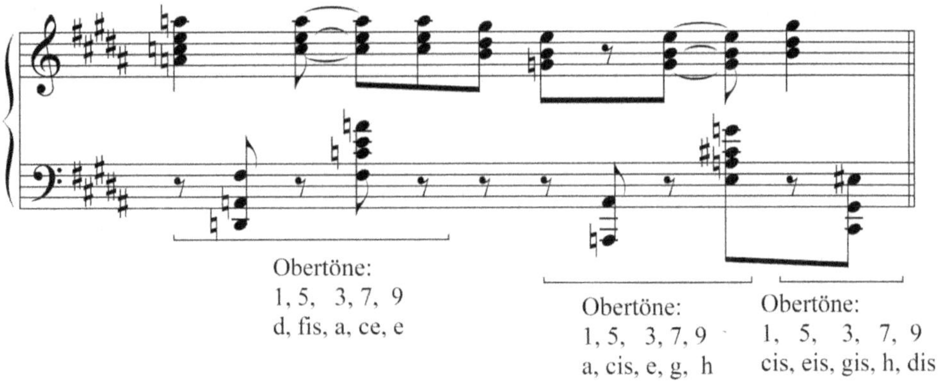

Obertöne:
1, 5, 3, 7, 9
d, fis, a, ce, e

Obertöne:
1, 5, 3, 7, 9
a, cis, e, g, h

Obertöne:
1, 5, 3, 7, 9
cis, eis, gis, h, dis

Bild 169 Cl. Debussy – Sirènes

N.2. Strukturen und Funktionen der Akkorde

Die Struktur eines Akkordes ist sein intervallischer Aufbau, unabhängig davon, in welchem Musikstück oder Tonart er erscheint. Zum Beispiel: »g-h-d-f« ist ein Durakkord mit kleiner Septime in Grundstellung. Oder: »d-f-a-h« ist ein halbverminderter Septakkord mit kleiner Septime in erster Umkehrung – oder ein Mollakkord mit hinzugefügter großer Sexte.

Die Funktion eines Akkordes ist sein ausdrucksmäßig gefühlter Stellenwert im Kontext eines bestimmten Tonfeldes oder einer Tonart. Dur- und Molldreiklänge sind funktionsmäßig relativ neutral; sie können verschiedene Stufen in verschiedenen Tonarten funktionsmäßig bestücken. Verminderte Dreiklänge und Septakkorde sind schon wählerischer, sie setzen sich auf bevorzugten Stufen fest.

Einer der möglichen Akkorde, ein ganz bestimmter, ist da sehr individualistisch, er steht in tonalen Skalen nur auf der V. Stufe und nur in Skalen mit Leitton: der **Dominantseptakkord**. Seine gekürzten Varianten (ohne Grundton) können dissonante Subdominanten in der Moll-Parallele sein.

In Bild 170 sind verschiedene Dominanten zu sehen, als Dreiklang, mit Septime oder mit Septime und None, mit oder ohne Grundton.

Als Dreiklang ist der Akkord »g-h-d« in mindestens fünf Tonarten mit entsprechend unterschiedlichen Funktionen leitereigen (Bild 170.a). Sowie die kleine Septime hinzugezogen wird, verengt sich das Erscheinungsfeld radikal Bild 170.b). In tonalen Skalen ist er ausschließlich Dominantseptakkord.

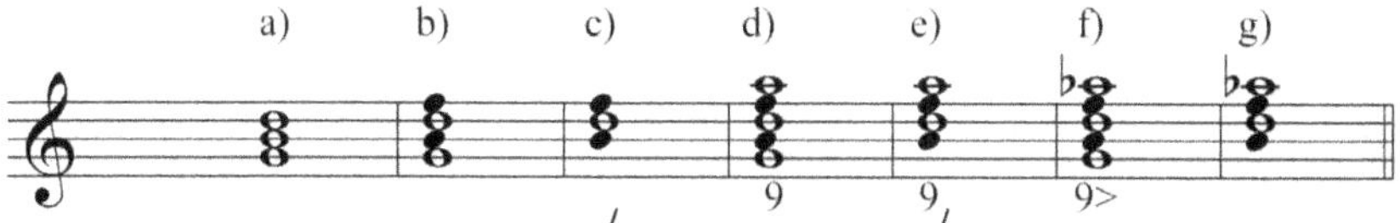

C-Dur/-Moll:	D	D7	$\flat$7	D7	$\flat$7	D7	Dv
D-Dur:	S	-	-	-	-	-	-
G-Dur:	T	-	-	-	-	-	-
H-Moll:	tG	-	-	-	-	-	-
A-Moll:	-	-	s6	-	s5/6	-	-

Bild 170 Akkordtöne der Dominante

Dur-Dreiklänge, welche die große (dorische) Sexte im melodischen Moll enthalten (z.B. »d-fis-a« in A Moll), werden hier nicht mitgerechnet, weil diese Sexte funktionstonal einen überwiegend melodischen Wert hat: Durchgang, Vorhalt, Wechselnote, Leitton (siehe auch Bild 148, Ray Charles und Bild 140, Minimotette).

Auffällig bei starken Dominanten ist der Tritonus, das **Powerpaar Leitton und Septton** (in Bild 170 mit Vollnoten dargestellt) – der namensgebende Boss der dominantischen Funktion. Der Grundton (»g¹«), kann ja ohnehin fehlen.

Es ist der Tritonus, der vor vielleicht dreitausend Jahren die Pentatonik zur Heptatonik hat werden lassen und dann, über die neuartigen Turbulenzen der Polyfonie, sein versticktes Ziel erreicht hat: die Etablierung des straff organisierten, autoritären Staates: die funktionstonale Musik. Die Auflistung von Akkorden in Bild 170 verdeutlicht auch die Notwendigkeit, bei der Beschreibung eines Akkords beide Parameter zu nennen: Struktur *und* Funktion.

- Was wird bei der Gehörbildungsprüfung von einem Hörenden erwartet, wenn ihm ohne Angabe einer Tonart ein Dur-Dreiklang vorgespielt wird? Keineswegs »Dominante«, »Subdominante«, »Moll-Subdominant-Parallele« oder Ähnliches, sondern einfach »Dur-Dreiklang« – das ist die *Struktur*.

- Was wird vom Hörenden erwartet, wenn ihm ein Dur-Septakkord vorgespielt wird? Die übliche, als korrekt bewertete Antwort: »Dominantseptakkord« – das ist eine *tonale Funktion*. Restlos korrekt wäre »Dur mit kleiner Septime«, doch es ist für einen Klassik-Musiker selbstverständlich, dass der genannte Vierklang in der Tat eine Dominante (oder Zwischendominante) ist. Die Antwort wird bedenkenlos akzeptiert.

An den Klippen der Frühmoderne, beginnt Hugo Riemanns Funktionstheorie zu straucheln; sie passt nicht mehr richtig zum modalen Tsunami.

Was, wenn dieser Dur-Septakkord in einer Passage aus Strawinskys »Sacre du printemps« eingebettet ist? Die Funktionsbezeichnung »Dominantseptakkord« wäre schlichtweg falsch. Akzeptabel ist nur die Struktur-Bezeichnung: »Dur mit kleiner Septime« oder eben kürzer (nur vier Silben), »**Dur-Septakkord**«.

Dur-Septakkorde können als Dominanten die eindringlichsten tonalen Funktionen sein.

Moll-Septakkorde sind eher funktionsschwach, auch weil sie mehreren tonalen Stufen zugeordnet werden können. In erster Umkehrung jedoch, als Durakkorde mit hinzugefügten großen Sexten (J. Ph. Rameau: »sixtes ajoutées«), sind sie funktionsstarke Subdominanten (Bild 171).

Im Jazz sind die hinzugefügten Sexten nicht Funktionsmerkmale, sondern nur übliche klangliche Bereicherungen von Dreiklängen, quasi statt der noch üblicheren Septimen:

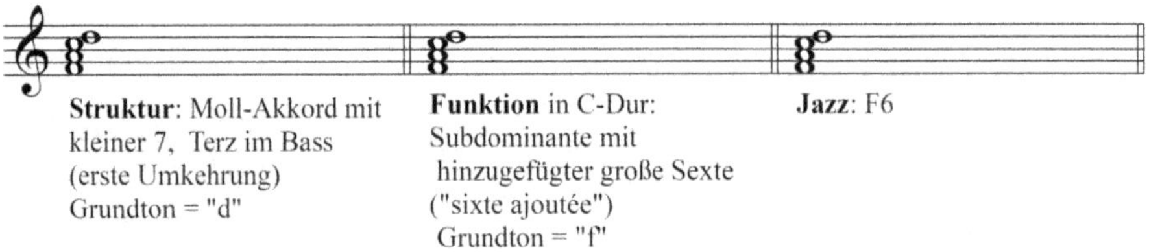

Struktur: Moll-Akkord mit   **Funktion** in C-Dur: Jazz: F6
kleiner 7, Terz im Bass   Subdominante mit
(erste Umkehrung)   hinzugefügter große Sexte
Grundton = "d"   ("sixte ajoutée")
                                  Grundton = "f"

Bild 171 Struktur und Funktion

Für das Verständnis eines musikalischen Werkes jeder Couleur, jeden Ursprungs und jeder Verwendung ist es von kapitaler Bedeutung, möglichst genau seine Akkorde und allgemein seine Tonkombinationen inhalts- und stilgerecht zu deuten. Das Bild 171 macht demonstrativ den klaren Unterschied zwischen der **Struktur** (keine Funktion benannt) und den potenten tonalen oder auch schwächeren, modalen **Funktionen**.

Schwarz-Weiß ist aber die musikalische Realität nicht. Funktionen – starke (tonale), schwächere (modale) und kaum wahrnehmbare – gibt es überall wo Klänge sich treffen und aneinanderreihen, nur eben oft anderes als in den Lehrbüchern gezeichnet. Man sollte sie hören und im Idealfall Namen für sie finden, wenn sie sich in mehreren Werken unmissverständlich wiederholen.

Ohne Funktionen könnte uns die Musik nur wenig erzählen, wie ein literarischer Text mit bedeutungslosen Wörtern. Sie wäre nur eine merkwürdig anmutende Geräuschkulisse – das ist sie manchmal sogar.

N.3. Sequenzen

Begonnen hat der Siegeszug der Sequenzen in der Spätrenaissance. Im Barock waren sie schon eine der wichtigsten Satztechniken. Später hatten die Sequenzen nicht mehr den gleichen Stellenwert, doch ausgedient haben sie nie. Nur in der Folklore sind sie kaum zu finden. Und wenn im Volkslied melodische Sequenzen doch erscheinen, dann ist das Lied neuzeitlichen Ursprungs, mit unverkennbar tonalem Hintergrund: In Bild 172 etwa figurieren beide Glieder der ersten Sequenz den Tonika-Akkord, die zweite Sequenz ist offensichtlich tonal harmonisierbar:

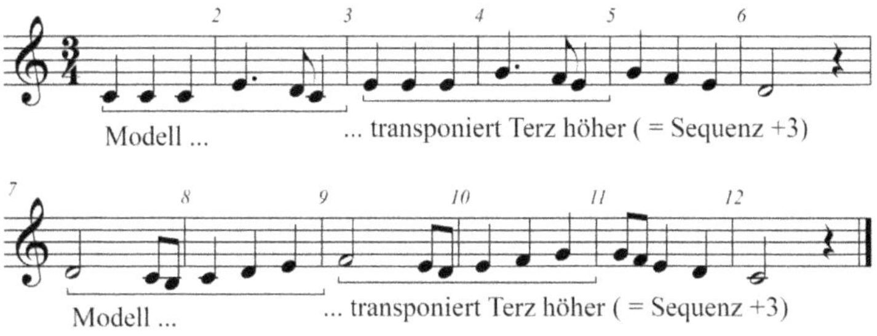

Bild 172 Wenn ich ein Vöglein wär'

Die Bausteine der Sequenzen – ein bisschen Mathematik

Von Sequenz spricht man, wenn ein überschaubares musikalisches Motiv (das »**Modell**«) auf eine andere Stufe (oder auf einen anderen Ton) um eine Sekunde, Terz oder Quart höher (+) oder tiefer (-) transponiert wird. Das Transpositionsintervall ist der **Schritt der Sequenz**. Größere Intervalle (Quint, Sext, Septime) werden nicht genannt, weil sie in der Praxis weniger vorkommen und ohnehin auf ihre Umkehrungen (Quart, Terz, Sekunde) reduziert werden können. Die Festlegung auf Quint statt Quart kommt dennoch öfter vor, weil das Intervall der Quinte von grundlegender Bedeutung ist.

Eindringliche Trainings-Empfehlung: Alle Notenbilder sollten gespielt werden, auch sehr langsam. Der Zusammenhang mit den Symbolen sollte gründlich beachtet werden.

Für die Sequenzen in Bild 172 verwenden wir demnach die Formel:

Sequenz Terz aufwärts = Seq. **+3**

Das bedeutet so viel wie: *Das Modell wird um eine Terz höher transponiert.* Dabei ist es unwichtig, ob die Terz klein oder groß ist; das hängt allgemein von der Tonart und ihren Stufen ab. Das **Modell** ist gleichzeitig das **erste Glied der Sequenz.**

- Wenn diesem Glied nur ein Akkord zugeordnet werden kann, wird die Sequenzkette auch **Ein-Akkord-Sequenz** oder **Ein-Schritt-Sequenz** genannt – etwa so wie die beiden Sequenzen in Bild 172 (Seq. +3) oder die dritte Sequenz in Bild 173 (Seq. -3).

- Wenn innerhalb des Gliedes (Modells) zwei Akkorde bzw. Motive erkannt werden (nennen wir sie »Module«), symbolisieren wir sie mit **a1** (erster Akkord/Motiv) und **b1** (zweiter und letzter Akkord/Motiv des Gliedes).

Eine solche **Zwei-Akkorde-Sequenz** (die überragende Mehrheit aller Sequenzen in der Musikliteratur) ist vollständig definiert:

1. Wenn der **Gesamtschritt** zweier aufeinanderfolgenden Glieder benannt wird. Das ist der Schritt der Grundtöne von Modul **a1** zu Modul **a2** – zum Beispiel eine Sekunde tiefer (-2) in der ersten Sequenz in Bild 173. Oder eine Sekunde höher (+2) in der zweiten Sequenz in Bild 173.

2. Wenn zusätzlich auch noch der **Verbindungsschritt** notiert wird, der Schritt der Grundtöne von Modul **b1** zu Modul **a2** – eine Quart höher (+4) sowohl in der ersten als auch in der zweiten Sequenz in Bild 173:

Bild 173 J. S. Bach – Präludium D-Moll WK I

Zu beachten ist, dass die harmonischen Verbindungen zweier aufeinanderfolgenden Akkorde in diesen drei Sequenzen – wie übrigens fast alle Sequenzen in Bachs Werken – authentisch sind (Buchstabe »A« in den Bass-Zeilen des Beispiels).

Besonders anschaulich ist die Zwei-Akkorde-Sequenz in Bild 177 (Tin Pan Alley Song, **Seq. -2+4**). Sie generiert eine harmonische Phrase, die jahrzehntelang im Jazz und seinen Ablegern – etwa Fusion – zu finden sein wird.

Wenn im ersten Glied drei oder mehrere Akkorde vorhanden sind, symbolisieren wir nur zwei davon: den ersten Akkord mit **a1** und den letzten Akkord des Glieds mit **b1**. Das vereinfacht die Analyse und macht die Struktur der Sequenz überschaubar. Im Symbol verwenden wir auch nur zwei Ziffern, wie in der Zwei-Akkorde-Sequenz. Beispiel: Bild 174 (Bach – das gleiche Präludium D-Moll WK I). Um die Übersicht zu vereinfachen, wurden die Sechzehntel-Triolen entfernt und die Akkorde wurden nach Hörkriterien auf zwei Sequenz-Module (a1 und b1, a2 und b2 etc.) verteilt:

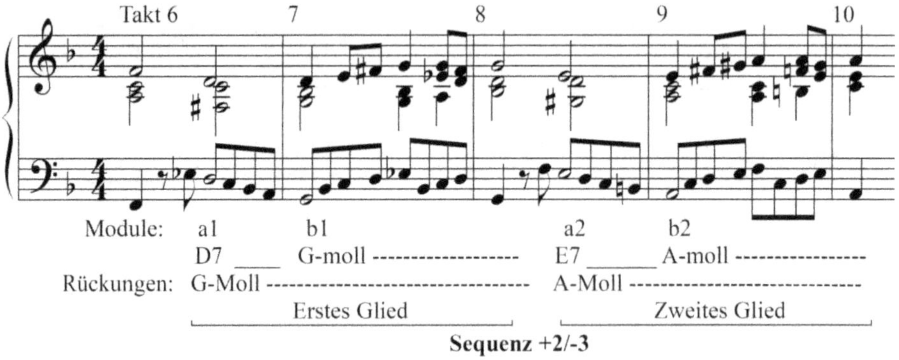

Bild 174 Sequenz +2/-3 Bach – Präludium D-Moll WK I (ohne Sechzehntel-Triolen)

Kontrapunktisches Hightech: die Quintfallsequenz in doppeltem Kanon

Das Non-Plus-Ultra Bachscher Sequenzierungskunst ist die **Quintfallsequenz in doppeltem Kanon**. Die vier Takte aus dem Präludium D-Moll WK II (Bild 175) zeigen den Bauplan dieser Sequenz:

- Im ersten Sequenzmodul (a1) spielt der Sopran das Motiv 1 (auf der Terz des B-dur Akkords). Dieses Motiv 1 wird im zweiten Sequenzmodul (b1) in den Bass transponiert (auf die Terz des E-verminderten Akkords).

- Im Bass des ersten Sequenzmoduls (a1) erscheint das Motiv 2 (auf dem Grundton des B-dur Akkords), welches im zweiten Sequenzmodul (b1) im Sopran auf dem Grundton des E-verminderten Akkords gespielt wird.

- Im zweiten Modul (b1) des ersten Gliedes tauschen die Motive 1 und 2 die Stimmen in doppeltem Kontrapunkt zur Oktave, auf dem Akkord E-vermindert.

- Das zweite Glied der Sequenz erscheint typengerecht als **Seq. -2** eine Stufe tiefer (Akkord A-dur).

Es ergibt sich ein bemerkenswertes Bild, wie die Doppelspirale eines DNA-Moleküls:

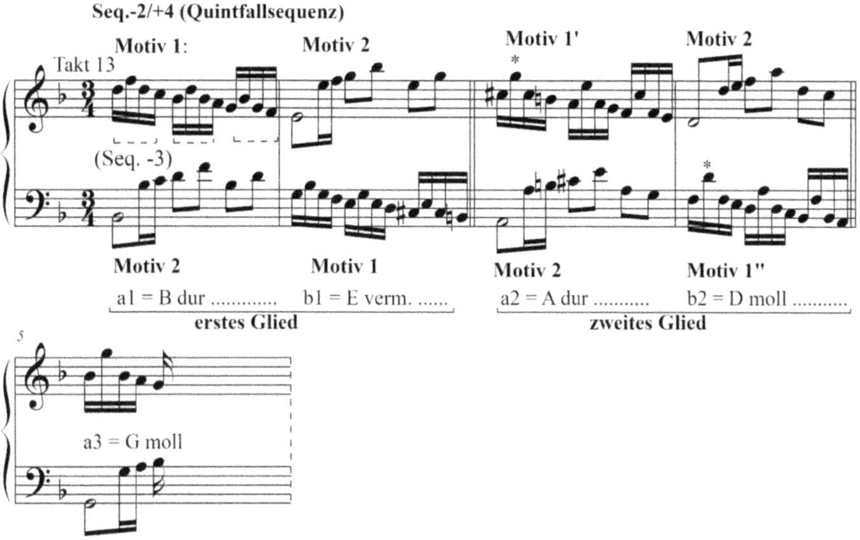

Bild 175 J. S. Bach – Präludium D-Moll WK II (Quintfallseq. in doppeltem Kanon)

Zwei Anmerkungen noch:

- Das Motiv 1' im zweiten Glied ersetzt am Anfang den Terzsprung durch einen Quintsprung, und als Motiv 1" sogar durch einen Sextsprung. Der Terzsprung hätte natürlich bleiben können, doch seine Erweiterung steigert die Spannung.

- Das Motiv 1 selbst ist, isoliert betrachtet, eine Ein-Akkord-Sequenz **Seq. -3**.

Quintfallsequenzen in doppeltem Kanon erscheinen bei Bach auch in dreistimmigen Werken. Eine dritte Stimme jedoch (Bass in Bild 176) kann sich konstruktionsbedingt nicht in die »DNA-Spirale« einbringen, sie ist eine normal sequenzierte Begleitstimme:

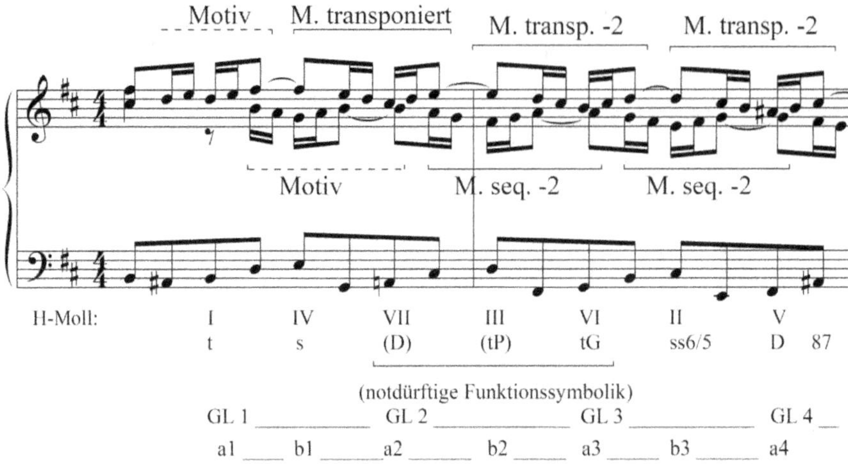

Bild 176 J. S. Bach – Fuge H-Moll WK I (dreistimmige Quintfallseq. in doppeltem Kanon)

Bei Bach sind solche High-Tech-Sequenzen nicht oft anzutreffen. Beispiele von anderen Komponisten sind uns nicht bekannt. Was nicht bedeuten muss, dass es sie nicht gibt.

Chromatische Sequenzen

Eine Folge von Dur-Septakkorden in einer Quintfallsequenz generiert in Klassik, Jazz und Pop automatisch eine halbtönig fallende chromatische Folge von Tritoni (alternierend übermäßige Quart und verminderte Quint, zweistimmig), besonders klar in Bild 179.b (Bach) zu sehen.

Tin-Pan-Alley war der Name einer Straße in New York, wo viele Jazz-Musiker und Musikläden ansässig waren. Der Name der Straße hat sich als Bezeichnung für eine oft und gerne eingesetzte Akkordkette etabliert – eine Quintfallsequenz von Dur-Septakkorden beginnend meist auf der III. Stufe einer Dur-Tonart. Jeder Akkord ist Zwischendominante für den nächsten (Bild 177):

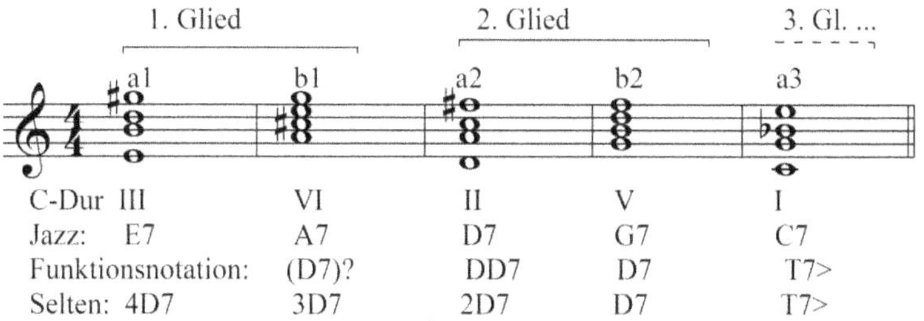

	1. Glied		2. Glied		3. Gl. ...
	a1	b1	a2	b2	a3
C-Dur	III	VI	II	V	I
Jazz:	E7	A7	D7	G7	C7
Funktionsnotation:	(D7)?		DD7	D7	T7>
Selten:	4D7	3D7	2D7	D7	T7>

Bild 177 Sequenz -2/+4 (Quintfallseq.) Tin-Pan-Alley-Song ❖

Diese dominantische Kette kann auch auf der Tonika beginnen, wie in Bild 178 (Blood, Sweat & Tears – »Lucretia Mac Evil«, um 1970):

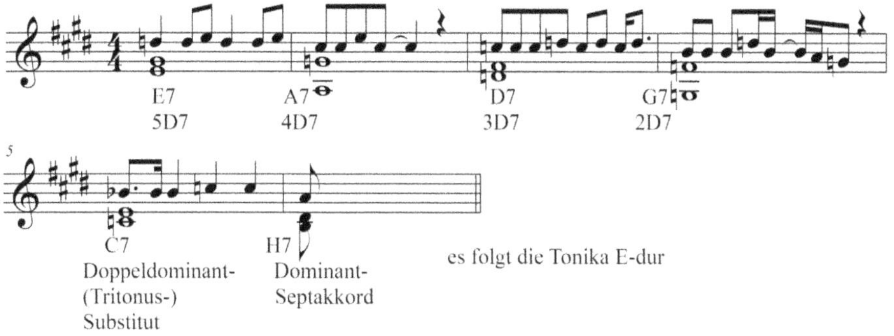

E7	A7	D7	G7
5D7	4D7	3D7	2D7

C7
Doppeldominant-
(Tritonus-)
Substitut

H7
Dominant-
Septakkord

es folgt die Tonika E-dur

Bild 178 Sequenz -2/+4 Blood, Sweat & Tears – Quintfallsequenz ❖

Bach unterbricht in seinen chromatischen Sequenzen die Reihe von Dur-Septakkorden auf dem Molltonika-Gegenklang (B-dur in Bild 179) und bleibt auf dem »a« als große Septime. Ein »as« wäre im Jazz die dritte Blue Note (siehe Bild 192.b). Beim tonalen Verständnis zu Bachs Zeiten wäre das nicht möglich:

Bild 179 J. S. Bach Fuge D-Moll WK II – chromatische Sequenz

Authentische, plagale und gemischte Sequenzen

Vollständig plagale Zwei-Schritte-Sequenzen haben einen ausgeprägten modalen Charakter. Sie erscheinen ab und zu in der tonalen Ära, doch sie gehören eher in den Frühbarock und – dann wieder problemlos – ins 20. Jahrhundert. Die **Quartfallse-quenz** (die plagale Schwester der authentischen Quintfallsequenz) erscheint bei Bach selten, und wenn, dann einfach, eher beiläufig:

Bild 180 Sequenz +2/-4 Bach – Kleines Präl. C-Dur (Quartfallsequenz, doppelt plagal)

Das vielleicht bekannteste Werk von Johann Pachelbel (1653–1706), eine Generation vor Bach, ist sein Kanon D-Dur, eine Art Passacaglia mit gemischtem plagal-authentischem Thema:

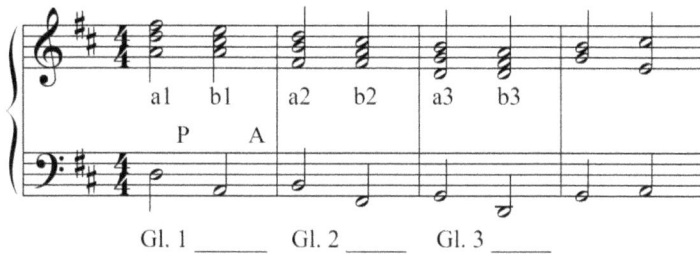

Bild 181 Sequenz -3/+2 Johann Pachelbel (1653–1706) – Kanon

Im Song der Band Jethro Tull (Bild 182) hat die Sequenz akkordisch gesehen drei Glieder. Nur die Glieder 2 und 3 sind auch in der Melodiestimme sequenziert.

Die besondere harmonische modale Färbung dieser Phrase ist den doppelt plagalen Schritten (-2/+3) zu verdanken:

Bild 182 Sequenz -2/+3 (Jethro Tull – We used to know) ❖

Nicht vergessen sollten wir in dieser Sequenzenklasse auch Chopins doppelt plagale Sequenz (Bild 183, gesehen auch in Bild 163). Eine bemerkenswerte Harmonie, weil sie inmitten des Höhepunktes tonaler Musik komponiert wurde. Chopins slawische, modale Ader ist stärker als nur sein Bekenntnis zu Mazurken und Polonaisen vermuten lässt:

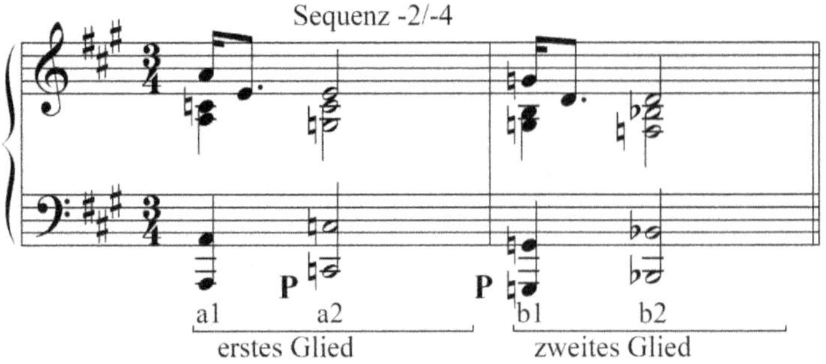

Bild 183 Fr. Chopin – Polonaise, Seq. -2/-4 (transponiert)

Das Gegenstück zur **doppelt authentischen Quintfall-Sequenz Seq. -2+4** ist die
ausgesprochen modale, **doppelt plagale Quartfall-Sequenz Seq. +2/-4**. In Bild 184
das Beispiel eines US-Folksongs, um die 1960er Jahre, von Jimi Hendrix berühmt gemacht: »Hey, Joe«. Der Bass und die Harmonik sind in diesem Beispiel streng sequenziert, die oberen Stimmen nicht, sie verfolgen eine eigene, abwärts gerichtete Bewegung in Terrassen:

Bild 184 Seq. +2/-4 Quartfallsequenz doppelt plagal (Jimi Hendrix – Hey Joe) ❖

Diese Sequenz wird im Pop-Rock massiv eingesetzt – ihr strenges Konstruktionsprin-
zip können wir uns bei Bach ansehen (siehe auch Bild 180).

Die aufwendigsten Sequenzen sind immer noch in der tonalen Klassik zu finden. Hier
zwei Beispiele aus der Wiener Klassik und der Romantik:

Erstes Beispiel: Außergewöhnlich, fast unheimlich komplex ist die Durchführung in
Mozarts in Paris komponierter Klaviersonate A-Moll (Bild 185):

Bild 185 W. A. Mozart – Sonate A-Moll, 1. Satz, Takt 58

Die Takte 1-4 im Beispiel könnten ein Modul **a1** (auf H-dur), der Anfang einer riesigen Quintfallsequenz sein

In Takt 5 beginnt das Modul **b1** der Sequenz (auf E-dur)

In Takt 9 geht es mit der Sequenzierung Modul **a2 (**auf A-dur) weiter

Takt 13 (hier nicht dargestellt) beginnt mit dem Modul **b2** (auf D-moll), das zweite Glied der großen Sequenz, die aber unvollständig bleibt

In den ersten vier Takten dieses Ausschnitts entwickelt sich, unabhängig von der großen Seq. +4, eine zweigliedrige Sequenz (Takte 2 und 3) – eine Sequenz in der Sequenz. Ist auch Mozart, wie Bach, ein Alien, der von einem anderen Stern gekommen ist, um den plumpen Erdbewohnern Musik beizubringen?

Zweites Beispiel: So wie bei Bach oder Mozart sind Sequenzen bei Brahms nicht unbedingt durchgehend streng durchgeführte Mechanismen, sondern innere Hörer-lebnisse, bei denen Modelle sich im Verlauf der Sequenzierung verändern können (Bild 186). Wie soll man diese Sequenz aus seinem zweiten Klavierkonzert B-Dur normie-ren? Das Symbol Seq. +3/ ist schon mal richtig, aber weiter?

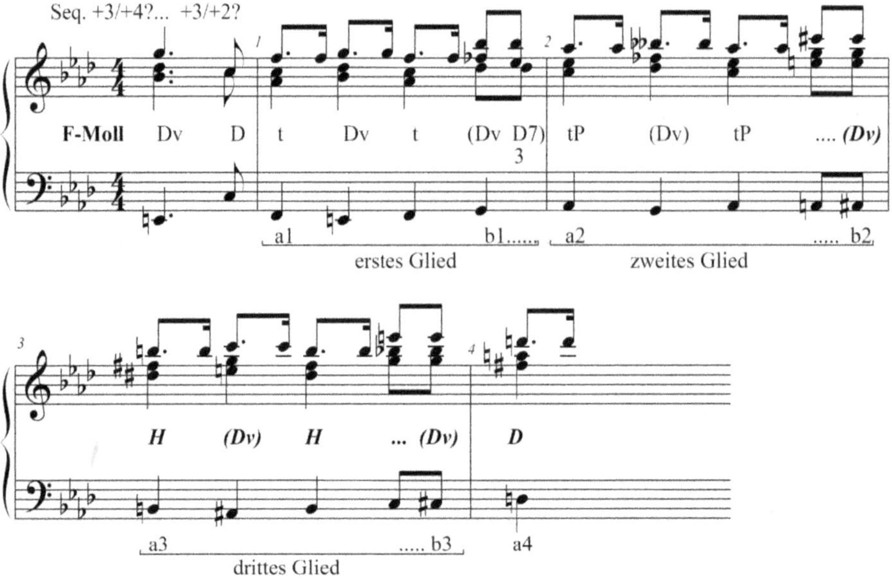

Bild 186 J. Brahms – Klavierkonzert B-Dur, 1. Satz, Takt 163

O. Die Dissonanzen

O.1. Die Emanzipation der Dissonanz

Zunächst eine aufs Wesentliche reduzierte Darstellung der *klassisch als Terzschichtungen* definierten Akkorde.

Die Dreiklänge

Die Töne des Dreiklangs sind Grundton, **Terzton** und **Quintton**. Sie sind **akkordeigene Töne**. Die umgangssprachlichen Formen (einfach »Terz«, »Quint«) sollte eher vermieden werden; zu leicht wird die Terz oder die Quint eines Akkords mit irgendeinem anderen Terz- oder Quint-Intervall verwechselt.

Die Macht des Basstons

Die Obertöne des tiefsten Tons eines Dreiklangs sind für den Hörer die penetrantesten. Diese Eigenschaft liefert ein wichtiges Kriterium für die Konsonanz oder Dissonanz der Dreiklänge, wie folgt (Bild 187):

Bild 187 Oberton-Dreiklänge

- Der *Dur-Dreiklang* (auf dem Oberton 1 gebaut) ist konsonant. Seine Töne verstärken nur die ohnehin klingenden Obertöne des Bass-Tons.

- Der *Moll-Dreiklang* (auf dem Oberton 3 gebaut) ist gerade noch konsonant. Seine kleine Terz reibt sich an der großen Terz des Basstons »g«, der seine eigenen Obertöne hochziehen möchte.

- Der *verminderte Dreiklang* (auf Oberton 5 gebaut) ist dissonant. Sowohl seine kleine Terz als auch seine verminderte Quint reiben sich an den eigenen Obertönen seines Grundtons »e«.

- Der *übermäßige Dreiklang* (auf Oberton 7 gebaut) klingt recht merkwürdig – er besteht ausschließlich aus konsonanten Intervallen (große Terzen, kleine Sexte), doch der Gesamteindruck ist vielleicht eine sonderbare Dissonanz, auf jeden Fall Instabilität, nicht zuletzt, weil er in dieser Aufzählung der einzige

chromatische Akkord ist. Er braucht Neun-Quinten-Abschnitte aus der Quintenreihe, um sich darstellen zu können (vergleiche mit Bild 131).

Konsonanz oder Dissonanz eines Intervalls oder Akkords sind neurophysiologisch
erklärbar. Ganz allgemein: Je mehr sich unser Gehör bzw. unser Gehirn anstrengen
muss, um die Töne eines Akkords einer Ordnung zuzuführen, desto mehr wird der
Akkord als dissonant empfunden. Sehr wichtig ist in diesem Sinne der Basston, dessen
Obertöne wir deutlicher als die der höher liegenden Akkordtöne wahrnehmen.

Es ist kein Zufall, dass der Dur- oder Moll-Schlussakkord eines klassisch funktionstonalen Stücks unbedingt in Grundstellung sein muss. Seine erste Umkehrung (Terzton
im Bass) ist ein Tick dissonanter, weil unsere Neuronen etwas mehr arbeiten müssen,
um ihn zu fassen.

Die zweite Umkehrung (Quintton im Bass) wird ungern als eigenständiger Akkord
wahrgenommen, eher als Quartsext-Vorhalt oder Zufallserscheinung bei Lagenwechsel.

Im Jazz führt die Macht des Basstons zu ganz besonderen, funktionsmäßig verwirren-
den aber auch ungewöhnlichen, schönen Klangformen (siehe Bild 197, Bild 198, Bild
199).

Die Einordnung von Klängen als Konsonanzen oder Dissonanzen sind individuell
und geschichtlich auch Gewöhnungssache. Hier dieser Gewöhnungsprozess im Zeitraffer:

I. Erste polyfonische Gesänge entstehen um 900 n.Chr., als Zweistimmigkeit in
reinen Quinten- und Quartparallelen (die tiefsten Obertöne).

II. Der erste als konsonant akzeptierter Akkord ist der Dur-Dreiklang. Der Moll-
dreiklang galt bis gegen Ende der Renaissance als nicht konsonant. So unmissverständlich, dass die Klauseln in den Motetten und Madrigalen auf einem Durdreiklang endeten, obwohl der Modus an der Stelle einen leitereigenen Molldreiklang
hergeben sollte. Diese hochalterierte Terz wurde von Rameau »**picardische
Terz**« genannt.

III. Im Barockzeitalter ist die picardische Terz mit der Zeit nicht mehr Pflicht.
Beispiel: Alle Moll-Präludien und -Fugen aus dem ersten Heft des Wohltemperierten Klaviers von J. S. Bach enden picardisch. Im zwanzig Jahre später komponierten zweiten Heft ist nur noch ein Teil der Kadenzen picardisch. Moll als

vollwertiger Schlussakkord, also als konsonant ohne Wenn und Aber, gehört allmählich zur Normalität.

IV. Im Zeitalter der Wiener Klassik und später war auch der Moll-Dreiklang allgemein als konsonant akzeptiert. Also konnte er uneingeschränkt auch Tonika-
Schlussakkord sein. Picardische Terzen sind kaum noch zu finden.

Dissonante Nebentöne

Andere Töne – Sekunden, Quarten, Sexten, Septimen zum Grundton eines Dreiklangs
– sind grundsätzlich akkordfremd und als Ornamentaltöne zu behandeln (Durch-
gänge, Wechselnoten, Vorhalte etc.).

Die Vier- und Fünfklänge

In hunderten von Jahren verästeln sich allmählich die Wege der Hörgewohnheiten.

Einer der dissonanten Nebentöne – und zwar die kleine Septime, der erste dissonante
Oberton (7) – hat sich im Laufe der Jahrhunderte die Akzeptanz des Hörers als neues
Mitglied in der Terzschichtung erworben. Zwar nicht als Konsonanz, aber als akkordeigener Ton, als **Septton**, besonders in einem Durakkord als Dominantseptakkord
(siehe auch Bild 170), später auch als freier Dur-Septakkord (siehe auch Bild 167, Debussy).

Dieser erste Schritt in der Erweiterung der Terzschichtung geschah um 1600, etwa bei
Monteverdi und seinen Zeitgenossen. Vorbereitend davor war auch die erste Umkehrung des verminderten Dreiklangs in Gebrauch.

Noch muss hinzugefügt werden, dass die kleine Septime als Septton eines Akkords
nur unter Auflagen als akkordeigen akzeptiert wurde: Sie muss sich z.B. stufenweise
abwärts auflösen. Auch im 19. Jahrhundert ist sie noch nicht ganz raus aus dem Status
eines Ornamentaltons.

Eine in der funktionstonalen Musik weitverbreitete Praxis ist die der zur Subdominante hinzugefügten Sexte (nach J. Ph. Rameau: »**Sixte ajoutée**«). Auflösungspflicht
der Dissonanz besteht auch hier, ähnlich wie beim Dominantseptakkord.

Kleine Septimen auf anderen Stufen sind in der tonalen Ära grundsätzlich lieber als
Ornamentaltöne zu behandeln. Richtig integriert als Akkordtöne sind sie erst gegen
1900 (E. Satie, Cl. Debussy).

Die **großen oder kleinen Nonen auf der Dominante** wurden in der Funktionsharmonik nicht vollwertig als akkordeigen akzeptiert. Entsprechend wird auch strenger auf ihre Auflösung geachtet. Mehr noch: Sie dürfen keinesfalls unter dem Grundton erscheinen, sie müssen sich *über* dem Grundton in einem Abstand von mindestens einer None (also nicht Sekunde) befinden, am besten als höchster Ton des Akkords.

Große Septimen haben es in der funktionstonalen Harmonik nie bis zum Status eines akkordeigenen Tons geschafft, trotz ihres Erscheinens in einer ordentlichen Terzschichtung. Sie bleiben hier immer Ornamentaltöne, auch wenn ihre melodischen Auflösungen großräumig figuriert sein können. In Sequenzen sind sie zwar unausweichlich und beliebt, aber immer schön zünftig aufgelöst.

Scharfe, richtig böse Dissonanzen gab es schon seit der Hochrenaissance. Im Madrigal »Moro mio lasso« (Bild 188) von Carlo Gesualdo (1566–1613) erscheint die kleine Sekunde (»a-b«) und in der Transposition die große Septime (»f-e«) auf betonten Zählzeiten. Es muss beachtet werden: Diese Dissonanzen kommen vorbereitet oder halb vorbereitet und werden streng aufgelöst, stufenweise abwärts, wenn auch in einen Tritonus-entfernten Akkord (B-dur – E-Dur, erstes Sternchen, F-Dur – H-Dur, zweites Sternchen im Bild 188):

Bild 188 C. Gesualdo – kleine Sekunden, große Septimen

Und wieder ist es die zeitliche 1900er Marke, die der großen Septime den Status eines Akkordtons zugesteht. Im Jazz ist sie definitiv mit der obertonmäßig natürlicheren kleinen Septime gleichberechtigt.

Sekunden und Quarten sind funktionstonal so gut wie immer als akkordfremd zu behandeln.

Um die Perspektive nicht zu verfälschen: Es liegt nicht an den Klängen, als akkordeigen oder akkordfremd eingestuft zu werden, sondern an der **Fähigkeit unseres neurophysiologischen Hörapparats, die Klang-Kandidaten in eine Resonanz-Klasse einzuordnen** – oder auch nicht. Wir sind eben nur biologische Wesen, die viel

Zeit brauchen, um sich an schwer Verdauliches zu gewöhnen. An Unverdauliches werden wir uns kaum gewöhnen können, auch wenn wir es uns noch so fleißig einreden.

In der Zeit um 1900 und danach ist es auch anderen Dissonanzen erlaubt, sich wie reale Akkordnoten zu verhalten, ohne Vorbereitungs- oder Auflösungszwang. Für den Durakkord mit großer Septime gibt es in der Funktionsharmonik keine eigene Bezeichnung, weil die scharfe Dissonanz rein ornamentaler Natur ist: Vorhalt, Durchgang etc.

Als eigenständige Entitäten werden im Pop und im Jazz gern große Septimen-Akkorde als »**Major seven**« eingesetzt, gerne als Toniken, weil sie trotz der Dissonanz statisch ruhend und ausgewogen klingen. In die gleiche Klasse modaler Harmonik können Akkorde mit Quarte oder Sekunde (ohne Terz) oder auch mit großer None eingereiht werden.

Gesualdos Umgang mit der großen Septime können wir ihrem Erscheinen in Eric Saties (1866–1925) Werken gegenüberstellen. Der Anfang der ersten Gymnopédie von Satie, komponiert 1888 (Bild 189), zeigt zwei Durakkorde (G-dur und D-dur) mit großen Septimen, die nicht ornamental, sondern akkordeigen sind. Sie streben – anders als bei Gesualdo – keine Auflösung an. Satie behandelt sie so wie es später im Jazz und Pop üblich sein wird:

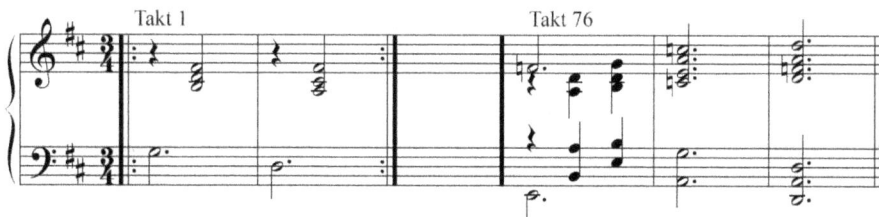

Bild 189 E. Satie – Gymnopédie I.

Bei dieser Gelegenheit sollte auch der betont modale Charakter von Saties Stück hervorgehoben werden: Deuten die Vorzeichnungen »fis« und »cis« auf G-lydisch? Die Schlusskadenz ist zwar authentisch (II–V–I), doch die fünfte Stufe ist keine Dominante – sie steht in Moll. Ihr Terzton ist die Subtonika. Der Schlussklang sollte eine Tonika sein, laut Vorzeichnung D-Dur; diese hier ist jedoch D-Moll. Eine Trotz-Geste? Könnte Satie zugemutet werden: Debussy hatte ihm mal geraten, seinen Stücken eine vernünftige Form zu geben. Daraufhin komponierte Satie drei Stücke »in Form einer Birne«. Wie auch immer, das Zeitalter der neuen Musik setzt seine ersten Stiche in jahrhundertealte, lieb gewordene Hörgewohnheiten.

Eric Satie war so etwas wie ein Bauernopfer der Neuen Ära, eine Vorhut, die Neuland erkundet, obwohl die Überlebenschancen nicht gut sind. Seine erste Gymnopédie wird zwar des Öfteren in der TV-Werbung gehört, sein Werk allgemein aber kaum in Konzerten. Satie selbst starb mittellos. In seiner Hoch-Zeit war Satie zweifellos eine kulturelle Persönlichkeit. Die Gesellschaft hatte sich zwar eine Weile mit seinen musikalischen Extravaganzen amüsiert, doch viel mehr hatte sie für ihn nicht übrig.

Nicht nur Satie, sondern auch Debussy hat kleine und große Septimen oder auch hinzugefügte große Sexten (nicht Subdominanten!) ohne Auflösungszwänge verwendet. Dennoch ist das neomodale Zeitalter noch nicht voll eingebrochen: Der Schluss-Akkord, modal oder tonal, ist bei diesen Komponisten meist ein konsonanter Dreiklang, eine Terz, eine reine Quint oder ein einzelner Ton. In diesem harmonischen Schlussmoment verbleiben die beiden Komponisten noch teilweise in der Tradition, ein Stück ohne Spannungsklänge zu beenden. Von den vierundzwanzig Préludes für Klavier von Debussy enden nur vier mit Dissonanzen im Schluss-Akkord. Satie kadenziert in seinen 42 Klavierstücken nur fünf mit Dissonanzen.

Jazz-Dissonanzen und Blues

Ganz kurze Historie der ersten beiden Blue Notes

Sklaven, die aus Westafrika nach Nordamerika verschleppt wurden, brachten ihre musikalische Folklore mit, anhemitonische pentatonische Gesänge in fünfter Lage (siehe Bild 128).

Nach dem Ende des Sezessionskriegs in Nordamerika 1861–1865 haben sich viele Militärkapellen aufgelöst. Das so verursachte Überangebot an Blasinstrumenten, begleitet von einem entsprechenden Preisverfall, kam den afroamerikanischen Musikern zugute – es unterstützte in Zusammenhang mit anderen kulturellen Gegebenheiten die Verflechtung von »weißer« Dur-Harmonik (Tonika, Subdominante, Dominante) mit der melodischen Pentatonik afrikanischer aber auch keltischer, irischer/schottischer) Herkunft.

Ein Glücksfall und eine Sternstunde der Musik: Die Schwarzen veränderten nicht ihre Gesänge, um sie der »weißen« Harmonik anzupassen, sondern sangen wie gewohnt pentatonisch weiter. Die so entstandenen Dissonanzen störten sie nicht, zumal gerne zu allen Begleitakkorden auch die kleine Sept hinzukam, die irgendwie als Dissonanz-Vermittler fungierte.

Hier ein Ergebnis, **die ersten beiden Blue Notes:** dritte Stufe: »e/es« und siebente Stufe: »h/b« (Takt 2 in Bild 190):

Bild 190 Blue Notes ❖

1. *Der erste Takt* in Bild 190 zeigt den Ursprung der Blue Notes: hemitonische Pentatonik in der 5. Lage (in der Oberstimme) und Dur-Septakkorde auf I. und V. Stufe.

2. *Im zweiten Takt* ist das akkordische Ergebnis zu hören, die typischen Blues-Akkorde.

3. *Im dritten Takt* sind die gleichen Töne notiert wie im zweiten Takt, nur die Register
wurden hier vertauscht: Die Pentatonik-Noten »es« und »b« sind in einer tiefen
Stimme, die »europäischen« Dur-Terzen »e« und »h« im Sopran.

Erstaunlich: Trotz gleicher Töne klingen hier im Ergebnis stillose Dissonanzen, die
mit der Jazz-Harmonik nichts zu tun haben. Solche Falsch-Dissonanzen – meist kleine
Nonen über tiefer liegenden Tönen – werden im Jazz »**Avoid Notes**« genannt. Eine
mögliche Erklärung dafür liegt in der Tatsache, dass die Pentatonik der Schwarzen in
der Singstimme war, die europäische Dur-Akkordik in einem meist tieferen Register.

Doch auch die europäische Harmonik mag diatonische kleine Nonen ganz und gar
nicht – etwa in C-Dur das »f« über dem »e« oder das »c« über dem »h«. Ausnahmen
sind nach wie vor die kleinen Nonen auf der Dominante (diatonisch in Moll, chromatisch in Molldur); andere kleine Nonen, außer den gerade genannten, sind chromatisch
und tauchen im diatonischen Normalfall nicht auf. Also: Auch die europäische Klassik
hat ihre »Avoid Notes« (siehe Bild 194).

Ähnliche Aufeinandertreffen einer Subtonika abwärts mit dem Leitton eines Dominantseptakkords sind in der tonalen Ära der Kunstmusik selten. Und dann auch nur,
wenn die Subtonika einen unauffälligen Durchgang macht. Ansonsten wird chromatische Gleichzeitigkeit vermieden. Eine der wenigen Ausnahmen, ohne den Jazz-typi-
schen gleichzeitigen Anschlag der beiden Töne zeigt Bild 191:

Bild 191 J. S. Bach – Präludium Cis-Moll WK I, Takt 29,30

Im Jazz sind die Avoid Notes, wie gesagt, meist kleine Nonen zu tiefer liegenden Akkordtönen, doch *kleine Nonen über dem Grundton von Dur-Septakkorden sind nicht Avoid Notes*, egal, auf welchen Stufen sie sich befinden – im Gegenteil, sie sind ausdrucksstarke Bestandteile der Jazzharmonik. Im Dominantseptakkord ist die kleine None gängiger Bestandteil des Akkords.

Die dritte Blue Note

Entstanden ist die **dritte Blue Note** (das »ges« in C-Dur oder C-Moll) in den 1930er-Jahren, in der Reifephase des klassischen Jazz.

- In C-Dur ist sie die kleine None des Dur-Subdominantseptakkords »f-a-c-es-ges« (192.a).

- In C-Moll kommt eher die kleine Septime des As-dur-Akkords »as-c-es-ges« infrage (Bild 192.b, Näheres dazu in Bild 202):

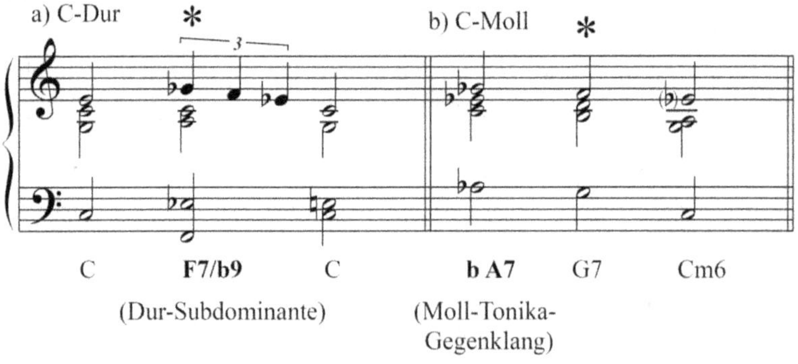

Bild 192 Dritte Blue Note ❖

In jedem Fall ist die dritte Blue Note »ges« (in C-Dur oder C-Moll) nicht mit dem dissonanten Leitton »fis« zur Dominante zu verwechseln.

Selbstverständlich gibt es auch die hochalterierte IV. Stufe, die sich zur V. Stufe auflöst (Bild 193.a), doch »fis« ist hier keine Blue Note, sondern ein chromatischer Vorhalt bzw. anspringende Nebennote. Und hier und immer wieder und überall gibt es Grauzonen, in denen nicht definitiv entschieden werden kann.

Hören wir uns folgende zwei bekannte Motive an:

a) (Traditional)

"fis" = keine Blue Note sondern Vorhalt

b) Thema aus "The Saint"

"fis" = vielleicht doch Blue Note, figuriert?

Bild 193 »fis« ist keine Blue Note ❖

Bild 194 zeigt die »Avoid Notes« der klassischen Harmonielehre: Die reine Quarte als Vorhalt darf nicht gleichzeitig mit seiner Auflösung erklingen, wenn diese im vierstimmigen Satz nicht verdoppelt wird (etwa die große Terz im Dominantakkord) – das klingt scheußlich (Bild 194.b und c). Die kleine None zum Grundton der Dominante hingegen generiert einen farbenprächtigen Dominant-Sept-Nonenakkord (Bild 194.d):

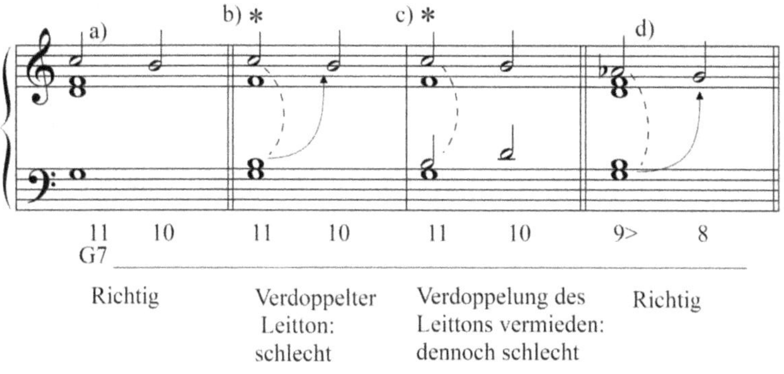

11 10	11 10	11 10	9> 8
G7			
Richtig	Verdoppelter Leitton: schlecht	Verdoppelung des Leittons vermieden: dennoch schlecht	Richtig

Bild 194 Vorhaltsprobleme

Die Avoid Notes im Jazz sind mit Rücksicht auf den jeweiligen Improvisationsstil weniger klar definiert und auch von der persönlichen Auffassung des Jazzers beeinflusst.

Dennoch, die klangliche Analogie zwischen der funktionstonalen Regelung der Vorhalte und dem Begriff der Avoid Notes im Jazz bietet sich an.

Noch sollte vermerkt werden, dass die Blue Notes keineswegs unsaubere Terztöne sind, irgendwo zwischen klein und groß, wie zuweilen behauptet wird. Wenn dem so wäre, dürften alle Tasteninstrumente für den Jazz unbrauchbar sein, die Gitarre müsste durch Ukulele ersetzt werden, die Marimba hätte ausgedient. Zwar rutschen zwischen kleiner und großer Terz Glissandi oder bei schnellem Singen gewollt oder ungewollt verwischt getroffene Töne, öfter, deutlicher und mit einer anderen Färbung als in der Klassik, doch nach wie vor bleiben die notierbaren Blue Notes in deutlichem Kontrast zwischen großer und kleiner Terz stilprägend.

Blue Notes sind keine verwahrlosten Terztöne zwischen den Stühlen. Sie sind groß oder klein und charakterstark.

Die Blues-Form

Der Jazz hatte etwas in die Welt gesetzt, das ihm mittelfristig den Boden unter den Füßen wegreißen wird: Den Rock'n' Roll, der in den 1950er Jahren – man denke an Elvis Presley – explosionsartig die Welt erobern wird und in Fusion mit anderen populären Stilen schließlich den Pop-Rock generiert.

Der phrasenmäßige Aufbau des klassischen Jazz ist die **Blues-Form**, um 1900 entstanden, ein fester Bestandteil des ein halbes Jahrhundert später geborenen Rock'n'Roll und bis heute maßgeblich beteiligtes Formelement im Jazz, aber auch im späteren Rock und Pop. Amy Winehouse (»Rehab«) oder Duffy (»Mercy«), beide im dritten Jahrtausend aktiv, seien hier erwähnt.

Die Blues-Form besteht meistens aus *drei viertaktigen Phrasen*, mit einer Form- und Ausdrucks-Struktur, die hochspezifisch ist. In Bild 195 ist eine mögliche Variante der akkordischen Struktur gezeigt, hier auf einfache Dreiklänge reduziert. Die Schrägstriche repräsentieren Zählzeiten, die vom Spieler mit Akkorden besetzt werden. Die Blues-typische 12-Takte-Struktur kann man genauer als 4 + 4 + 4 Takte-Struktur darstellen.

---

1. *Die erste Phrase* (Takte 1-4) ist die ruhigste, sie kann sich, harmonisch gesehen, gänzlich auf einen einzigen Akkord stützen – die I. Stufe der Tonart.

2. *Die zweite Phrase* (Takte 5-8) beginnt mit der IV. Stufe und endet mit der I. Stufe. Manchmal ist die zweite Phrase eine mehr oder weniger genaue Wiederholung der ersten Phrase.

3. *Die dritte Phrase* (Takte 9-12) ist von der Intensität des Ausdrucks her der Höhepunkt. Sie beginnt mit der V. Stufe, es folgt die IV. Stufe und dann wieder die Tonika.

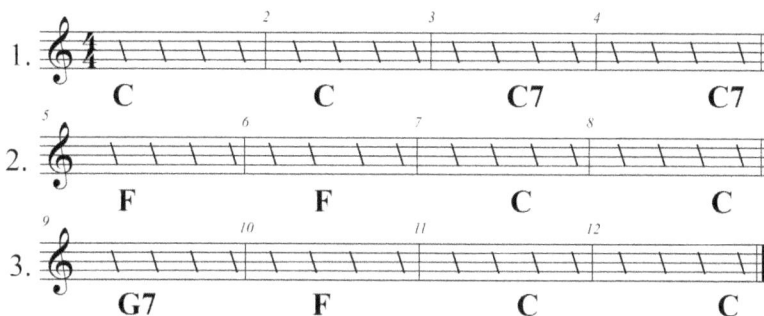

Bild 195 Blues-Form ❖

Die Blues-Skala

Hiermit hätten wir alle Töne beisammen, die im Wesentlichen den Tonvorrat des Blues ausmachen: das natürliche Dur mit seinen zusätzlichen Blue Notes kleine Terz und kleine Septime (Subtonika) sowie die dritte Blue Note (die tiefalterierte V. Stufe). Es kann auch vom harmonischen Moll mit den Blue Note kleine Septime und tiefalterierte Quint ausgegangen werden (Bild 196).

All diese Noten zu einer Skala zusammengetragen ergeben die sogenannte »Blues-Skala«:

Bild 196 Blues-Skala ❖

Allzu akribisch darf eine solche Skalen-Systematik nicht beachtet werden. Wer in der Hoffnung komponiert, durch freie Zusammenstellung dieser Noten etwas auch nur entfernt Blues-Ähnliches zu kreieren, wird bitter enttäuscht sein. Jede dieser Noten hat eine musikalische Persönlichkeit, die sich nur in einem entsprechenden Kontext entfaltet. Dazu braucht man Erfahrung und Ohren und Wissen.

Übrigens, auch das traditionelle melodische Moll der klassischen Kunstmusik kann nicht auf seine voll aufgelistete Skala reduziert werden: Aufwärts muss anders laufen als Abwärts (siehe auch Bild 148, Ray Charles sowie Bild 149, Brahms).

Mitunter wird in der Fachliteratur die anhemitonische Pentatonik in der fünften Lage – also nur fünf Töne – als »Blues-Skala« präsentiert. Diese Namensgebung ist ein wenig übereifrig, denn Blues-Skala existiert nur wo es auch Blue Notes gibt, und diese wiederum brauchen sowohl die afrikanische Pentatonik als auch die europäische Heptatonik. Ein westafrikanischer Musikwissenschaftler würde wohl ziemlich amüsiert zur Kenntnis nehmen, dass sein Volk seit Jahrtausenden mit der Blues-Skala musiziert.

Die Akkord-Türme und das Outside-Spiel im Jazz

In der klassischen Funktionslehre gibt es vier, maximal fünf Akkordtöne: Grundton, Terzton, Quintton, Septton und evtl. None. Die None allerdings – klein oder groß – ist streng genommen nur in der Dominante akzeptiert, und auch da nur unter Auflagen (auflösen, nicht im Bass erscheinen etc.).

Andere Töne sind Nebennoten und als solche zu behandeln (Vorhalt, Durchgang, Wechselnote etc.).

Im Jazz ist das teilweise anders. Dreiklänge sind rar; die Grundakkorde des Jazz sind fast immer Vierklänge, Septakkorde oder Moll/Dur-Akkorde mit meist mit großen hinzugefügten Sexten.

Im **klassischen Jazz** (bis in die 1940er-Jahre) sind die restlichen drei Töne der Skala Nebennoten, ähnlich wie in der tonalen Klassik. Allerdings haben sie im Jazz oft auch einen selbstständigen klanglichen Wert, ohne aufgelöst werden zu müssen – ähnlich beispielsweise wie bei Eric Satie und vielen anderen E-Komponisten der Frühmoderne.

Mit dem **modernen Jazz** der 1940-50er Jahre (etwa mit dem **Bebop**) erhalten die drei Nebennoten (sogenannte »Erweiterungen«) immer mehr den Status von Akkordnoten – »**Tensions**« genannt. Alle sieben Töne einer heptatonischen Skala können demnach in Terzschichtung aufgetürmt werden. Den Grundstock bilden die klassischen Jazz-Akkordtöne – Grundton, Terzton, Quintton und Septton. Die anderen drei (None, Undezime und Terzdezime) können Tensions sein.

Hören wir uns das Beispiel in Bild 197.a an, ein mehrfach dissonanter und dennoch in sich ruhender, harmonischer Jazz-Akkord (keine Avoid Notes). Er besteht aus natürlichen Obertönen. Die Ziffer 7 bedeutet in der Jazz-Notation grundsätzlich kleine Septime; nur die großen und die verminderten werden entsprechend gekennzeichnet.

Ein hochinteressanter Schritt weiter auf dem Weg zu immer ungewöhnlicheren Dissonanzen ist die **Outside**-Improvisation. »Inside« ist die Improvisation mit den, sagen wir mal, regulären Akkordtönen und Tensions. »Outside« strukturiert in der oberen Etage z.B. Dreiklänge, die nicht zum standesgemäßen Akkordturm gehören. Das Besondere im Outside-Spiel ist, dass sich diese fremden Dreiklänge teilweise als abgetrennte klangliche Einheit irgendwie verselbstständigen. Es ist eine grenzwertige Form von bimodalem Musizieren.

In Bild 197.b sind die ersten fünf Akkorde aus Mahavishnus »Vision is a Nacked Sword« dargestellt: Über einem Bass-Ostinato türmen sich ab und zu völlig fremde Dur-Dreiklänge. Wem soll man glauben? Dem urigen, grundsoliden Bass-Ton oder dem Grundton des Dreiklangs aus der oberen Etage? Der klangliche Effekt ist überwältigend:

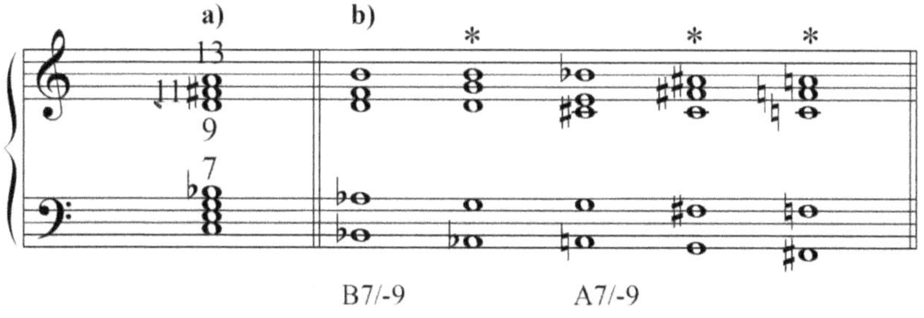

Bild 197 Jazz-Akkord-Turm und Outside-Akkorde ❖

Die Funktion des »c« als Grundton des Akkords **a)** in Bild 197 ist über jeden Zweifel erhaben. Das sieht anders aus, wenn wir es, wie so oft im Jazz, mit Akkorden zu tun haben, die sich nicht so einfach einordnen lassen. Welcher Grundton in den Akkorden mit Sternchen ist »über jeden Zweifel erhaben«? Mahavishnus Akkorde sind nicht improvisiert, sondern durchkomponiert. Auch sind die Outside-Dreiklänge nicht einer Dreiklang- oder Vierklang-Basis aufgesetzt, sondern nur einem Basston entgegengestellt. Vielleicht ist auch deshalb das Beispiel klanglich besonders kraftvoll.

Sehen (und hören) wir uns die Akkorde aus Bild 198 an. Sie alle bestehen aus den Tönen einer anhemitonischen Pentatonik auf »f«. Das heißt nicht, dass das Stück pentatonisch wäre – es handelt sich nur um jeweils einen Akkord, der diatonisch und funktionstonal in den Tonarten C-Dur, F-Dur oder B-Dur eingebettet sein könnte. Für ein natürliches F-Dur beispielsweise fehlen nur noch die zwei Töne des Tritonus (»b« und »e«), die im vorausgehenden oder folgenden Akkord des Stücks erscheinen könnten.

Streng genommen sind alle diese Akkorde unterschiedliche Lagen (äquivalent »Umkehrungen«) der Pentatonik »f-g-a-c-d«, doch jeder klingt anders und man ist geneigt, ihm die eine oder andere tonale Funktion zuzugestehen. In der Praxis sind sie oft Glieder einer tonalen Kadenz oder einer Quintfallsequenz, weil sie eine Funktionsfarbe mitbringen. Aber welche?

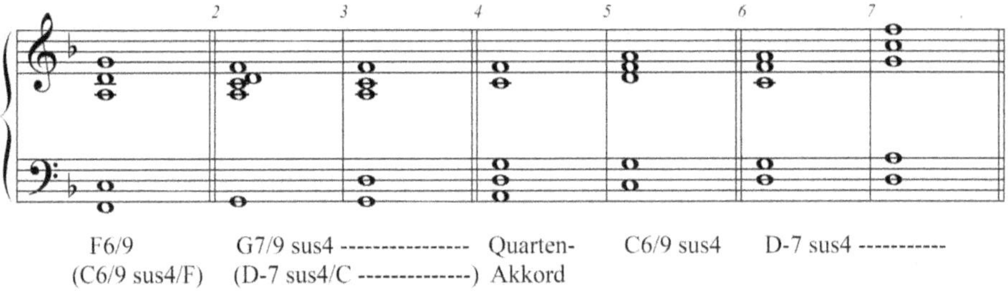

F6/9   G7/9 sus4 ---------------- Quarten-   C6/9 sus4   D-7 sus4 -----------
(C6/9 sus4/F) (D-7 sus4/C --------------) Akkord

Bild 198 Unklare Funktionen ❖

Die Akkorde mit dem reinen Quintintervall auf dem Bass (Takte 1, 2, 5, 6 und 7) fordern mit mehr Nachdruck ihr Recht, eine Funktion zu repräsentieren. In der Tonart F-Dur würde das bedeuten, ziemlich an den Haaren herbeigezogen, so etwas wie Tonika (1), Subdominantparallele (3), Dominante (5), Tonika Parallele (6 und 7).

Der Ausdruck »so etwas wie« ist gewollt verwischt, wie auch die im Raum schwebenden oder empfundenen tonalen Funktionen. Es sind ja immer nur *die gleichen fünf Töne der anhemitonischen Pentatonik auf »f«*.

Die dazu gehörigen Jazz-Symbole verdeutlichen einerseits die Wichtigkeit des Bass-Tons, andererseits die Freizügigkeit der Jazz-Notation – aber auch das schier unendliche Morphing-Band von funktionalen oder funktionsmodalen Zwischenstufen, die es manchmal unmöglich machen, zu entscheiden, ob ein Ton so gewollt, fehlerhaft oder zufällig erscheint. Das zeugt von Freiheit und Toleranz, öffnet aber manchmal auch die Tore für Möchtegern-Jazzer. Und noch einmal: Schwarz und Weiß sind nicht die richtigen Alternativen um das Geschehen in der Musik zu beschreiben.

Und es kann noch viel problematischer werden. Sehen (und, wie immer, hören) wir uns das Bild 199 an, ein Zitat aus »Neue Jazz-Harmonielehre« von Frank Sikora[3]:

»Das folgende Notenbeispiel zeigt einen Bruchteil der Möglichkeiten, die hinter einem einzigen Akkord stecken können:

Bild 199 G7-Möglichkeiten ❖

Das alles – und noch viel mehr – kann G7 bedeuten.«

(Zitat Ende)

Zitate sind naturgemäß aus ihrem Kontext herausgeholt; empfehlenswert ist es allemal, auch den Kontext in Erfahrung zu bringen. Anscheinend können bei den meisten dieser Akkorde nur die Klangnachbarschaft in der Passage des Stückes, eine Menge Hörerfahrung, persönliche Vorlieben und vielleicht auch Autosuggestion dazu verhelfen, sie in das Sammelsymbol G7 (Durseptakkord auf »g«) zu unterbringen.

Mit der wachsenden funktionalen Undefinierbarkeit der dissonanten Tonkombinationen treten gleich zwei systemeigene Eigenschaften des Jazz in Erscheinung:

- Auf der einen Seite zeigt sich die gnadenlose Abhängigkeit des Jazzers von seinem musikalischen Gehör, mehr als es andere Musikrichtungen einfordern.
- Auf der anderen Seite beginnt mit der Hochzüchtung der Klangvariabilität die Entfremdung des Jazz – wie auch seinerzeit der E-Moderne – von der

---

[3] Frank Sikora – Neue Jazz-Harmonielehre, 2012 Schott Music GmbH & Co. KG, Mainz.

Hörerschaft. Der Weg zum Free Jazz und zum Elitären, zum Epigonalen oder auch nur zum formalen Identifikationssymbol ist offen.

Dabei wird immer noch guter, hochinteressanter Jazz gemacht, doch die Gretchenfrage bleibt: Milliarden Musikhörer kaufen Tonträger in einer oder anderen Form. Wie viele kaufen diesen Jazz? Wie viele Jazzer können ohne ein Zubrot davon leben? Die Frage zielt nicht auf den sozialen Status der Beteiligten, sondern auf die möglich zu erwartende Zukunft der Musikrichtungen (Näheres im III. Teil dieses Buches: »Wohin?«).

Die Skalentheorie

Die Tatsache, dass alle sieben Töne einer Skala sich gleichzeitig senkrecht zu einem einzigen Akkord in Terzschichtung zusammenpacken lassen, führt den modernen Jazz (nach ca. 1945) in gefährliche Nähe zum Atonalismus, der übrigens mit dem **Free Jazz** der 1970er Jahre auch erreicht wurde.

Durch die Tensions und das Outside-Spiel erreichte die Harmonik des Jazz eine außerordentliche Komplexität. Doch wer kann gehörmäßig diese Komplexität wie Charlie Parker (1920–1955) oder John Coltrane (1926–1967) beherrschen? Welche Tensions sind die richtigen für einen gegebenen Akkord? Wie immer in der Musikgeschichte, wenn das musikalische Gedächtnis und das Gehör nicht mehr zur vollen Übersicht verhelfen, kommt die Theorie zu Hilfe.

Um 1960 wurde in den USA, namentlich im Berklee College of Music in Boston, die **Skalentheorie** entwickelt. Der Grundgedanke: Jede Stufe eines diatonischen oder chromatischen Modus kann die erste Stufe einer Skala sein, die mit den Tönen des Modus gebaut wird – eine abgeleitete Skala. Streng genommen ist es das gleiche Prozedere, welches die Umkehrungen der Akkorde und den Lagenwechsel der Pentatoniken beschreibt.

Schichtet man nun die Töne dieser abgeleiteten Skala in Terzen, erhalten wir mit den ersten vier Tönen einen Septakkord; die restlichen drei Töne sind die entsprechenden Tensions.

Als erstes Beispiel (Bild 200.a) gehen wir von der Tonart bzw. vom Modus »Harmonisches A-Moll« aus. Die Skala »**HM5**« (»Harmonisch Moll 5«) beginnt demnach mit der V. Stufe des harmonischen Moll. Es sind die Töne »e-f-gis-a-h-c-d-e« – eine Orient-Skala, mit übermäßiger Sekunde im ersten Tetrachord (siehe auch Bild 155, chromatische Tetrachorde), die sich teilweise mit der Flamenco-Skala deckt (siehe auch Bild 156, chromatische Skalen). Der Grund-Septakkord ist in hohlen Notenköpfen (ganzen Noten) gedruckt, die Tensions sind vollköpfig (schwarz). Der in der Skalentheorie angedachte Name »Phrygisch Dur« ist nicht besonders glücklich. Das Feld der möglichen Missverständnisse in der Musiktheorie ist ohnehin groß genug – Phrygisch ist für einen tonal bewanderten Musiker ein diatonischer Modus mit kleiner (moll-) Terz. Doch was soll's, wer sich den Modus so besser merken kann, dem sei's gegönnt.

Anschließend noch das Beispiel des Modus »**MM7**« (»Melodisch Moll 7«), die Skala der siebenten Stufe im melodischen A-Moll, mit Tensions (200.b). Sie wird auch »**hyperlokrisch**« genannt, weil nicht nur die Quinte auf der ersten Stufe (»gis-d«), sondern auch die Quarte (»gis-c«) vermindert ist. Anders als die Skala HM5, deren Töne auch in realer Musik erscheinen, kann die hyperlokrische MM7 nur mit Vorbehalt als eigenständige Entität aufgefasst werden. Sie ist – wie viele andere in dieser Theorie auch – erklärt oder unerklärt *eine zu Trainingszwecken konstruierte Skala*:

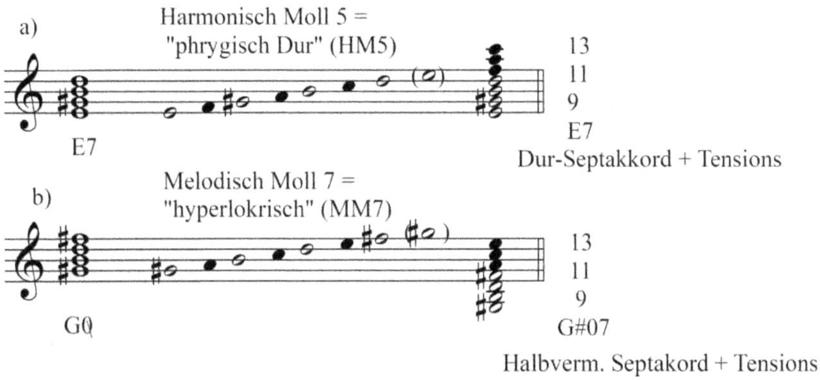

Bild 200 Phrygisch Dur; Hyperlokrisch ❖

Diese »MM7« kann nachdenklich stimmen. Lokrisch ist ohnehin ein praktisch kaum existierender Modus, nur aus Ordnungsbestreben im 19. Jahrhundert erfunden. Wozu dann ein noch lokrischerer Modus als der lokrische? Zumal verminderte Basis-Akkorde nur ungern Erweiterungen akzeptieren.

Solche und ähnliche Erwägungen haben unangenehme Glaubenskriege zwischen Anhängern und Gegnern der Skalentheorie entfacht. Eher unnötig. Denn primär liefert die Skalentheorie nicht funktionsstabile Skalen, die als tonale oder modale Grundlage für musikalische Werke dienen, sondern wie schon erwähnt, einfach Übungsvorlagen, nicht mehr und nicht weniger. Ziel ist, beim Improvisieren passende Tensions einzusetzen. Selbstverständlich ist es jedem Musiker freigestellt, ein ganzes Stück z.B. nur auf der MM7 Skala zu improvisieren oder die Stufen der Skala nach Lust und Laune zu verändern.

Wenn wir davon ausgehen, dass das harmonische und melodische Moll die Hauptlieferanten der Skalentheorie sind (HM1, HM2, … HM7; MM1, MM2, … MM7), können wir schon mal mit vierzehn (7 Stufen x 2 Skalen = 14) solcher Skalen rechnen.

Modulation in Jazz und Pop

Die klassische Modulation in der funktionstonalen Musik ist musiktheoretisch sehr systematisch und detailliert behandelt. Ohne Modulation sind die größeren Formen nicht denkbar – außer vielleicht der Gattung »Thema mit Variationen«.

Der Jazz gehört in einer ersten Annahme zur Kategorie »Thema mit Variationen«. Da ist kaum Platz für Modulationen, auch wenn das Stück länger ist.

Andererseits gruppieren sich die »Changes«, die Akkorde, oft zu authentisch verkitteten Gruppen, die eine neue Tonika andeuten können – etwa Moll-Septakkorde oder halbverminderte Akkorde, gefolgt von einem Dur-Septakkord im Quintfall, der somit die funktionale Färbung einer Dominante annimmt.

In der klassischen Harmonielehre sind solche Momente als »Ausweichungen« beschrieben, oder, wenn nach der präsumtiven Dominante nicht die erwartete Tonika folgt, wird das Symbol der Phantom-Tonika in eine eckige Klammer gesetzt – es war nur ein Wetterleuchten, der Sturm der Modulation ist ausgeblieben.

Im Jazz werden solche Ausweichungen auf kleinerem Raum dennoch »Modulation« genannt.

Oft eingesetzt werden besonders im Pop unvorbereitete Rückungen des gesamten Songs, meist ein Halbton höher, manchmal sogar eine kleine Terz oder eine Quart höher.

Klassisch ausdeklinierte Modulationen sind selten. Ein solches Beispiel wäre ein Hit der 1990er-Jahre, »Hijo de la luna« der spanischen Band »Mecano«: A (Cis-Moll) – B (Gis-Moll) – A (Cis-Moll). Typisch Pop sind die Trichord-Kadenzen dieses Songs (A-dur – H-dur – Cis-moll).

Weniger selten sind Modulationen zwischen Parallel-Tonarten, meist von Moll zur Dur-Parallele, ggf. zurück. Das sind Modulationen, die tonal am wenigsten ändern: Schließlich handelt es sich hierbei nur um eine Verlagerung des Tonzentrums innerhalb des gleichen Tonfeldes, von »äolisch« zu »ionisch«. Die Klauseln der Frührenaissance wagten sich auch nicht zu weit aus ihrem Tonfeld heraus.

Freiheiten der Jazz-Orthografie

Bei der Betrachtung der Jazz-Orthografie sollte man immer beachten, dass die Schreibweise von Kreuzen und »b«s nicht immer den Prinzipien der klassischen Harmonielehre entspricht, sondern das einfache Notieren, Lesen und Spielen im Vordergrund steht (siehe auch die Substitutdominante, Bild 204.i).

Häufig wird ein Blues-Akkord nicht als Dur-Septakkord mit kleiner Dezime geschrieben, sondern mit übermäßiger None (Bild 202). Das ist nicht ganz korrekt, denn die kleinen Dezimen sind schließlich Stammtöne der generativen anhemitonischen Pentatonik (siehe auch Bild 190):

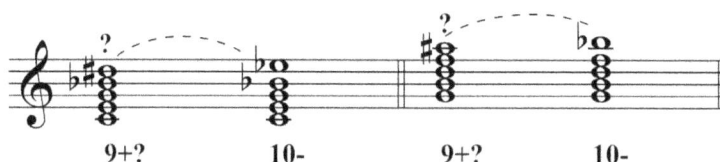

Bild 201 Jazz-Enharmonik ❖

Desgleichen wird ein übermäßiger Quintsextakkord meist enharmonisch als Dur-Septakkord notiert (Bild 202). Sofort zu erkennen im Bild ist auch die dritte Blue Note »ges«, die in diesem Beispiel eine mögliche Erklärung ihrer klanglichen Eigenart andeutet.

Bild 202 Blues-Enharmonik ❖

Eine Debatte zum Thema orthografische Freiheiten würde nicht viel bringen. Jazzer verfügen aufgrund der Anforderungen ihrer Kunst meist über ein hervorragendes musikalisches Gehör, selbst wenn sie keinen geordneten Musikunterricht genossen haben. Oft schenken sie keine besondere Aufmerksamkeit der musikalischen Orthografie, manche haben sogar Schwierigkeiten mit dem Lesen und Schreiben von Noten – das gilt teilweise zumindest für die ersten Jahrzehnte des 20. Jahrhunderts. Das schmälert nicht ihre musikalische Leistung, denn das Gehör diktierte damals und diktiert auch heute die Einfälle der Jazzer, unabhängig von ihren musiktheoretischen oder orthografischen Kenntnissen.

Das Gegenteil von ohrengesteuerter Musik sind die konstruktivistischen Ausläufer der E-Moderne, wo in der Konzeption des Werks das Gehör im Extremfall so gut wie keine Rolle spielt, selbst wenn der E-Musiker über ein solches – fast paradoxerweise – verfügt (siehe auch den Abschnitt Q.3. »Synthetische Tonsysteme«).

O.2. Blues-Übung

Trainingsvorschlag:

Eine kleine Empfehlung für Anfänger, Neulinge im Jazz-Bereich, auch Nicht-Pianisten:

Die Blues-Partitur in Bild 203 kann als Beispiel einer Übungsvorlage verwendet werden. Sie kann dem Jazz- und Pop-fremden Musikliebhaber helfen, sich dem Blues-Feeling anzunähern:

- Die linke Hand spielt die in Bild 203 notierten Akkorde. Bis zum Einüben anderer harmonischer Verläufe, können diese getrost immer wieder als Begleitung zu verschiedenen Improvisationen der rechten Hand verwendet werden.

- Die rechte Hand macht eine extrem einfache Melodie mit langen Noten: Keine Virtuositätspassagen – der Spieler sollte sich bemühen, nur Töne erklingen zu lassen, deren musikalischen Sinn er ohne Anstrengung verstehen und im Idealfall vor-hören kann. Alles sehr langsam, aber metrisch streng gleichmäßig.

- Es gilt zu beachten, dass die Variationen der rechten Hand nicht klassische Variationen sind, mit Beibehaltung der melodischen Stützpunkte, verziert, rhythmisch zerlegt etc., sondern jedes Mal neue Melodien bringt, die zur harmonischen Vorgabe passen.

- Die binären Achtel-Gruppen können (sollten) triolisiert werden (siehe Bild 61, Hänschen klein). Die Triolen auf zwei Zählzeiten in den Takten 6, 9 und 11 sind gefühlte Hemiolen (siehe Bild 45, Hemiolen).

- Bei diesem Trainingsvorschlag ist es wichtig für den Spieler, sich in die Blues-Form, ihre Metrik und ihre Dynamik in Jazz- oder Pop-Rock-Stücken hineinzuhören – und sie bei solchen Stücken herauszuhören. Das ist möglicherweise ein guter Einstieg für Noch-Nicht-Fans von Jazz oder Pop-Rock, ein **Formgefühl** für diese Musik zu entwickeln.

Bild 203 Blues-Form Training ❖

Unter den Begriff »Blues« fallen unzählige Variationen von Akkordfolgen und Akkordarten. Grundsätzlich unverändert bleibt das weiter oben skizzierte Formmerkmal: drei Viertakt-Phrasen, von welchen die dritte harmonisch und melodisch die intensivste ist. Ebenso unverändert bleibt die Verankerung in einer Tonika (vielleicht sollten wir sie lieber »Grundton« nennen – sie könnte ein modaler Schwerpunkt sein, etwa im Cool-Jazz).

Gründlich, also tonal-klassisch ausgeführte Modulationen sind, wie schon erwähnt, im Pop-Rock kaum zu finden. Es sind fast immer Rückungen, meist einen Halbton höher (siehe »So What« von Miles Davis, Bild 245), oder einfach durch eine Dominante eingeleitete Nebentonart (höre Abba, »Summer Night City«: Strophe D-Moll, Refrain G-Moll). Der Grund ist einfach: Die Form-Bausteine sind zu klein, um Modulationen sinnvoll einzusetzen.

Manchmal sind die ersten beiden Phrasen des Blues (fast) identisch – die dritte bleibt die intensivste. So gesehen kann die Takte-Struktur als 8 + 4 dargestellt werden.

Es gibt auch 16-taktige Formen des Blues (vier Phrasen statt drei). In diesem Fall bleibt die dritte Phrase immer noch die intensivste, die vierte ist meist eine Ableitung der ersten Phrase, eine Art Coda. Näherungsweise wäre das die Form A1 – A2 – B – A3. Doch auch die vierte Phrase kann die intensivste sein.

P. Brücken zwischen den Strömungen: Die Dominanten

P.1. Hart verminderte Dominanten und Substitutdominanten

Der einzige Ton eines Dominantseptakkords, der chromatisch verändert werden darf, ohne dass die dominantische Funktion gefährdet wird, ist der Quintton. Veränderungen der anderen Akkordtöne (Grundton, Terzton oder Septton) als Realnoten würden die Funktion verfälschen.

Die **Dominante mit übermäßiger Quinte** blüht vorwiegend in der Romantik, kommt aber heute auch in allen Stilrichtungen vor.

Die Ära der **hartverminderten Dominanten**, mit tief alterierter Quinte, erstreckt sich von Bach bis in die Gegenwart. »Hart vermindert« können alle Formen des Dominantseptakkords sein (im Bild 204 mit Sternchen), auch die gekürzten oder als Dv bezeichneten verminderten Septakkorde:

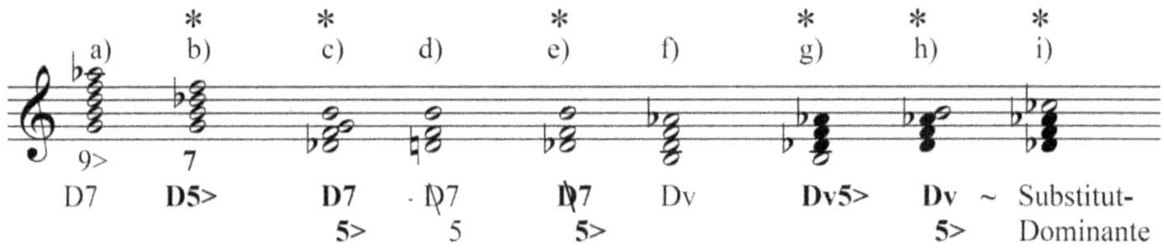

Bild 204 Dominanten in C-Dur oder C-Moll (die hartverminderten mit Sternchen) ❖

Erläuterungen zu den Varianten des Dominantseptakkords in C-Dur und C-Moll:

a) Dominantischer Turm als Ausgangspunkt: Dominantseptakkord mit kleiner None (und reiner Quinte)

b) Hartverminderter Dominantseptakkord (mit tief alterierter Quinte)

c) Hartverminderter Dominantseptakkord in zweiter Umkehrung (»**übermäßiger Terz-Quart-Akkord**«)

d) Gekürzter (diatonischer) Dominantseptakkord (ohne Grundton)

e) Gekürzter hartverminderter Dominantseptakkord. In den Handbüchern der Harmonielehre wird er wegen seiner bevorzugten Lage »**übermäßiger Sextakkord**« genannt.

f) Verminderter Septakkord mit dem Leitton im Bass = gekürzter Dominantseptakkord mit kleiner None, üblicherweise einfach Dv genannt

g) Hartverminderter Dv (mit tief alteriertem Quintton, Leitton im Bass)

h) Der gleiche Akkord mit dem Leitton im Sopran (tief alterierter Quintton im Bass). In dieser Lage wird er in der klassischen Funktionslehre »**übermäßiger Quintsextakkord**« genannt.

i) Die enharmonische Umdeutung von **h)**: Der Leitton des hartverminderten Dv wird zur kleinen Septime des Neapolitaners (dieser mit Füllkopf-Noten dargestellt). Das ist im Jazz die **Substitutdominante**, die die Funktion des Dominantseptakkords für C-Dur oder C-Moll ersetzt bzw. erfüllt, obwohl der Leitton »h« funktionstonal gesehen regelwidrig durch die tiefalterierte Tonika »ces« ersetzt wurde (siehe auch Bild 201 und Bild 202). Das Intervall zwischen den Grundtönen des D7 und seines Substituts »g« bzw. »des« ist ein Tritonus. Von daher auch der Name »**Tritonus-Substitut**«.

An dieser Stelle sollten die Vollkopf-Noten in Bild 204.g), h) und i) beachtet werden: Sie bilden, getrennt betrachtet, den *Neapolitaner* der Tonart. Das wird bedeutsam für die Dominanten der *Flamenco-Skala* sein (siehe Bild 214, Bild 216, Bild 219).

In der Funktionsharmonik ist ein solcher enharmonischer Wechsel des Leittons einer Tonart zur tief alterierten Tonika als kleine Sept nur als weiträumiges Modulationsmittel denkbar.

Im Jazz bleibt der Akkord in der alten Tonart, auch aus einem Klangverständnis heraus: Jeder Akkord darf eine Septime haben, ohne modulieren zu müssen. Außerdem wird die Schreibweise meist dem naheliegend Gehörten angepasst – in diesem Fall der Dur-Septakkord. Ein übermäßiger Quintsextakkord ist nun mal ein Gebilde, das im modulationsarmen Jazz oder auch Pop-Rock ungemütlich aussieht.

Der **hartverminderte Dv** ist eine sehr starke Dominante, alle seine Töne zielen leittonmäßig (ein Ton aufwärts, drei abwärts) zum Tonika-Dreiklang hin. **Seine besondere akustische Eigenschaft: Er klingt wie ein Dominantseptakkord in einer**

anderen Umkehrung. Diese Eigenschaft kann sehr überzeugend in **enharmonischen Modulationen** eingesetzt werden. Hören wir uns einen Ausschnitt aus der Klaviersonate A-Moll KV 310 von Mozart an:

Bild 205 W. A. Mozart – A-Moll-Sonate – Enharmonie

Die Durchführung dieser Sonate beginnt im Takt 50 (im Bild 205 nicht dargestellt) mit dem Hauptthema in C-Dur. Nach einigen chromatischen Andeutungen kommt mit dem Takt 56 (der erste Takt in der hier abgebildeten Passage) der C7-Akkord, der im Takt 57 durch den übermäßigen Quintsextakkord (hartverminderter Doppel-Dv der Tonart E-Moll) enharmonisch ausgetauscht wird. Im Jazz bliebe der Akkord grafisch unverändert, weiterhin mit »b«, nicht mit »ais«. Er wäre die Substitutdominante von H-Dur (bzw. die Substitut-Doppeldominante mit dritter Blue Note von E-Moll).

Doch zurück zur Mozart-Orthografie: Wer die Noten nicht sieht und den Fortgang nicht kennt, kann beim besten Willen nicht ahnen, dass die schwarze Taste im Takt 57 nicht ein »b« ist, wie im Takt vorher, sondern ein »ais«. Erst die Auflösung des Akkordes in das H-Dur des Taktes 58 verdeutlicht die von Mozart eingefädelte Funktion des zweiten Taktes: der übermäßige Quintsextakkord (hartverminderter Dv) für H-Dur.

Angenommen, die Tonart wäre von vornherein das E-Moll (um die Deutungen einfacher auf den Punkt zu bringen): In Klassik und Jazz würde sich die Notation folgender Akkorde einer Kadenz (Bild 206), obwohl klanglich identisch, bei b) und c) streng unterscheiden (siehe auch Bild 202, Blues-Enharmonik).

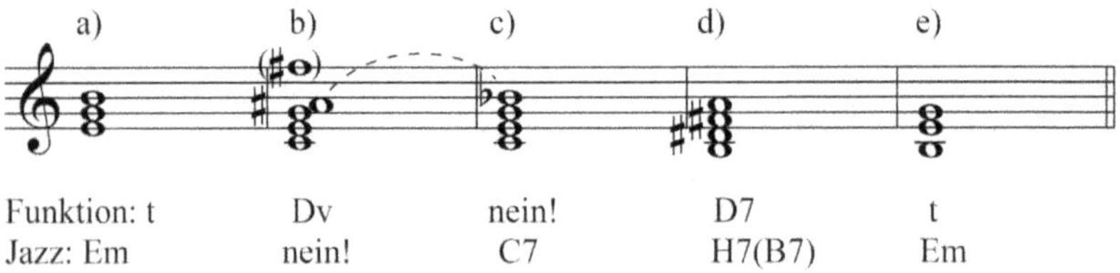

	a)	b)	c)	d)	e)
Funktion:	t	Dv	nein!	D7	t
Jazz:	Em	nein!	C7	H7(B7)	Em

Bild 206 Mozart-Jazz-Substitutdominante ❖

- *Klassik:* Der Akkord c) dürfte in dieser Schreibweise nicht vorkommen, es sei denn, die Note b ist ein chromatischer Ornamentalton, Durchgang oder Wechselnote. Im Jazz ist er eine übliche Substitut-Zwischendominante für den H-dur-Septakkord (Bild 206.c).

- *Jazz:* Die Schreibweise b) ist als Notenbild im Jazz unüblich. Üblich ist, wie schon erwähnt, die Schreibweise in Bild 206.c. (Es sei noch einmal erinnert, dass in den Beispielen nicht das englische B, sondern das deutsche H verwendet wird).

Bild 207 zeigt die Analyse eines Ausschnitts aus »One Note Samba« des Brasilianers Carlos Antonio Jobim, in üblicher Jazz-Orthografie verfasst. Die Substitutdominanten sind mit Sternchen gekennzeichnet:

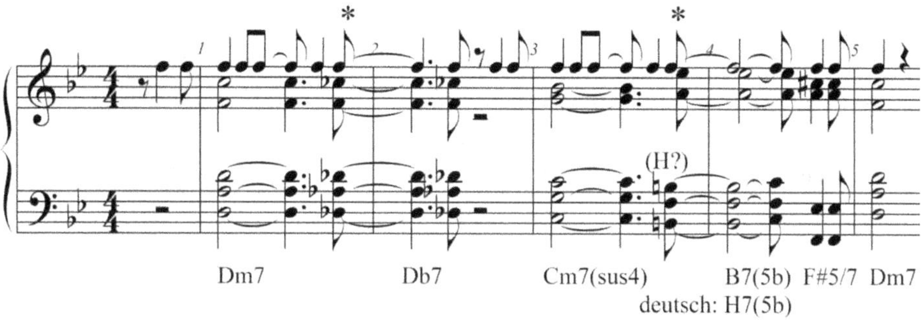

Bild 207 C. A. Jobim – One Note Samba ❖

Bemerkenswert sind die Akkorde mit Quintparallelen im Bass, die ohne das Konzept der Substitutdominanten akkordmäßig beschrieben, aber funktionsmäßig nicht erklärt werden können.

Im Bild 208 noch einmal der gleiche Ausschnitt aus »One Note Samba«, in funktionsgerechter Orthografie (auch mit Stufenbezeichnung). Die eingeklammerten Noten sind die weggekürzten Grundtöne.

Das Beispiel zeigt, wie tief die authentischen, tonalen Akkordverbindungen im klassischen Jazz verankert sind: Diese Phrase ist eine verschleierte Quintfall-Sequenz.

Ob nun die brasilianische Samba in die Kategorie »Jazz« eingereiht werden darf, sollte nebensächlich bleiben – es geht hier um musikalische Mittel, die eindeutig im Jazz analysiert werden:

Bild 208 Samba funktional umgeschrieben ❖

P.2. Der Flamenco und seine Akkorde

Anfang des 17. Jahrhunderts veröffentlichte Claudio Monteverdi sein Buch VIII, »Madrigali guerrieri et amorosi«. In »Sinfonia« (D-Moll) und »Lamento della ninfa« (A-Moll), Bild 209, klingt über weite Strecken ein Begleit-Ostinato von vier Akkorden, gerne eingesetzt in der Spätrenaissance und im Barock, aber auch später. Im Pop würde man dieses Ostinato »Vamp« nennen:

Bild 209 Cl. Monteverdi – Lamento-Akkorde

Die Akkorde fallen mit den Stufen eines phrygischen Tetrachords (»e-f-g-a«) von der IV. zur I. Stufe – von daher die notierte Ordnung 4.–3.–2.–1. Diese Ordnung erleichtert seine Übertragung auf die andalusischen Akkorde (Bild 211) und auf die Flamenco-Skala.

Zitiert sei noch eine Passage aus Schumanns »Kind im Einschlummern« (E-Moll):

Bild 210 R. Schumann – Kind im Einschlummern

Der Bass fließt hier im phrygischen Tetrachord abwärts. Der Schlussakkord der Phrase ist der Durdreiklang der Dominante. Also alles, wie es sich tonal gebührt. Der Name »Lamento-Akkorde« ist auf Monteverdis Madrigal in Bild 209 zurückzuführen.

Die Verwandtschaft zu der andalusischen Sequenz des Flamenco (Bild 211) der südspanischen Gitarristen, meist Gitanos, ist deutlich zu hören:

Akkord 4.	Akkord 3.	Akkord 2.	Akkord 1.
A-Moll? I (Tonika)	VII (dP)	VI (sP ~ **DN**)	V= Dominante
E-Dur? IV(s)	III (tP?)	II (N ~ **TN**)	I = Tonika

Bild 211 Andalusische Akkorde ❖

Der Unterschied zwischen den tonalen Wahrnehmungen der Lamento-Akkorde und der andalusischen Sequenz liegt hauptsächlich in der Festlegung der Tonika:

- Für Claudio Monteverdi (Bild 209) und Robert Schumann (Bild 210) als Lamento-Akkorde, aber auch für Georges Bizet (»Carmen«), Manuel De Falla (»Der Dreispitz«) oder Maurice Ravel (Bild 219) – um nur einige Beispiele zu nennen – ist die Tonika der **Akkord 4.** der Sequenz (das wäre im Bild 212 die Tonika A-Moll).

- Chick Corea (Bild 217) und Aarvo Pärt (Bild 218) setzen keine Vorzeichnung.

- Für Debussy, (Bild 215), Aram Chatschaturjan (Bild 240) und für Flamenco-Gitarristen ist der **Akkord 1.** die Tonika (E-Dur in Bild 211).

- Isaac Albeniz setzt in seinem »Asturias« die Vorzeichnung von G-Moll – das entspricht dem **Akkord 4.** der andalusischen Sequenz, was vorerst auch mit dem Verlauf der Musik übereinstimmt. Doch bald zeigt die Flamenco-Dominante (siehe Bild 214) ihre Penetranz – das Stück endet eindeutig und unmissverständlich auf dem **Akkord 1.** D-Dur. **Ist das die** *Dominante von G-Moll?* **Oder ist es die** *Flamenco-Tonika* **D-Dur?**

Das ist das Dilemma. **Die Flamenco-Skala ist bipolar.** In der osteuropäischen Musiktheorie erscheint, in Verbindung auch mit anderen Modi, der Begriff »Dominant-Modus« oder »Modi der Dominanten«. In der Jazz-Theorie ist eine analoge Skala unter dem Symbol HM5 zu finden (siehe Bild 200.a).

Die Stufen einer **einfachen Flamenco-Skala** sind tonmäßig eine Überlappung des natürlichen *und* harmonischen Moll, beginnend mit der V. Stufe:

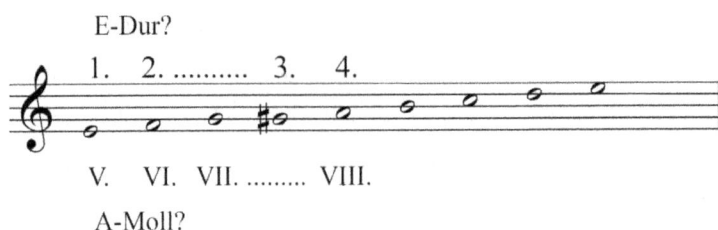

Bild 212 Einfache Flamenco-Skala ❖

Der besonders mächtige, metrische und harmonische Schwerpunkt des Flamenco liegt auf dem **Akkord 1.** der andalusischen Sequenz, auf dem E-Dur-Akkord (Bild 212). Er ist für den Flamenco-Gitarristen Dreh- und Angelpunkt des harmonischen Geschehens.

Flamenco ist wirklich eine besondere Skala. Manche Theoretiker meinen, sie wäre phrygisch mit gelegentlich großer Terz. Andere wiederum sehen eine Dur-Skala (Molldur II) mit phrygischer Sekunde. Die Flamenco-Musiker nennen sie »modo dorico«, vielleicht ein Relikt des altgriechischen Namens für den diatonischen Modus von »e« abwärts.

Das »e« ist, wie gesagt, die Tonika des Flamenco-Gitarristen. Und diese Flamenco-Tonika hat im unteren Register auch einen Leitton, »dis« (Bild 213):

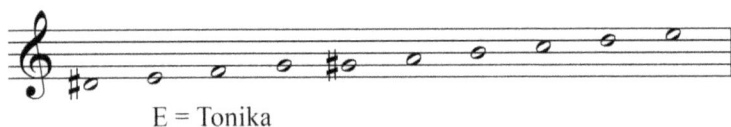

E = Tonika

Bild 213 Vollständige Flamenco-Skala ❖

Dieser Leitton »dis« ist der Grundton der Flamenco-Dominante in E-Dur; aus klassischer Sicht ist es der Terzton des hartverminderten DDv (verkürzte Doppeldominante) in A-Moll (Bild 214.a). Mit diesem Flamenco-Leitton »dis« entsteht die typische **Flamenco-Dominante mit verminderter Terz »dis–f«:**

Bild 214 Neapolitaner-Dominante ❖

Sehen und hören wir uns den Akkord Bild 214.b an; erst erscheint der Dreiklang des Neapolitaners (**Akkord 2.** der andalusischen Sequenz), dann bringt ein Lagenwechsel den Leitton – somit ist die Flamenco-Dominante vollständig definiert.

Und jetzt sehen und hören wir uns den Akkord Bild 214.c an, ein astreiner verselbstständigter Neapolitaner. Der Leitton »dis« ist zwar nicht mehr da, doch der Sog zur Tonika E-Dur ist ebenso deutlich wie in den anderen beiden Beispielen in diesem Bild.

Diese Ableitung ist nicht spekulativ. In unzähligen Musikbeispielen wird der **Akkord 2.** der andalusischen Sequenz mal mit, mal ohne Leitton gespielt, mit gleichem funktionalen Drive. Eine kleine Zusammenstellung bietet Bild 216.

Ein Neapolitaner als Dominante? In der klassisch tonalen Harmonielehre kaum denkbar, wo doch der Neapolitaner eine Super-Subdominante ist. Doch aus der Warte der Flamenco-Musiker und der Komponisten, die sich zum **Akkord 1.** als Tonika hingezogen fühlen, muss man diese Deutung akzeptieren, zumal die Flamenco-Harmonik, das heißt, diese Art den Flamenco zu hören, weltweit sehr verbreitet ist.

Die Lamento-Sequenz, ob bei Monteverdi, Bach oder Schumann, fängt immer mit der Moll-Tonika an (insofern dieser **Akkord 4.** als Tonika verstanden ist).

In der andalusischen Sequenz, bei Debussy oder Ravel und auch im Pop sind meist nur die **Akkorde 3., 2. und 1.** im Einsatz, oft sogar nur die **Akkorde 2. und 1.** (Siehe auch Bild 217, Chick Corea). Die starke Anziehungskraft des halbtonmäßig zur Flamenco-Tonika abrutschenden Neapolitaners, wie gesagt mal mit Flamenco-Leitton mal ohne, gibt ihm einen sonderbaren dominantischen Charakter.

Im Prélude »La puerta del vino« von Debussy (Bild 215) erscheinen gleich drei verkettete **andalusische Sequenzen**. Jede mit folgendem akkordischen Verlauf: **2.-3.-4.-3.-2.-1.**, wobei der Akkord **1.** zum Akkord **2.** in der nächsten Kette umgedeutet wird.

Die dritte Kette komprimiert die Intervalle des organalen Stufenabstiegs, um zur Orgelpunkt-Tonika Des-Dur, die allgemeine Tonart des Prélude zu gelangen.

Anscheinend »hört« Debussy die südspanische Tradition, nicht Monteverdis Lamento-Akkorde:

Flamenco-Tonika = D-Dur

2.   3.   4.   3.   2.   1.   2.   1.

2.   3.   4.   3.   2.   1.   End-Tonika = Des-Dur

Flamenco-
Tonika = Es-Dur

Bild 215 Cl. Debussy – La puerta del vino

Die verminderte Terz im Bass der Flamenco-Dominante macht den Unterschied zum klassischen hartverminderten Dv aus, der den Basston meist als übermäßige Sexte in die obere Etage setzt.

Wie auch immer man die Klangfarben der Flamenco-Skala dreht und wendet, sie ist und bleibt eine **Orient-Skala** (siehe Bild 156) mit ihrer übermäßigen Sekunde »f-gis« im ersten Tetrachord. Hier im Bild 216 einige Beispiele von **andalusischen Kadenzen:**

4.   3.   2.   1.
IV. III   II   I   = **Andalusische Sequenz**

N   T   5>   5>
                                  Dv   T   Dv   T

Andalusische Kadenzen (E ist Tonika, auch ohne Vorzeichnung)

Bild 216 Andalusische Kadenzen ❖

In Bild 217 ist ein Ausschnitt aus Chick Corea's Klavierstück »Children's Song No. 3«
zu hören. Die Phrase ist stark vom Flamenco auf Tonika »a« beeinflusst, und die Sech-
zehnteltriole beseitigt jeden Zweifel: Das ist Flamenco – hier nur die andalusischen
Akkorde **1.– 2.– 1.**, auf dem Orgelpunkt »e«:

1. (A-dur)   2. (B-dur)   1. (A-dur)

Bild 217 Chick Corea – Children's Song No. 3 ❖

An eigentlich unerwarteter Stelle ist gegen 1980 die Flamenco-Skala aufgetaucht: in
der Komposition »Fratres« von Aarvo Pärt, ein metrisch, rhythmisch und formal rigo-
ros konstruiertes Musikstück, gebaut ausschließlich auf der einfachen Flamenco-Skala
A-Dur. Immer neue Facetten des in Bild 218 dargestellten Kerns fließen terrassen-
weise zum Ende herab. Es ist eines der wenige Musikwerke der zeitgenössischen E-
Musik, das wirklich emotional bei den Hörern angekommen ist. Nicht als Bildungsbe-
weis, Statussymbol oder berufliche Fundgrube, sondern einfach so, weil es schön ist:

Bild 218 Aarvo Pärt – Fratres

Flamenco-Musik ist das nicht – es fehlen die andalusischen Akkorde. Außer dem Tonvorrat (Flamenco-Skala auf »a«, ohne Leitton) und dem Sprung der übermäßigen Sekunde von »cis« zu »b« gibt es kaum eine Annäherung zum authentischen Flamenco-
Feeling. Es ist eine tonzentrale, modale Musik mit orientalischem Touch.

Eine wichtige Anmerkung: Die Flamenco-Dominante mit Leitton – also mit der verminderten Terz im Bass, darf stilgerecht *nicht* enharmonisch als freier Dur-Septakkord
interpretiert werden. Maurice Ravel (1875–1937) achtet penibel in seinem Orchester-
werk »Alborada del gracioso« auf die orthografische Unterscheidung zwischen

hartverminderten Septakkorden (Flamenco-Dominanten) und freien oder funktionalen **Dur-Septakkorden** (Bild 219). Die musikalische Färbung ist ausdrücklich andalusisch. Es darf vermutet werden, dass Ravel auch wirklich die eigenartige funktionale Tönung der **Flamenco-Dominanten** vorgeschwebt ist: Er hätte, weniger aufwendig, überall freie Dur-Septakkorde notieren können.

Bild 219 M. Ravel – Alborada del gracioso ❖

Dieser Auszug ist zum besseren Lesekomfort stark vereinfacht. In unserem Fokus stehen die jeweiligen Akkorde der ersten und dritten Zählzeit. Kurze Analyse:

1. In der obersten Zeile sind die Grundtöne des Flamenco-Neapolitaners (mögliches Dominant-Substitut) und der Dur-Septakkorde in halben Noten eingezeichnet.

Zu bemerken ist: Der letzte Akkord im ersten Takt fällt wie eine Dominante zum ersten Akkord des zweiten Taktes. Analog fällt der letzte Akkord des zweiten Taktes zum ersten Akkord des dritten Taktes.

2. Die oberen Noten der rechten Hand im Klavier-Part des Auszugs sind Dur-Dreiklänge.

3. Die unteren Noten der rechten Hand sind mal Leittöne in der Flamenco-Dominante (*), mal Septtöne im Dur-Septakkord (D/7).

4. Die Töne der obersten Zeile machen eine **authentische Sequenz Seq. -4(-5),** deren Tonvorrat einer **anhemitonischen Pentatonik** »g-a-h-d-e« zuzuordnen ist.

5. Die Orgelpunkt-Töne im Bass könnten mit der gegebenen Tonart D-Dur in Verbindung gebracht werden.

Die südspanische Folklore ist natürlich mehr als Flamenco. Unsere Fokussierung auf die verzeichneten Parameter bezieht sich auf das weltweit verbreitete Modell, das der E-Moderne, dem neueren Jazz und ganz besonders vielen Popsongs eine besondere Farbe verliehen hat.

Die **andalusischen Akkorde** gehören mit dem **Trichord**, den **Vamps**, den **dorischen Akkorden** und den **Power-Chords** (reine Quinten ohne Terz) zu den stärksten Stilmerkmalen des Pop-Rock.

Q. Schritte über Grenzen

Q.1. Polymodale Musik

Es handelt sich, wie der Name schon sagt, um gleichzeitig oder eng zeitnahe erklingende Motive, deren Strukturen modal oder tonal unterschiedlich sind. Im folgenden Beispiel (»Freude, schöner Götterfunken«) beginnt der Sopran phrygisch und endet dorisch, der Alt beginnt ionisch und endet lokrisch. Ist diese Musik bitonal oder bimodal? (Bild 220). Weder, noch. Den Anfangs- und Endton einer Stimme einem Modus zuzuordnen wäre Unsinn. Die beiden Stimmen verschmelzen und können tonal oder modal nur als Ganzes beurteilt werden:

Bild 220 Bimodal? Bitonal?

Aus diesem Beispiel ergibt sich eine erste Bedingung für den polymodalen Satz: *Die beiden Stimmen oder Motive dürfen nicht zu einer einheitlichen Tonart (oder Modus) verschmelzen,* sonst wäre ja jede mehrstimmige Musik polymodal.

Wann die Stimmen miteinander verschmelzen und wann nicht, das entscheidet das Gehör. Wenn das Ohr merkt, dass da irgendetwas nicht stimmt und irgendwie zwischen zwei Tonzentren herumeiert, die sich bei gleichzeitigem Hören gar nicht richtig identifizieren lassen, dann könnte das Gebilde polymodal genannt werden.

Ein beliebtes, in verschiedenen Quellen zitiertes Parade-Beispiel für mutmaßlich polytonale Musik ist ein kurzes Motiv aus Strawinskys »Petruschka«:

Bild 221 I. Strawinsky – Petruschka

Bevor wir dieses Beispiel beurteilen, sollte erst die Unterscheidung zwischen »Polymodal« und »Polytonal« gemacht werden. Es geht um das musikalische Funktionsverständnis von »modal« und »tonal«.

Holen wir uns zur Unterstützung ein ziemlich extremes Beispiel von polytonaler Überlagerung in Bild 222: Die erste Stimme spielt French Can Can in Fis-Dur, die zweite Stimme lässt gleichzeitig und isometrisch das Hauptmotiv aus Beethovens Schicksalssymphonie in C-Moll erklingen:

Bild 222 »Polytonale« Parodie

Schriftlich – oder genauer, getrennt gespielt – sind die beiden Tonalitäten leicht erkennbar.

Gleichzeitig gespielt kaum. Ehrlicherweise gar nicht – es sei denn, man bildet sich ein, die unterschiedlichen Tonarten gleichzeitig zu hören, weil man die Themen kennt.

Wie einfach oder gar nicht einfach ist es, eine Tonart gehörmäßig zu bestimmen? Es gibt kein funktionstonales Harmonie-Lehrbuch, das nicht ausführlich verschiedene Modulationstechniken erklärt. Erst wenn man versucht, beim Hörer ein neues Tonika-Gefühl zu induzieren, oder wenn man sich bemüht, Musikstudierenden die Modulation beizubringen, merkt man, wie schwierig und umständlich das ist. *Weil die subjektiven musikalischen Hör-Strukturen umgepolt werden müssen. Tonalität ist keine bürokratische Leistung eines Schreibtischtäters, sondern ein tief greifendes musikalisches Gefühl,* das etwas Zeit braucht, um in unserem musikalischen Bewusstsein Gestalt anzunehmen. In unserer Wahrnehmung einige Sekunden, in der Musikgeschichte einige Jahrhunderte.

Ein Akkord ist noch lange keine Tonalität. Und auch die empfundene, *gleichzeitige* Wahrnehmung von verschiedenen Tonalitäten ist ebenso unmöglich wie die multiplen Persönlichkeiten eines psychotischen Patienten. Die gibt es zwar – das ist medizinisch belegt – aber *nicht gleichzeitig.* Der Begriff »polytonal« beschreibt zwar eine hochgegriffene Absicht. Er ist jedoch, unvoreingenommen betrachtet, grundsätzlich inhaltsleer.

Schriftlich kann man einen bitonalen Satz erstellen (etwa das Glanzstück in Bild 222, Beethoven gegen Moulin rouge), *grafisch* kann man auch aus mehrstimmigen Sätzen zwei Elemente herausfischen, die in unterschiedlichen Tonarten gedacht werden können. Wie gesagt, *grafisch*. Mit realem musikalischen Hören hat das recht wenig zu tun.

Aus diesen Gründen sollten das Beispiel aus Bild 221 (Petruschka) und die Parodie in Bild 222 nicht polytonal genannt werden, selbst wenn eine abgetrennte Stimme eindeutig einer Tonart zugeordnet werden kann. Nennen wir sie sachgerechter **polymodal**. Es stimmt zwar, dass eine herausgetrennte Stimme eine Tonart definieren kann, doch das ist nicht das klangliche Bild des Werks, sondern eine Fälschung durch Unterlassung der restlichen Töne.

In der ersten Hälfte des 20. Jahrhunderts gab es nicht wenige Experimente in dieser Richtung – man denke an Werke von Darius Milhaud (1892–1974). Richtig durchgesetzt haben sie sich nicht. In Bartóks Mikrokosmos beispielsweise sind unter den 153 Klavierstücken nur drei zu finden, in denen die beiden Notenzeilen jeweils andere Vorzeichnungen haben. Bartók selbst scheint nicht besonders überzeugt von diesem Mittel gewesen zu sein.

Auch dem Jazz werden bitonale Momente nachgesagt, immer unter dem Zeichen der begrifflichen Gleichstellung Akkord = Tonalität – wobei andererseits nicht vergessen werden darf: *Der Jazz ist aus bimodalem, nicht aus bitonalem Musizieren entstanden.*

Was Strawinsky, der Meister der polymodalen Musik schlechthin, in seinem Petruschka macht, ist nicht bitonal – es ist eine bimodale Überlagerung zweier Motive. Nicht einmal in der »bitonalen« Parodie in Bild 222, wo beide Stimmen getrennt tonal zweifelsfrei bestimmt werden können, kann bei ihrer gleichzeitigen Ausführung von polytonaler Wahrnehmung die Rede sein.

Hören wir uns einige Beispiele aus Strawinskys »Sacre du printemps« an. Es geht um eines der gewichtigsten Musikwerke des 20. Jahrhunderts, dessen Struktur weitgehend polymodal ist (Bild 223, Sacre du printemps – Danse des adolescentes):

Bild 223 I. Strawinsky – Sacre du printemps – Danses des adolescentes

Der Akkord im ersten Takt des Beispiels hat einen stark dissonanten, schwer hörbaren polymodalen Aufbau:

- Die oberen vier Töne bilden einen **freien Dur-Septakkord** (der nicht Dominante ist).

- Die unteren vier Töne sind quasi ein Neapolitaner von Es-Dur. Trotz der heftigen Dissonanz ist das Tonzentrum »es«, als höchster Ton und als Grundton des oberen Akkords deutlich identifizierbar.

Im zweiten Takt spielt die erste Stimme (Englisch Horn) ein Hauptmotiv (Tritonie 3-2 auf »b«). Die zweite Stimme (Fagott) spielt das C-dur- und dann das E-moll-Arpeggio. Die dritte Stimme (Cello) fängt mit E-dur an und endet mit C-dur.

Der Effekt ist überwältigend. Die Tritonie im zweiten Takt ist klanglich der **Leitmodus**, zumal sie teilweise eine Verlängerung des oberen Akkords des ersten Taktes ist. Die anderen beiden Stimmen figurieren Akkorde, die nichts miteinander zu tun haben, und auch nicht mit der Tritonie des Soprans. Das gibt dem Ganzen eine Färbung, wie sie in der Musikgeschichte noch nicht zu hören war. Das Outside-Spiel in Jazz und Fusion kann ähnliche Klangverhältnisse hervorbringen (siehe Bild 197). Das nächste Beispiel (Bild 224) kommt aus dem zweiten Teil des Werkes, »Le sacrifice«, Takt 1, dann die Takte 11 und 12:

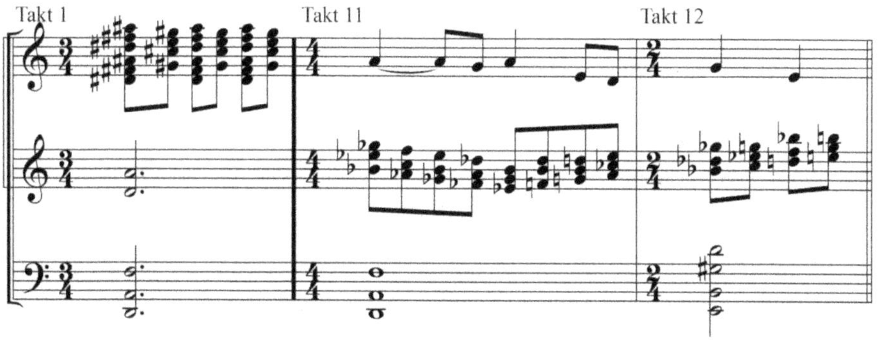

Bild 224 I. Strawinsky – Sacre, Le sacrifice

- Die beiden unteren Notensysteme fixieren im Takt 1 den D-moll-Akkord. Im obersten Notensystem des ersten Taktes alternieren die Akkorde Dis-moll und Cis-moll. Deren Tonfeld ist ein dorischer Hexachord auf »cis«. Die beiden Akkorde umschreiben im Halbton-Abstand das Tonzentrum »d«.

- Im Takt 11 liegt im obersten System das *Hauptmotiv*, die Tetratonie 2-3-2 auf »d«, in Übereinstimmung mit dem D-moll-Akkord des tiefsten Systems.

- Im Takt 12 ändert ich der Bass-Akkord zu einem Dur-Septakkord auf »e«.

  Das diatonische Tonfeld des Hauptmotivs (Takte 11 und 12 im Bild 224) ist das musikalische Rückgrat. Die akkordischen Bewegungen der anderen Stimmen (Tonfelder Dis-Moll und Cis-Moll) unterstreichen mit ihrer Umspielung die Macht eines solchen Konstrukts.

Das ist der Kern von Strawinskys musikalischer Power: Seine Überlagerungen können rücksichtslos polymodal sein, doch in seinen Werken gibt es immer ein **leitendes Tonfeld**, das die Wahrnehmung des Hörers fokussiert. Die begleitenden Tonfelder bringen Farben, die mit einer chromatisch noch so ausgeklügelten Harmonik eines einzigen Tonfeldes nicht erreicht werden können.

In den beiden Notenbeispielen in Bild 223 und Bild 224 wurde, aus Rücksicht für den Vom-Blatt-Spieler, eine einfachere Orthografie gewählt.

Der Vergleich mit dem von Strawinsky eigenhändig gefertigten Klavierauszug wirft Fragezeichen auf. Strawinsky notiert im Klavierauszug der Passage in Bild 223, (Takt 2, zweite Stimme) das gehörte und fürs Orchester notierte Arpeggio C-dur folgendermaßen (Bild 225):

Bild 225 I. Strawinsky – Sacre du printemps – Danses des adolescentes

Was hat das »fes« hier zu suchen? Weil Strawinsky meinte, es gehört funktionsmäßig besser zur Tonart Es-Dur als ein »e« mit Auflösezeichen? In der Orchesterpartitur steht stattdessen das fürs Auge und fürs Ohr vernünftige »e«.

Sehen wir uns das Bild 226 an. Beide Takte, sowohl der Takt a) (Extrakt aus der Orchesterpartitur) als auch der Takt b) (Extrakt aus dem Klavierauszug) sind orthografische Varianten des Taktes 1 aus Bild 224.

Dass manche Instrumente im Orchester Kreuze bevorzugen, andere wiederum die b's, ist nicht neu und auch nicht verwunderlich. Was soll aber die gemischte Notation im Klavierauszug bedeuten (Bild 226.b)?

Bild 226 I. Strawinsky – Sacre du printemps – Le sacrifice

Irgendwann soll Strawinsky erklärt haben, er folge beim Komponieren gerne der Freude seiner Finger, sich auf der Tastatur hin und her zu bewegen. Wir gehen dennoch davon aus, dass eher seine Finger der Freude seiner musikalischen Einbildungskraft folgten. Zufall muss auch dabei gewesen sein, auch orthografische Absichten, die vielleicht irgendetwas suggerieren wollen, etwa Zugehörigkeiten zu einem bestimmten Tonfeld, oder eben eine Doppel-Zugehörigkeit.

Wie auch immer. Wer meint, dieses Werk sei genial, der untertreibt.

Dennoch muss eine Frage noch gestellt werden: **Wenn unsere Ohren nicht gleichzeitig zwei Tonzentren hören können, wieso ist Strawinskys polymodale Motiv-Schichtung so eindrucksvoll und auch real als solche hörbar?**

1. Die Elemente, die infrage kommen, sind extrem einfach – und natürlich: Tritonien, Tetratonien, seltener Pentatoniken, Skalenfragmente, Dreiklänge und Intervalle, oft in organaler Parallel-Bewegung. Kaum mehr als zwei Dreiklänge stehen in einer Beziehung zueinander, etwa in Form von dorischen Akkorden. Es ist sinnlos, den Septakkorden in »Sacre« – gerne Dur-Septakkorde – irgendeine funktionale Richtungstendenz anzudichten.

2. Register und Instrumentierung geben dem Hörer die Möglichkeit, verschiedene Motive verschiedenen Klangschichten zuzuordnen. Das vielleicht stärkste Beispiel in diesem Sinne ist der Beginn des zweiten Teils, »Le sacrifice« (Bild 226 zeigt ein Extrakt). Drei völlig unterschiedliche Schichten schweben hypnotisch in langsamem Parallellauf durch den Zeit- und Tonraum. Es ist eine der faszinierendsten Klangkonfigurationen der Musikliteratur.

3. Ein Element, Motiv oder Klangschicht steht im Vordergrund und erlaubt dem Hörer, es als »**Leitmotiv**« wahrzunehmen. Die anderen Klangschwaden bleiben

im Hintergrund. Wer will, kann seinen Fokus auf diesen Hintergrund richten und dort etwas heraushören. Ganz ähnlich wie beim Hören von polyrhythmischen Phrasen, etwa beim Flamenco-Rhythmus (siehe Bild 66), wo man sich nach Lust und Laune in den 6/8 oder 3/4-Takt einfühlen kann.

Diese Art von Gestaltung des bi- und polymodalen Musizierens bei Strawinsky weist Gemeinsamkeiten mit dem Jazz auf. Gerne wird bei diesem über kollektive Improvisation gesprochen – das stimmt ja auch, doch die Grenzen des Begriffs sollten nicht außer Acht gelassen werden. Nicht nur dass das Lead Sheet die harmonisch-metrischen Pfeiler vorgibt, die beim Improvisieren nicht verändert werden, aber auch der Auftritt der Instrumentisten ist nicht mit dem Rasenmäher geregelt: Es gibt Solos, in denen reihum der Saxofonist, Trompetist oder Drummer in den Vordergrund rückt, um seine Improvisationskunst entfalten zu können. Die anderen bleiben mehr oder weniger im Hintergrund und sichern, salopp ausgedrückt, die form- und stilgerechte Klangkulisse.

Aus den oben genannten und vielen anderen Gründen wird es auch unter der Feder eines anderen Komponisten ein zweites »Sacre« nicht geben. Bei der Voraussetzung der Einfachheit der unbedingt *natürlichen* Bausteine würde ein neues so gestaltetes Werk wieder ins alte »Sacre« hineinfließen und sich überflüssig machen. Strawinsky selbst hat es nicht getan (»Petruschka« spielt aus modaler Sicht mit seinen ausdrücklich tonalen Leierkasten-Melodien in einer anderen Stil-Liga). Vielmehr hat er immer wieder versucht, neue Wege zu begehen. In seinen späteren Werken ein bisschen zurück zur Postromantik des »Feuervogels«, ein bisschen Neoklassik, ein bisschen Zwölftontechnik. In allem was er tut, ist seine Handschrift erkennbar – sogar in seinen dodekaphonischen Stücken. Aber ein zweites »Sacre« ist nicht dabei.

Q.2. Zusammenfassung: Was ist tonal, was ist modal?

In der Tabelle Bild 227 werden funktionstonale und modale Charakteristika gegenübergestellt. Auf keinen Fall dürfen hier zwei Schubladen verstanden werden, aus denen man sich nach Bedarf tonale oder modale Leckerbissen herausholt. *Es handelt sich nur um Beispiele, die innerhalb eines kontinuierlichen Morphing-Bandes Tendenzen zu einer starken Tonika und ihrem klanglichen Farbspektrum oder zu einem schwächeren Tonzentrum mit einem andersgearteten Farbspektrum aufzeigen.*

In ziemlich allen Musikstücken greifen die Ausläufer dieser beiden Pole ineinander, mit unterschiedlichen Gewichtungen. Es gibt Modales in tonalen Stücken (siehe Bild 163 Chopin), und es gibt alle denkbaren Mischformen von Brahms oder Mussorgski über Debussy bis zum Jazz, Pop-Rock und Aarvo Pärt.

Einheitliche, eindeutige Etiketten »tonal« oder »modal« für größere Klangstrecken sind meist fehl am Platz, vielleicht mit Ausnahme der Wiener Klassik (Haydn – Mozart – Beethoven), die die modalen Stilmittel am weitesten zurückgedrängt hat.

Die Renaissance hat einen langen, langsamen Weg vom Modalen zum Tonalen begangen, die Romantik verlässt allmählich die kristallklare Ordnung des Tonalen und beschreitet nach 1820 erst zaghaft den Weg der Renaissance, allerdings in die andere Richtung, zur Moderne, die das Modale wieder grell ans Licht bringen wird.

In diesem Sinne sollen die hier verwendeten pauschalen Bezeichnungen »tonale Ära« oder »modale Komponisten« verstanden werden. Die Tabelle

Bild 227 stellt auch strengere tonale Regeln vor, doch grundsätzlich macht sie nicht verbindliche Angaben, sie orientiert nur.

FUNKTIONSTONAL	MODAL
VII. Stufe = Leitton	**VII. Stufe = Subtonika**
Subtonika (kleine 7) **muss runter zur VI. Stufe** (kleine 6) – zweiter Tetrachord phrygisch (Molldur II oder melodisch Moll abwärts).	**Subtonika bewegt sich frei.** Symbole der Molldominante (d) oder der Doppelsubdominante (SS) sind eigentlich Verwaltungsindikatoren, keine tonalen Funktionen.
Zweiter Tetrachord dur, harmonisch oder phrygisch – **niemals moll**	**Zweiter Tetrachord vorzugsweise moll**
VI. Stufe als große Sexte in Moll löst sich **aufwärts zum Leitton** (melodisch Moll aufwärts)	**VI. Stufe als große Sexte** in Moll **bewegt sich frei** (dorische Sexte)
Dur-Septakkorde sind Dominanten oder Zwischendominanten, die sich auflösen müssen	**Dur-Septakkorde** bewegen sich frei, auch parallel. Sie lösen sich nicht als Dominanten auf.

Vorwiegend authentische Akkordverbindungen. Schlusskadenz immer authentisch D–T(t).	**Öfter plagale Akkordverbindungen.** Schlusskadenz beliebig, vorzugsweise plagal.
Selten nackte Quinten oder Quarten ohne Terzton. **Quintparallelen verpönt.**	**Keine Einschränkungen für nackte Quinten und Quarten** (z.B. Power-Quinten im Pop-Rock).
Akkord in Grundstellung = **Terzschichtung**	Akkorde **auch in Quart- Quint- und Sekundschichtung**
Große Septimen nur als Nebentöne, auflösungsbedürftig	**Große Septimen** auch als vollwertige Akkordtöne, bewegen sich frei
Alle **dissonanten Nebentöne auflösungsbedürftig**	**Dissonante Nebentöne bewegen sich frei**

Bild 227 Tabelle Modales und Tonales

Q.3. Synthetische Tonsysteme

Die bisher geschilderten Wege des Einzugs von Dissonanzen in die Musik waren **natürlich**, in kleinen Schritten begangen. Früher oder später wurden sie vom Musiker und vom Musikhörer seinem Bildungsweg entsprechend akzeptiert.

Anfang des 20. Jahrhunderts hat die chromatische Überfrachtung der Tonfelder offenbar die Grenzen des Tonalen erreicht. Deren Sprengung lag in der Luft – anders ließen sich die im Folgenden skizzierten atonalen Techniken kaum erklären.

Freitonale Strukturen

Gegen Ende seines Lebens hat Alexander Skrjabin (1872–1915) ziemlich schroff das tonale Terrain seines Idols Frédéric Chopin (1810–1849) verlassen und ist in (fast) atonale Gefilde eingerückt. Ein bemerkenswertes Ergebnis war sein »**mystischer Akkord**« (Bild 228), auch »Prometheus«-Akkord genannt, weil er ihn im Werk gleichen Namens 1910 verwendet hat. Es fehlt nur der Quintton »g«, um in wenig veränderter Lage einen der Akkord-Türme des Bebop, (Bild 197) wieder zu finden:

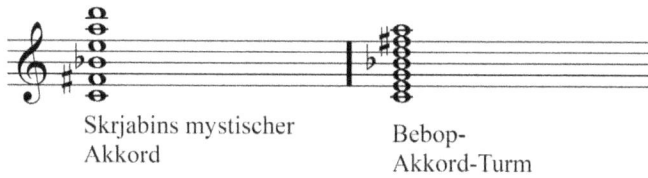

Skrjabins mystischer
Akkord

Bebop-
Akkord-Turm

Bild 228 A. Skrjabin – Mystischer Akkord; Bebop – Akkordturm ❖

Richtig atonal ist der Akkord nicht. Seine dominantische Färbung weckt funktions-ähnliche Fortsetzungswünsche. Nennen wir ihn lieber »**freitonal**«.

1944 hat Olivier Messiaen (1908–1992) wesentliche Aspekte seines kompositorischen Schaffens in »Die Technik meiner musikalischen Sprache« veröffentlicht. Die Skalen, auf die er sich bezieht, sind die sogenannten »**Modi mit begrenzten Transpositionsmöglichkeiten**«.

Die Voraussetzung dieser Technik ist die klanglich begrenzte Transpositionsmöglichkeit der symmetrischen Akkorde, die aus nur kleinen Terzen (verminderte Septakkorde) oder aus nur großen Terzen (übermäßige Dreiklänge) bestehen:

- Wie viele aus unterschiedlichen Tönen bestehende verminderte Septakkorde können wir am wohltemperierten Klavier hören? Nur drei. Ein vierter Septakkord ist klanglich (enharmonisch) eine Umkehrung des ersten (Bild 229.a).

- Wie viele übermäßige Dreiklänge können wir hören? Nur vier, der fünfte ist eine klangliche Umkehrung des ersten (Bild 229.b).

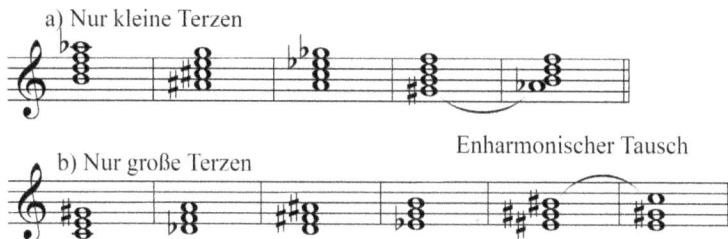

a) Nur kleine Terzen

b) Nur große Terzen

Enharmonischer Tausch

Bild 229 Symmetrische Akkorde

Die enharmonische Schreibweise (mit # oder b) ist bei Messiaen frei – die Klänge haben keine tonalen Funktionen. Ähnlich verhalten sich die hexatonalen Ganztonskalen, von denen es klanglich nur zwei gibt (Bild 230). Hier, im Schnelldurchlauf, Messiaens sieben Modi mit begrenzten Transpositions-Möglichkeiten:

Modus 1 = Ganztonleiter. Nur eine Transposition einen Halbton weiter ist möglich. Eine darauffolgende hat die gleichen Töne wie die Ausgangsskala.

Transp. 1 (auf "c")   Transp. 2 (auf "des")   Transp. 3 (auf "d" ~ Transp. 1)

Bild 230 Modus 1

Modus 2 = Ein Ton wird in den Raum der kleinen Terzen des verminderten Septakkords eingefügt. Es entsteht die Skala Ganzton-Halbton (oder Halbton-Ganzton). Mit entsprechenden zwei Transpositionsmöglichkeiten bzw. drei Erscheinungsformen:

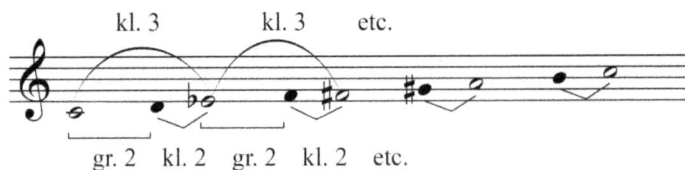

Bild 231 Modus 2

Modus 3 = Zwei Töne werden halbtonschrittweise in eine der großen Terzen des übermäßigen Akkords, und mit gleicher Intervall-Struktur in die anderen beiden großen Terzen des übermäßigen Akkords eingefügt:

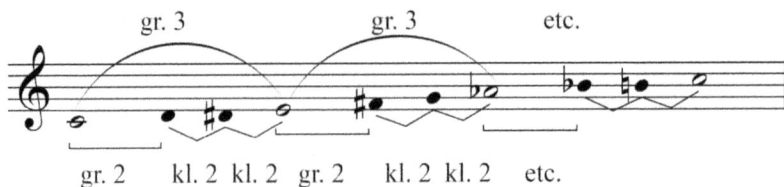

Bild 232 Modus 3

Modi 4, 5, 6 und 7 = Das zu füllende Intervall ist der Tritonus, der in der Umkehrung enharmonisch mit sich selbst ist. In Bild 233 ist nur die Füllung für den ersten Tritonus (»c¹«-»fis¹«) gegeben. Im zweiten Tritonus (»fis¹«-»c²«, im Bild nicht dargestellt) wiederholt sich die Intervall-Struktur, analog zu den Modi 2 und 3:

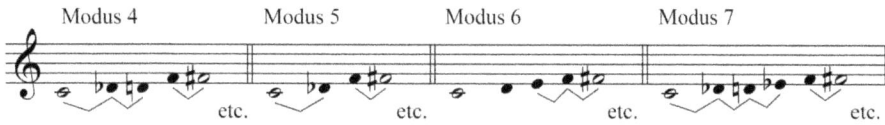

Bild 233 Modi 4, 5, 6, 7

Messiaen war ein Synästhetiker, wie auch Skrjabin. Das heißt, in seiner musikalischen Wahrnehmung waren Töne, Akkorde und Tonarten mit Farben assoziiert. Biologisch betrachtet ein genetischer Fehler.

Das Hörerlebnis seiner Werke, wie das der Spätwerke von Skrjabin, ist sonderbar. Immer wieder scheint es, als ob, wenn auch vage, sich eine Tonika profilieren würde. Doch sofort folgt eine Richtungsänderung in Verfolgung eines neuen Irrlichts. Tonal ist diese Musik nicht, modal im Sinne der natürlichen Evolution der Musik schon gar nicht, atonal vielleicht, oder doch nicht?

Messiaens Musik könnte **freitonal** genannt werden. Sie ist irgendwie aus der gleichen Ecke wie Skrjabins mystischer Akkord.

Radikal synthetisch: die Zwölftonmusik

Der Atonalismus ist ein anderer, ein **synthetischer, künstlicher** Weg. Arnold Schönbergs (1874–1951) Emanzipation der Dissonanzen ist eine radikale und aktiv promovierte Facette eines Prozesses, der bei einigen Komponisten eigentlich schon im Gange war. Radikal jedoch ist die absolute Gleichstellung von Konsonanzen und Dissonanzen, das kompromisslose Verbot einer wie auch immer gestalteten Hervorhebung eines Tonzentrums. Daraus resultiert eine tonale, modale oder auch nur akkordische Funktionslosigkeit eines Tons der Zwölftonreihe. Aus diesem Grund ist auch die enharmonische Schreibweise eines Tons oder eines Intervalls bedeutungslos.

Ebenso radikal ist die kompositorische Vorgehensweise: Die Folge der Klänge wird von am Schreibtisch festgelegten Strukturen diktiert, streng der Reihe nach, durch die Spiegelungsformen und Transpositionen der Reihe (Bild 234). Musikalische Tendenzen, Attraktoren, Neigungen, Hörgewohnheiten oder dergleichen werden dabei kaum – eher gar nicht – berücksichtigt:

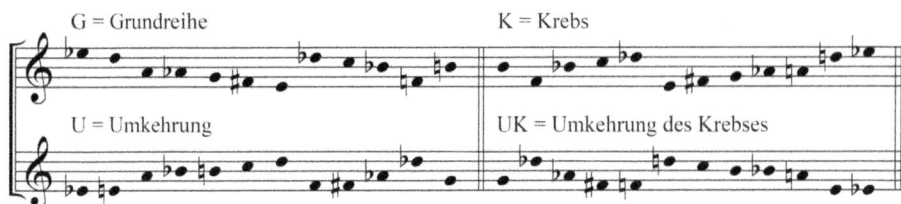

Bild 234 Eine Zwölftonreihe und ihre Spiegelungsformen

Die Zwölftontechnik ist musikgeschichtlich die erste konsequente Form des vom musikalischen Gehör abgekoppelten **Konstruktivismus**.

Schönbergs Schüler Alban Berg (1885–1935) hat in seinem Violinkonzert das strenge »Grau-in-grau« (Zitat Olivier Messiaen) der spröden Zwölftontechnik farblich ein wenig aufgelockert, indem er auch konsonante Dreiklänge in die Reihe einbaute. Hier eine schöne freitonale plagale Sequenz (fast) G-moll – D-dur – A-moll – E-dur (Bild 235):

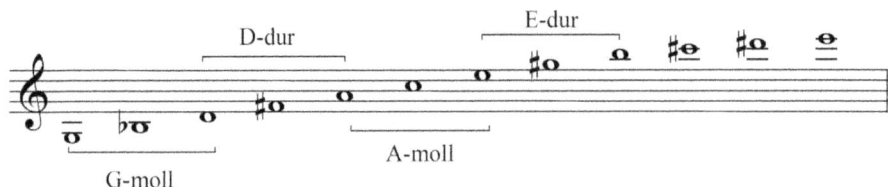

Bild 235 Alban Berg – Violinkonzert

Sein Konzert wird auch heute von Violinisten gerne in ihr Repertoire aufgenommen. Gerettet hat sein fast romantisches Werk das chronische Abwandern der Klassik-Hörerschaft von der atonalen Musik nicht.

Synthetisch non plus ultra: der Serialismus

1949 komponierte Messiaen das Klavierstück »Mode de valeurs«. Es war ein Experiment, eigentlich ein Spiel. Die Idee: Wenn die zwölf Töne »serialisiert« werden (also nur einmalig in einer Reihe erscheinen dürfen), dann warum nicht auch die anderen Parameter der Musik – Anschlagsarten (staccato, portato, legato etc.), dynamische Angaben (pp, p, mf, f, etc.) Notenwerte (letztendlich von Zweiunddreißigstelnote bis punktierte ganze Note) – analog in Reihen ordnen?

Das Bild 236 zeigt als Ansichtsbeispiel nur die höchste melodische Linie seiner seriellen Vorgabe. Eine Mittelstimme und eine Bassstimme (im Bild nicht eingezeichnet) vervollständigen die Vorgabe und somit die genaue Anordnung der Parameter-Reihen:

Bild 236 Messiaen – Mode de valeurs (Reihen)

Das war die Geburtsstunde des **Serialismus**, wo der Komponist nur Anfangsdaten bestimmt, der Rest entwickelt sich quasi automatisch, auf einem Raster von gemäß den Vorgaben streng bestimmten aber wahrnehmungsmäßig undefinierbaren Rhythmen. Die Idee wurde 1950 aufgegriffen und konsequent weiterentwickelt mit Pierre Boulez als prominentem Mitfechter.

Mit Messiaens »Mode de valeurs« und John Cages (1912–1992) Zufallsmusik brachen Dämme. Nicht nur zwanghafte Abläufe, sondern auch das Gegenteil, zufällige Tonkombinationen sowie alle denkbaren und undenkbaren Vorgehensweisen wurden herangezogen. Es entstand der Elfenbeinturm der »**Avantgarde**« und seiner »**Experimentellen Musik**«.

Das breite Klassik-Publikum hielt – und hält – nicht viel davon. Die beruflich nicht direkt in die Avantgarde involvierten Konzertbesucher waren bestenfalls amüsiert. In den Kreisen der aktiven Avantgarde hieß es aber, wer nicht an vorderster Front mitmacht, ist rückständig, wenn nicht gar geistig vielleicht, naja, zurückgeblieben.

Ein bis zwei Jahrzehnte dauerte das Strohfeuer der klanglichen Exzesse, dann wurde es immer ruhiger um die Avantgarde und – mitgefangen, mitgehangen – teilweise um die zeitgenössische Klassik der letzten Jahrzehnte. Messiaen, der markante Auslöser des Serialismus, äußerte im Nachhinein ein niederschmetterndes Urteil über die Zwölftonmusik: Sie sei »grau in grau«. Schönberg, der prominente Pionier des Atonalismus, meinte in seinen letzten Jahren, es könne noch viel gute Musik in C-Dur komponiert werden. Boulez, Galionsfigur der Avantgarde, wandte sich dem Dirigieren von Klassik-Werken zu und ließ unschmeichelhafte Worte über die Zeit der wilden Experimente verlauten.

Minimal Music (ab etwa 1960) feierte ihre ersten Erfolge mit einem völlig konträren Ansatz: wenige Töne, einfache Dreiklänge, Wiederholungen kurzer Phrasen, mit kleinen Änderungen – eine ganz andere, etwa bei Philip Glass (geb. 1937) fast romantische Welt.

Doch auch dieser 180 Grad Schwenk konnte die neue Schichtung der Akzeptanzen nicht ändern: In den Konzertsälen bleibt die Klassik von Bach bis in die Frühmoderne der Publikumsmagnet, zeitgenössische Musik eine oft eher kulturpolitisch motivierte Beilage.

Der Mainstream der modernen Klassik – die Frühmoderne in der ersten Hälfte des 20. Jahrhunderts – bewegte sich weiterhin im Raum der Hör-Musik, modal, tonal oder freitonal und ist heute noch der wichtigste Bestandteil des zeitnäheren Programmabschnitts der klassischen Konzerte.

Der ganz große Paukenschlag der Musiklandschaft hat seinen Ursprung nicht in der zeitgenössischen Klassik, sondern in der **Unterhaltungsmusik**. Neu ist das nicht: Die Ursprünge der Sinfonien, Konzerte oder Quartette der Wiener Klassik sind in den barocken Suiten zu finden, die sich ihrerseits aus laischen Tänzen, aus der Unterhaltungsmusik des Mittelalters und der Renaissance gebildet haben. Und die vermuteten Urmodelle des gregorianischen Chorals waren möglicherweise syrische Volksgesänge. Es war wohl immer so: Die großen Evolutionskurven der Musik beginn immer unten, in der volksnahen Unterhaltung, sie wachsen zu ihrem Zenit und irgendwann ist die Luft raus – eine neue Evolutionskurve steigt.

Ob dieses Evolutionsmodell auf unsere musikalische Zeit übertragen werden kann, ist aus sozio-kulturellen und medientechnischen Gründen fragwürdig. Zu viel ist ganz anderes als in den vorhergehenden Kulturphasen der Menschheit.

Allerdings sollte der heutige reale Musikkonsum vonseiten der Unterrichts-Institutionen, bis hin zu den Musikhochschulen, mit offenen Augen und aktiv wahrgenommen werden. Das ist den jungen Musikern geschuldet, die einige Jahrzehnte in einem Musikfeld arbeiten und ernten werden, welches in unseren Tagen und in den letzten Jahrzehnten bestellt wurde.

R. Die Weltmusik und ihre Imperien

R.1. Die modale Weltkarte

Das erste stabile, weltumgreifende Tonsystem war, wie schon beschrieben, die anhemitonische Pentatonik (siehe Bild 127). Der Schritt weiter zu den siebentönigen Skalen wurde nicht überall gemacht, sondern nur in einem geo-musikalisch breiten Streifen von Europa bis Indien.

Den völkischen und damit verbunden den geografischen Ursprung eines Folklore- oder Volksliedes kann man nach seinen Klängen annähernd bestimmen. In diesem Sinne kann man bei sorgfältigem Hinhören vier »Musikimperien« ausmachen:

Das **Imperium der Orientskalen**. Zigeuner-Dur, Zigeuner-Moll und Flamenco dürften die Flaggschiffe dieses Imperiums sein. Ausdehnung: Süd-Spanien – Nordafrika – Balkan – Kaukasus – Nahost – Westasien bis Indien.

Das **Moll-Imperium** umgreift ungefähr die von slawischen Völkern bewohnten Gebiete. Zu erkennen ist die Vorliebe für Moll-Tonarten, der schwermütige Charakter dessen, was man »russische Seele« nennt.

Das **Dur-Imperium** umfasst Mitteleuropa, man könnte sagen mit der Hauptstadt München. Rein symbolisch natürlich. Fakt ist jedoch, dass Bayern und Teile von Österreich und Schweiz die vermutlich einzigen Areale weltweit sind, in denen Volkslieder ausschließlich in Dur-Tonarten erklingen.

Das **Pentatonik-Imperium** erstreckt sich über alle Gebiete, die nicht unter dem Einfluss der anderen drei Imperien stehen – das sind Musikareale, die den Level des ersten stabilen Tonsystems, der Pentatonik nicht überschritten haben.

Doch auch in Kulturarealen, in denen die siebentönigen Skalen etabliert sind, gibt es auch mehr oder minder ausgeprägte pentatonische Folkloreschichten, mit Ausnahme vielleicht des mitteleuropäischen, vorwiegend germanischen Dur-Imperiums (Österreich, Deutschland, Schweiz, Holland, Dänemark), wo pentatonische Volkslieder kaum noch auszumachen sind. An den Rändern Europas kommt Pentatonik noch vor: im Norden (Schottland, Irland, bei den Samen in Skandinavien und Finnland) und auch im Süden und Osten (Mittelmeerländer, Balkan, Slaven-Gebiete).

Allzu wörtlich sollte diese Projektion auf die Erdkugel nicht genommen werden. Auch die Russen und Polen haben lustige Dur-Lieder, und die Deutschen können auch Moll. Außerdem gibt es massive Überlappungen. Irische Folklore beispielsweise ist Dur, Moll und pentatonisch, der Balkan ist Dur, Moll, orientalisch und pentatonisch.

Unzählig sind die Beispiele musikalischer Durchdringungen. Dennoch bleiben Stilmerkmale erkennbar. In China wird wohl kaum ein Bauer auf dem Weg zur Arbeit »Das Wandern ist des Müllers Lust« oder so was Ähnliches trällern. Und in Schottland wird von keinem Dudelsack eine Melodie in Zigeuner-Dur zu hören sein, die zum Bauchtanz einlädt.

Gehobene Musikkulturen, wie etwa die Wiener Klassik oder die Romantik, sind, bedingt durch die damals schon gestiegenen Kommunikationsmöglichkeiten, nicht mehr so eng geografisch oder geokulturell gebunden.

Die neuzeitlichen Klänge gehen noch weiter und lassen die Konturen der Musikimperien verblassen, doch ihre Ursprünge schimmern immer noch durch. Brasilianischer Jazz ist anders als in den USA, türkischer Pop klingt anders als französischer oder thailändischer.

Nur die zeitgenössische Klassik lässt sich geografisch nicht andocken, weil sie ausdrucksmäßig weitgehend entwurzelt ist – es sei denn, sie ist mit Absicht »ethno«. Es ist erstaunlicherweise ein Politikum, das der musikalischen Macht eines dieser Imperien Auftrieb geleistet hat.

R.2. Sowjetische Musik

Sowjetische Musik heißt, in einer kürzesten Definition, Sergei Prokofjew (1891–1953), Dmitri Schostakowitsch (1906–1975) und Aram Chatschaturjan (1903–1978).

Das Besondere an der Arbeit dieser Komponisten war die harte Zensur Stalins. Die Musik sollte dem Volke dienen, von den musikalischen Bedürfnissen des Volkes ausgehen. Bürgerlich-kapitalistische Auswüchse wie zum Beispiel Atonalismus oder Serialismus kämen nur dem Klassenfeind zugute und müssten strengstens von der sowjetischen Kultur ferngehalten werden. Wer das nicht beherzigte, war ein Feind des Volkes. Millionen Menschen sind in der Sowjetunion aus allen denkbaren Gründen als Feinde des Volkes hingerichtet worden oder sind in Arbeitslagern gestorben.

Trotz aller Bedrohungen und Einschränkungen erschufen sowjetische Komponisten und viele andere Künstler auch, unter diesem ideologischen und existenziellen Zwang gewaltige Denkmäler ihrer nationalen Kultur. Sie gehören weltweit zu den bekanntesten Komponisten des 20. Jahrhunderts überhaupt. Wie hätte sich die russische Musik ohne die Sowjet-Zensur entwickelt? Wären die Komponisten futuristischen Illusionen hinterhergelaufen, wie nicht wenige ihrer westlichen Kollegen aus der weltfremden

Kristallkugel der Avantgarde? Die Frage ist viel zu spekulativ. Sicher ist, dass die Musik der Sowjets identifizierbar geblieben ist und den Draht zum Hörer nicht verloren hat.

Hören wir Schostakowitschs VII. Sinfonie, die »Leningrader«. Sie malt am Beginn das idyllische Dasein des glücklichen Sowjet-Bürgers. Dann kommen aus der Ferne leise Marschrhythmen zu den Variationen eines Motivs in Es-Dur:

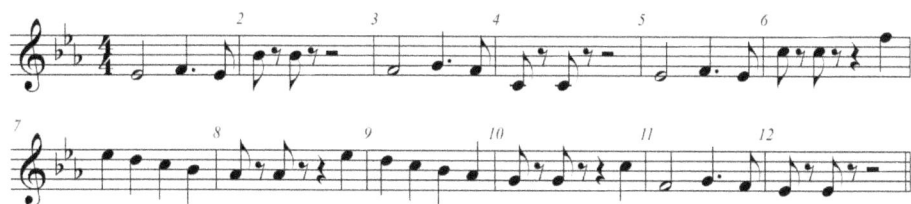

Bild 237 D. Schostakowitsch – Leningrader Sinfonie, Motiv Es-Dur

Unendlich langsam und unbeirrbar – satztechnisch etwa wie Ravels Bolero – steigert sich dieses Es-Dur-Ostinato bis zum Fortissimo: Es ist das Dur-Imperium, das angreift. Und dann, im Höhepunkt des Angriffs, der Gegenschlag: ein ganz anderes Motiv, in A-Dur. Nicht irgendein A-Dur, sondern das Molldur II (siehe Bild 143), das Rachmaninow-Dur (siehe Bild 146). Das Moll-Imperium schlägt zurück:

Bild 238 D. Schostakowitsch –Leningrader Sinfonie, Motiv A-Dur

Die Symbolik mag naiv, sogar kindisch sein. Schließlich sollte sie den Absichten Stalins entsprechen. Man sollte sie am besten vergessen. Die Dramaturgie der Musik ist faszinierend.

Hören wir jetzt die ersten Takte aus Prokofjews »**Montagu und Capulet**« (Ballett »Romeo und Julia«). Ein Klangbild des Hasses. Erdrückend und grausam. Im ganzen Stück ist kaum ein Durakkord zu hören, fast überall sind die Gefühle durch Mollakkorde und große Septimen zerfetzt. Ein wundervolles Stück, wie auch Shakespeares Werk, in dem der Hass den Tod und das Ende einer Liebe bringt (Bild 239):

Bild 239 S. Prokofjew – Montagu und Capulet

Chatschaturjan ist Armenier, sein Land im Kaukasus gehört zur Orient-Schiene. Hier das Hauptmotiv seiner zweiten Sinfonie, »**Sinfonie der Glocken**« (Bild 240):

Bild 240 A. Chatschaturjan – II. Sinfonie, 1. Satz

Das ist die Flamenco-Skala, einige Tausend Kilometer östlich von Spanien. Nicht verwunderlich, denn die Orient-Schiene erstreckt sich von Südspanien über den Maghreb, Balkan und Kaukasus bis in den indischen Subkontinent.

Und hier (Bild 241) die Einführung in den vierten Satz:

Bild 241 A. Chatschaturjan – II. Sinfonie, 4. Satz

Ausschließlich Molldreiklänge gestalten das Thema. Vielleicht hat das um mehrere Ecken etwas mit den von jeher engen, zu Stalins Zeiten sogar zwingenden kulturellen Beziehungen zu Russland zu tun.

S. 1950 – Beginn eines neuen Zeitalters

Das zwanzigste Jahrhundert und die 1950er-Startrampe markieren den vielleicht größten kulturellen Umbruch in der Geschichte der Menschheit. Technisch ist es der Computer, sozio-biologisch die Verhütung, musikalisch die neuen Medien – das sind die Stichwörter, die den Fluss der Evolution abrupt umgestalten. Versuchen wir, den hier wirkenden, gewaltigen musikalischen Strom zu beschreiben.

S.1. E-Musik

Die Kompositionstechnik der **E-Musik**, oder Klassik im weitesten Sinne des Wortes, hat sich nach 1900 breit gefächert: modal, tonal, freitonal, atonal, experimentell. Die Kehrseite: je ausgefallener die Mittel, desto schwächer die Resonanz beim Publikum. Der Trend beim Konzertpublikum ist die Zuwendung zu älterer, historisch gestandener Musik, zum **Musealen**. Zeitgenössische Musik wird – wenn überhaupt – im ersten Teil des Konzerts gespielt. Das Publikum hört brav zu, oder auch nicht, und bringt manchmal seinen Unmut lautstark zum Ausdruck – gekommen ist aber der Musikliebhaber für den zweiten Teil, Beethoven, Brahms oder Rachmaninow. Der Zuhörerkreis für zeitgenössische Musik ist eng und wird immer enger. Er konzentriert sich zunehmend auf die beruflich mit der E-Musik Beschäftigten und deren sozio-kulturellen Anbindungen und Gepflogenheiten.

Eine Systemanalyse der satztechnischen Grundlagen dieser neuen E-Musik ist schwierig, weil – abgesehen von den Techniken der Avantgarde und der Frühmoderne – jeder Komponist des späten 20. und des anfänglichen 21. Jahrhunderts ein eigenes System und seine eigene Klangsprache sucht, so wie einst Schönberg, Hauer und ihre Mitstreiter um 1920. Aus dieser Sicht hat das letzte halbe Jahrhundert nichts wirklich Neues hervorgebracht, zumindest nichts, was auf Augenhöhe mit dem bis dahin Geleisteten stehen könnte.

S.2. U-Musik

Jazz

Noch entstehen im Jazz der 1950er und 1960er Jahre seine vielleicht wertvollsten Phasen: der fast freitonale, dissonante und unruhige **Bebop** (John Coltrane, Charlie

Parker) und sein Gegenteil, der modale, ruhige und manchmal minimalistische **Cool Jazz** (Miles Davis).

Im Bild 242 (John Coltrane – »Giant Steps«) sind im Bass nur die Grundtöne eingezeichnet, mit ihren starken authentischen tonal-kadenziellen Verbindungen. Allerdings entfernen sie sich so schnell und so weit von der Start-Tonart H-Dur, dass eine klassische Funktions-Analyse sehr problematisch ist. Hier irgendwo ist die Grenze zum Freitonalen. Der Fels in dieser wüsten tonalen Brandung des Musikgenies John Coltrane ist die fast ununterbrochene Reihe der **authentischen Akkordverbindungen:**

Bild 242 J. Coltrane – Giant Steps ❖

Nun zu »So What« von Miles Davis.

Organal bewegte Akkorde sind üblich im Jazz, doch nicht als konsonante, freimetrische und freitonale Dur-Dreiklänge, wie es der Pianist Bill Evans im Intro (Einführung) zu »All Blues« macht:

Bild 243 Bill Evans / Miles Davis – All Blues ❖

Die Ähnlichkeit mit Debussys schwebender Harmonik gegen Ende seines Prélude VII (Heft 2, »La terrasse d'audiences« – Bild 244), mit seinen parallel laufenden Dur-

Quartsextakkorden ist beinahe verstörend, aber nicht ganz überraschend: Bill Evans hat eine klassische Ausbildung genossen.

Bild 244 Cl. Debussy – La terrasse d'audiences

Zurück zu »So What«.

Nach der Einführung wird das Thema gespielt. Es erstreckt sich über 32 Takte (Form: AABA). Das Besondere an diesem dorischen Thema ist die extreme Sparsamkeit. Die vier Takte in Bild 245 bilden eine Phrase (das zweite Motiv ist fast identisch mit dem ersten), die sich kaum verändert über den gesamten Chorus wiederholt. Nur in den acht Takten des B-Teils erscheint die Phrase in einer Halbton-Rückung (dorisch auf »es«). Der letzte A-Teil ist dann wieder auf »d« gerückt:

Bild 245 Miles Davis – So what ❖

Bebop und Cool sind so etwas wie die Schwerpunkte des modernen Jazz um die 1950er- und 1960er-Jahre. Die darauffolgende Phase des Free Jazz markiert das Ende der kreativen Ebene dieser Musik. *Guter Jazz wurde auch später gemacht, doch etwas wirklich Neues ist nicht mehr entstanden.*

Die schon in der Bebop-Zeit beginnende Statusänderung des Jazz – von Unterhaltungsmusik zu einer eigenartigen Kunstmusik, von den Tanzflächen und vom Publikumsliebling zum Geheimtipp von Kennern – wird immer offensichtlicher. Damit einher geht auch eine Entwicklung, die in der klassischen Kunstmusik im 20. Jahrhundert immer auffälliger wurde: Der Publikumsverlust beginnt und setzt sich fort. Man könnte sagen, der Jazz durchläuft im Zeitraffer in wenigen Jahrzehnten die Stadien einer jahrhundertelangen Entwicklung der Klassik.

Für den Jazz ist dieser Weg eine existenzielle Herausforderung. Manche Jazzer versuchen, sie in einer oder anderen Form anzunehmen. Modale Strukturen aus Pop und Rock halten Einzug. Oder andersrum: Der Jazz versucht, sich in den Pop-Rock-Mainstream einzugliedern. Ist es Weiterentwicklung? Ist es Opportunismus? Jeder Musikliebhaber hat seine Wahrheit.

Prominentester Name dieses Weges ist Miles Davis. Man höre zum Vergleich zwei Platten: »Kind of Blue«, die meistverkaufte und vielleicht auch beste Jazz-Platte aller Zeiten) und »Bitches Brew« (Annäherung an den neuen Stil: *Rock, Funk, Fusion* etc. 1968).

In den letzten Jahrzehnten des 20. Jahrhunderts wurde es ruhiger um den Jazz. Hervorragende Musiker wie *Oscar Peterson* (1925–2017), *Chick Corea* (geb. 1941) oder *Keith Jarrett* (geb. 1945) und viele andere auch, ernten Respekt und Bewunderung. Retro-Bands spielen gerne bei Veranstaltungen *Dixieland-Jazz*, staatlich verpflichtete Big Bands orientieren sich vornehmlich am *Swing*. Auch die Folklore wird bemüht (»*Ethno*«).

Dennoch: Ein neuer, stabiler, richtungsweisender Stil entsteht nicht. Anzeichen, dass der Jazz zunehmend irgendwie parallel zur zeitgenössischen E-Musik eine brotlose Kunst wird, lassen sich nicht ignorieren.

Die Jazz-Story führt uns vor Augen, dass es zu den Schattenseiten jeder noch so schönen Entwicklung einer Kunst gehört, dass ihr Höhenflug irgendwann an Schwung verliert, versickert oder gar erstarrt. Dazu gehört auch, dass die besten Werke in den Kunst-, Literatur- oder anderslautende Museen eingelagert werden. Wenn es um Musik geht, sind Konzertsäle und Tonträger-Sammlungen die zuständigen Museen.

Pop-Rock

Der Pop hat sich vieles von dem einverleibt, was der Jazz aus eigener Notwendigkeit erfunden hat. Die Popularmusik ist unter dem Stern von vorurteilslosem Gebrauch von Stilmitteln und Satztechniken groß geworden. Klassische Funktionsharmonik, modale Gebilde, Blue Notes, Blues Formen, Folklore, Swing, Triphasen, Hemiolen – alles kann dabei sein. Nur große Formen und die dazugehörigen Modulationsabläufe nicht.

Interessant ist, dass in den Pop-Songs mit Blues-Struktur in der zweiten und/oder dritten und/oder vierten Phrase oft typische Pop-Harmonien erscheinen, die im klassischen Jazz nicht zu finden sind – meist Trichorde zur Dominante oder zur Tonika. Im Pop zu finden sind auch 16- oder 32-taktige Formen, in denen die letzte Phrase die

intensivste ist. Das Bild 246 (Donna Summer – »I feel Love«, um 2070) zeigt beispiel-
haft die im klassischen Jazz nicht üblichen Gestalten, die der Blues im Pop annehmen
kann:

Erstens: keine klassischen Dominante-Subdominante-Verbindungen, sondern
Trichorde zur Dominante.

Zweitens: Nicht die dritte, sondern die vierte Phrase ist die intensivste, mit metrisch
zwei auf engem Raum zusammengedrückten Trichorden.

Außerdem läuft die Form gehörmäßig über zweiunddreißig Takte – im Bild 246 werden Sechzehntel in der Melodie und der Begleitformel (Tritonie 3-2) notiert, damit
alles in 16 Takten der Übersicht zuliebe untergebracht werden kann (üblicherweise
sind Pop-Notenhefte in Achtelnoten gehalten).

Eine Strukturfrage: sechzehn oder zweiunddreißig Takte? Es sollte bedacht werden,
dass es sich nicht um eine Form-, sondern um eine Notations-Konvention handelt. Es
kommt darauf an, wie ein Takt gemessen wird. Hat eine Phrase beispielsweise acht
6/8-Takte oder vier 12/8-Takte?

Bild 246 Donna Summer – I feel Love ❖

Selten zeigt sich im Pop die Blues-Form in fünf Phrasen. Manchmal aber doch. Hören wir z.B. auf YouTube in den Song »2000 Light Years from Home« der Rolling Stones hinein (Bild 247), einer der wenigen musikalisch interessanten Songs dieser ansonsten ziemlich populistischen Band: Die zweite Phrase ist eine nur wenig veränderte Wiederholung der ersten Phrase, die dritte Phrase zeigt die übliche Blues-Steigerung mit der klassischen Subdominante, die vierte ist der Höhepunkt, die fünfte ist eine Art Coda, Ableitung der ersten Phrase:

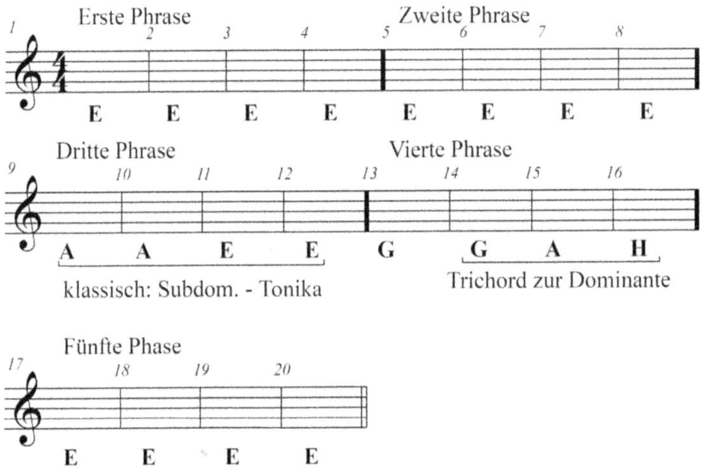

Bild 247 Rolling Stones – »2000 Light Years from Home« ❖

Kann man eine solche Fünf-Phrasen-Form noch Blues nennen? Im Falle des Songs der Rolling Stones weckt die typische Steigerung zur intensivsten Phrase unmissverständlich das eigenartige Blues-Feeling. Das grundsätzliche Merkmal der Blues-Form bleibt konstant:

1. + 2. (Takte 1-4, 5-8)) = ruhige Phrasen

3. (Takte 9-12) = Steigerung des Ausdrucks

4. (Takte 13-16) = Höhepunkt

5. (Takte 17-20) = Ausklang

Andere Beispiele können weniger deutlich sein; wie in vielen anderen Bereichen der Musik gibt es keine scharfen Grenzen zwischen Blues und Nicht-Blues. Der Hörer möge entscheiden. Zwölf Takte allein führen nicht zwingend zum Blues-Feeling.

Nur um diesen Aspekt zu verdeutlichen, höre man aus Bachs »Klavierbüchlein für Anna Magdalena Bach« das zwölftaktige Menuett A-Moll (Komponist unbekannt), weit entfernt von jedem Verdacht eines Blues-Feelings. Im Menuett (Bild 248) sind es 4 + 8 Takte, nicht wie beim Blues 4 + 4 + 4 und schon gar nicht 8 + 4 Takte. Dieser nicht unerhebliche Unterschied deutet auf eine andere Denkweise der Klassik hin, wo Weiterführungen eines Themas latent oder offensichtlich Durchführungen sind – komponistische Werkzeuge, welche im Jazz oder Pop-Rock weitgehend fehlen.

Bild 248 Menuett A-Moll (für Anna Magdalena Bach)

Wer sich auf der Klassik- oder Volkslied-Schiene befindet und formbewusst in den Jazz oder den Pop hineinschnuppern möchte, dem ist nachdrücklich zu empfehlen, die Blues-Form herauszuhören – wenn sie denn vorhanden ist. Auch in Improvisationen, in denen kaum noch was von den Changes (Akkordvorlagen für die Spieler) zu spüren ist, ruft die dritte Phrase des Blues (die vierte im Song der Rolling Stones) immer noch »ich bin hier, und keine ist wie ich!«.

Die populäre Musik, kurz »**Pop**«, wird von einer erdrückenden Mehrheit der jungen Leute gehört, gekauft, konsumiert, geliebt und zum sozialen Kitt geadelt. Ziemlich alles, was die musikalischen Kleinformen satztechnisch zu bieten haben, ist in ihr zu finden. Sie kann tonal, modal, freitonal sein, verwendet einfache Strophe-Refrain-Formen oder die Blues-Form.

Im Unterschied zum Jazz scheut der Pop konsonante Dreiklänge nicht. Die ehemaligen Blue Notes des Jazz erzwingen nicht mehr die charakteristischen Dissonanzen. **Sie verselbstständigen sich** als Grund- oder Quinttöne von Durakkorden in Trichorden, die die Dominante (Bild 246 Donna Summer »I feel Love«) oder die Tonika (Bild 249 ABBA »SOS«) anstreben.

Zur Singstimme gehört die Blue Note »as« mit Sternchen:

Bild 249 ABBA – S.O.S ❖

»Journey to the Moon«, entstanden um das Jahr 2010 (Bild 250), ist ein Internet-Song der Band D.J.Code. Er bietet eine besonders reizvolle Abwandlung des Trichords zur Tonika:

Bild 250 D. J. Code – Journey to the Moon ❖

Der erste Akkord im Trichord zur Tonika hat eine große Septime und den Quintton im Bass, was die Dissonanz eigenartig klingen lässt. Die Basslinie zeichnet die Tritonie 2-3.

Im Bild 251 ist das Beispiel eines Intros zu sehen (Scissor Sisters – »Get it, Get it«, um 2005). Dessen vier Akkorde (der »**Vamp**« des Songs) rücken in das Terrain des Freitonalen:

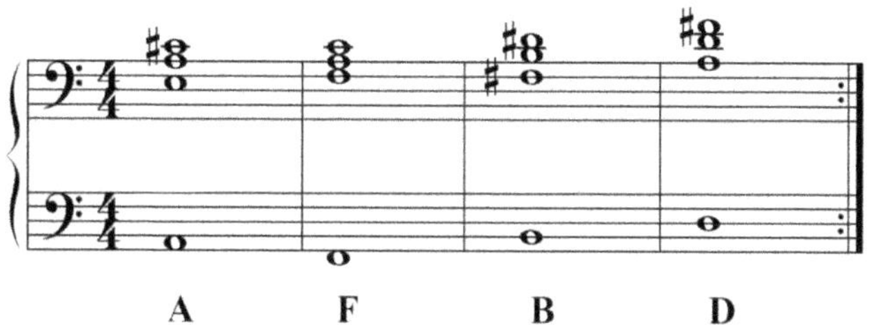
A F B D

Bild 251 Scissor Sisters – Get it, Get it ❖

Die meisten Vamps der Pop-Ära sind modal. Bild 252 zeigt noch zwei Beispiele (um die Jahrtausendwende, Christina Aguilera und Anastacia):

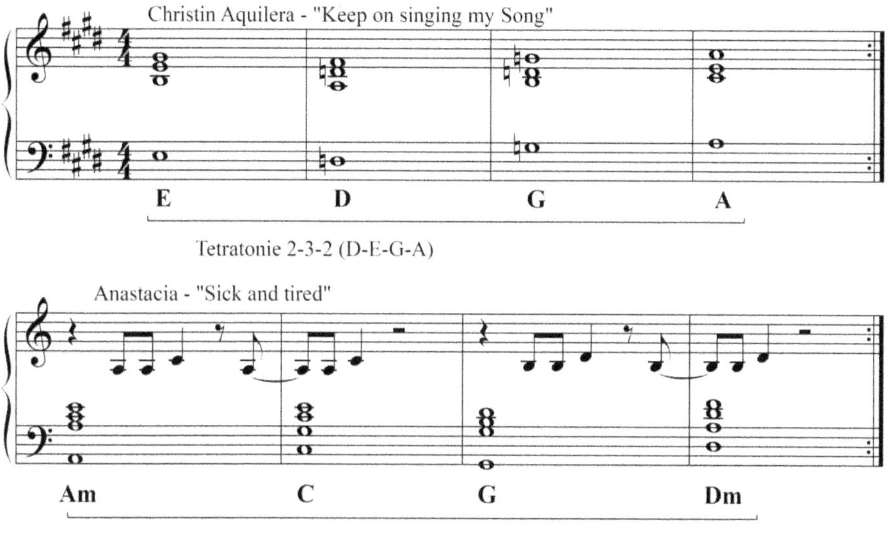
Christin Aquilera - "Keep on singing my Song"
E D G A
Tetratonie 2-3-2 (D-E-G-A)
Anastacia - "Sick and tired"
Am C G Dm
Tetratonie 2-3-2 (G-A-C-D)

Bild 252 Christina Aguilera, Anastacia ❖

* * *

Wir sind im dritten Jahrtausend angekommen. Anscheinend wurde in der E-Musik schon in den 1950er Jahren alles ausgelotet, was irgendwie vom Gehör wahrgenommen werden kann. Nach den wilden Jahren der Avantgarde wurde die E-Musik strukturell in manchen Richtungen überschaubarer, einfacher, manchmal sehr einfach (Minimal Music). Eine Richtung von vielen, denn für die letzten Jahrzente gibt es kaum Systembeschreibungen, die über das Individuelle der Komponisten hinaus Gültigkeit haben.

Soll's das gewesen sein?

Dritter Teil – Wohin?

Was bewegt die Musik in uns?

Das wichtigste, das wirklich wichtigste Kriterium bei Einschätzung der Musik ist die Freude, sie zu hören, die Sehnsucht nach dem einen oder anderen Stück, der Hunger nach Musik. Aber nach welcher Musik?

Damit wir eine Musik genießen, müssen wir auch in einem entsprechenden Wahrnehmungsmodus sein, dessen Assoziationen die Freude steigern oder zunichtemachen können.

Versuchen wir, einige Kriterien des Wahrnehmungsmodus außerhalb der puren Musikfreude zu definieren. Das Terrain ist besonders labil, sehr sensibel. Missverständnisse sind unvermeidlich.

Sind die Schunkellieder in den Bierzelten des Oktoberfests schöne Musik? Ganz bestimmt, wenn man dort und dabei ist. Die Violinsonaten von Mozart sind wundervoll, aber im Bierzelt haben sie nichts zu suchen – sie wären stinklangweilig.

Ein Kriterium ist demnach **der kulturelle Zweck der Musik**. Tanzmusik und Weihnachtslieder können nicht über einen Kamm geschoren werden.

Bei Olympiaden werden während der Siegesehrung manchmal die Augen der Goldträger und auch vieler Zuschauer beim Ertönen der Nationalhymnen feucht. Im Vordergrund steht natürlich nicht die satztechnische Qualität der Musik. Nationalhymnen haben einen besonderen Status: Sie sind **nationale Symbole**.

Es gibt vermutlich keine staatlich reguläre Armee, die nicht Fanfaren hätte. Der Sound dieser Fanfaren und teilweise auch das Repertoire signalisieren und festigen ein **Zugehörigkeitsgefühl** der Soldaten, deren Familien und auch die Zustimmung der Bürger. Dass auch schöne Stücke dabei sein können, steht hier nicht zur Debatte.

Bei einem Konzert der prunkvollen Elbphilharmonie in Hamburg war viel inländische und ausländische Prominenz anwesend, das Programm und das Niveau der Darbietungen waren dem Ereignis angemessen.

Ein Programmpunkt hier, der noch besprochen werden kann: ein atonales Stück für ein kleines Bläserensemble von Pierre Boulez. Wer wird sich schon zu Hause einen gemütlichen Abend mit Kerzenlicht und einem Glas Rotwein einrichten, und dabei Boulez' Musik genießen?

Macht es denn Sinn, mit hohem Aufwand eine Musik in Szene zu bringen, die eigentlich kaum jemand noch einmal, einfach so, nur für die musikalische Freude, hören will?

Und ob es Sinn macht: **Auch hier geht es um ein sozial-kulturelles Zugehörigkeitsgefühl**, das bei verschiedenen Anlässen bedient werden muss.

Überspitzt gesagt ist bei solchen Gelegenheiten das andächtige Zuhören nicht allzu weit von Wilhelm Tells Legende angesiedelt: Der Schweizer Bogenschütze hatte einen Hut, Symbol der dortigen sozialen Ordnung, zu begrüßen. Wer's nicht tut, gehört nicht dazu. Er tat's nicht, und geriet damit in Schwierigkeiten.

Nun ja, zeitgenössische Musik nicht zu hören bringt niemanden in Schwierigkeiten, doch wichtige sozial-politisch und kulturell investierte Symbole zu missachten, schon. Das gilt vielerorts auch heute.

Musik fördert bei Jugendlichen ungemein die **Gruppenidentität**. Nicht selten entstehen engere Beziehungen aufgrund ähnlicher musikalischer Präferenzen.

Musikvorlieben können auch **Statussymbol** sein. Gehobenere Bildungsschichten geben sich eher selten als volksmusikbegeistert zu erkennen. Die Kastenzugehörigkeit wird auch durch Attitüden unterstrichen, wie etwa die Aussage eines Musikkritikers, Rachmaninow wäre »gehobene Unterhaltungsmusik«. Der besagte Chronist bewegt sich eben in höheren Sphären als der einfacher gestrickte Klassik-Liebhaber.

Noch muss berücksichtigt werden, dass es zwischen den fett gedruckten Begriffen weiter oben keine klaren Grenzen gibt. Jede Art von Musik hat mehr von einem, weniger vom anderen, ein klein wenig von allen, auch von Begriffen, die hier erst gar nicht genannt werden.

Einerseits sollten wir nie vergessen, wie vielschichtig der Begriff »Musik« ist, andererseits müssen wir uns damit abfinden, dass alles, was wir in Worte oder Symbole fassen – sogar die Begriffe der Mathematik – nur näherungsweise, eigentlich immer nur ungenau der Realität entsprechen kann.

Aus dieser Warte und aus den Erkenntnissen oder Wahrscheinlichkeiten über vielleicht hunderttausend Jahre Musik versuchen wir, Vermutungen über den heutigen Standort der Musik und ein klein wenig über mögliche Tendenzen anzustellen.

Wohin gehen Musik-Folklore, Volkslied und Volksmusik?

Für diese Begriffe gibt es keine wirklich zufriedenstellenden Definitionen. Auch weil sie sich nicht trennscharf voneinander abgrenzen lassen. Vereinbaren wir einige knappe Beschreibungen, um mit den Begriffen überhaupt umgehen zu können.

Anders als E- oder U-Musik, die in der ganzen Welt gehört werden, hat die V-Musik (Folklore und Volksmusik) regionale und völkische Bedeutungsareale.

- Die ursprüngliche, uralte Folklore eines jeden Volkes wurde über Generationen mündlich überliefert, oft von Gelegenheitssängern oder -Instrumentisten. Die Gesänge brauchen oft weniger als sieben Stufen und sie sind tendenziell modal.

- Verschiedene Faktoren – nicht zuletzt das fortschreitende Bildungsniveau – haben dazu geführt, dass allmählich Professionisten diese Musik praktizieren. Volksmusik verwendet meist tonale Heptatoniken oder Orientskalen. Harmonische Begleitung gehört dazu.

- Enorm variabel sind die Grauzonen um die Volksmusik herum. Man denke an die korsischen Gesänge, in denen sich historisch und stilistisch unterschiedliche Stränge verknoten: Gregorianisches, frühkirchliche leere Quinten, tonale und modale Harmonik, gelegentlich sogar Pop-Trichorde zur Tonika.

So ungefähr kann man sich, stark vereinfacht, den Wandel von der Folklore zur Volksmusik vorstellen. Ob nun die Volksmusik die Folklore verdrängt hat, oder die Folklore sich zur Volksmusik entwickelt hat, ist Ansichtssache. So auch wo denn die regionale Volksmusik aufhört und der Universal-Pop-Rock, Jazz oder Klassik beginnen.

In Deutschland gibt es die Folklore (im hier akzeptierten Sinne) schon seit Anfang des 19. Jahrhunderts nicht mehr. In anderen Kulturarealen ist sie noch lebendig. Allerdings schrumpfen diese Areale unaufhaltsam.

Im Balkan lohnte es sich vor einigen Jahrzenten noch, in entlegenen Gegenden Feldforschungen anzustellen; man denke an Bartóks unermüdliche Arbeit auf diesem Gebiet. So manches Kleinod traditioneller Gesänge konnte noch transkribiert oder aufgenommen werden. Heute, in Zeiten von elektronischen Tonträgern, Fernsehen und Internet, gibt es in dieser Gegend praktisch nur noch die professionelle Volksmusik.

Früher oder später wird in alle Regionen der Welt außerhalb von spezialisierten aktuellen oder virtuellen Museen kaum noch authentische Folklore gehört werden können.

Der zeitgenössischen Volksmusik geht es im deutschsprachigen Raum blendend, in Europa, Amerika und Indien gut, woanders durchmischt. Mit der Einschränkung, dass ihr Einflussgebiet regional ist und voraussichtlich regional bleiben wird. Aber auch, dass die Popkultur schleichend aber unüberhörbar mitmischt. Bis wohin? Warten wir's ab. Der Einfluss der neuen Welt als großes Dorf macht sich auch hier bemerkbar.

Wohin geht die E-Musik?

Symbolträchtig: Anfang der 1990er-Jahre waren die Klassik-CDs bei SATURN in Köln in einem zweistöckigen Raum und in dem Korridor dahin ausgelegt. Mehrere Konsolen-Meter waren allein mit zeitgenössischer E-Musik bestückt. Zwanzig Jahre später besetzte die gesamte Klassik gerade mal zwei Konsolen. Das Angebot an zeitgenössischer E-Musik ist minimal. Die Erklärung Internet für diesen dramatischen Absturz greift nur zum Teil – denn das Angebot an Pop-Rock & Co. ist nach wie vor sehr groß.

Vermutlich kurz nach den 1950ern hat die Unterhaltungsmusik in Sachen Tonträger (damals Schallplatten) der Klassik den Rang abgelaufen. Heute repräsentieren Klassik-Tonträger nur einen Bruchteil des Gesamtumsatzes. Und der Anteil der zeitgenössischen Klassik (in etwa Kompositionen nach 1950) ist seinerseits nur ein minimaler Bruchteil des gesamten Klassik-Umsatzes.

Schon in der zweiten Hälfte des 20. Jahrhunderts hatten der Komponist György Ligeti und der Pianist Friedrich Gulda die klassische Musik für tot erklärt. Mehr noch: Friedrich Gulda hatte die Klassik zeitweilig verlassen, um sich dem Jazz zu widmen. Aus dem Regen in die Traufe? Aus mutmaßlich finanziellen Gründen konzertierte er dann wieder mit klassischer Musik.

Ist die Klassik wirklich tot?

Zunächst sollten wir unterscheiden zwischen der **zeitgenössischen Klassik** (keine Definition ist für alle befriedigend; sagen wir mal, die letzten 50 Jahre) und der **musealen Klassik** – die gekaufte, konsumierte und in Konzerten besuchte E-Musik von der Renaissance bis um 1950. Der atonale und experimentelle Strang von Zwölftontechnik bis Avantgarde und später ist eigentlich besser im Begriff »zeitgenössische Klassik« aufgehoben.

Was ist »**museale Klassik**«, woher diese Bezeichnung?

Nennen wir Phidias, Dürer, Michelangelo, Rembrandt oder Rodin. Wer malt oder mei-
ßelt heute noch wie diese Künstler (gemeint sind hier nicht das künstlerische Niveau,
sondern der Stil und die Mittel)? Kaum jemand, und doch sind ihre Werke von un-
schätzbarem Wert – es sei denn, man schätzt sie tatsächlich, marktwirtschaftlich. Dann
tauchen schwindelerregende Summen auf. Zu sehen sind diese Werke vor allem in
Museen – sie sind der Inhalt der **musealen Kunst**.

Nennen wir Monteverdi, Bach, Mozart, Debussy. Wer komponiert heute noch wie
diese Musiker? Musik ist eine Kunst, die die Dimension Zeit braucht. Deshalb sind die
großen Werke der Musikgeschichte nicht in Gebäuden untergebracht, die sich »Museen« nennen, sondern in Konzertsälen oder in einem Zimmer der eigenen Wohnung,
wo das Klavier oder die Musikanlage steht.

Das, was museal ist, in der bildenden Kunst oder in der Musik, wird mehr noch als in
früheren Zeiten den Musik- und Kunstliebhabern zur Verfügung gestellt. Diese Werke
sind einer der wichtigsten Teile der menschlichen Zivilisation. Die, die sie erschaffen
haben, sind mit wenigen Ausnahmen tot. Ihre Werke sind es nicht.

Ligeti, Gulda und viele andere Musiker, die wie sie denken, meinten nicht die museale
Klassik, sondern die zeitgenössische E-Musik.

Totgesagte leben länger, lautet ein Sprichwort. Das scheint wirklich wahr zu sein, denn
immer noch wird in diesem widersprüchlichen Flussbett der »Neuen Musik« komponiert, Werke werden in Konzertsälen oder über Rundfunk aufgeführt, oft nur als Erst-
aufführung. In der Musikausbildung werden sie auch ab und zu vorgestellt und verwendet.

Was ist der Motor, wo ist die Energiequelle dieses Phänomens?

In den weiter oben angesprochenen Kriterien kultureller Zweck, Zugehörigkeitsgefühl, Gruppenidentität. Und **im Lehrwesen**.

In Deutschland gibt es einige Tausend Musikschulen, die von rund einer Million Schü-
lern besucht werden. In den Anfangsjahren des Unterrichts kommt, nach den Kinder-
liedern, schwerpunktmäßig die museale Klassik zum Einsatz. Zeitgenössische E-Musik ist ziemlich selten dabei, mit Ausnahme des Wettbewerbs »Jugend Musiziert«, bei
dem ab einer bestimmten Altersgruppe ein zeitgenössisches Stück Pflicht ist.

Idealerweise müssen alle Lehrerinnen und Lehrer eine Ausbildung genossen haben,
die auch zeitgenössische Musik thematisiert. Verständlicherweise ist diese Musik in der
Musikhochschule auch deshalb fester Bestandteil des Lehrens und Musizierens.

Und genau hier fußt das vermutlich wichtigste Standbein der E-Musik-Komposition. Vom Komponieren allein kann niemand leben, mit ganz seltenen Ausnahmen von Musikern, deren Name eine solche Resonanz hat, dass sie mit öffentlichen Aufträgen rechnen können. Wer im Musiklehrwesen ein hinreichend gesichertes Einkommen hat, kann es sich leisten, seine Freizeit der E-Komposition zu widmen. Hinzu kommt, dass die manchmal sehr kostspieligen Aufführungen über eine oder mehrere Ecken subventioniert sind, mit der Selbstverständlichkeit kulturpolitischer Traditionen.

So schließt sich der Kreis, und die zeitgenössische Musik läuft und läuft, kaum bemerkt von der großen Masse der Musikliebhaber, aber sie läuft, und sie wird noch eine Weile laufen, länger als man geneigt wäre, ihr zuzugestehen.

Wohin geht der Jazz?

Er kommt von ganz unten, erreicht seine klassische Phase in den 1920er- und 1930er-Jahren, um gegen Ende des vierten Jahrzehnts des 20. Jahrhunderts mit Bebop und Cool in seine moderne Phase zu schreiten. Ziemlich sofort danach, in den 1960er-Jahren, führt einer seiner Ausleger zum Free Jazz, atonal und kaum noch in den stilgerechten Satztechniken verankerbar.

Verblüffend ist, dass der Jazz innerhalb von weniger als einem Jahrhundert die gesamte Evolution der E-Klassik der letzten eintausend Jahren irgendwie nachvollzogen hat, von einer verständlichen und zugänglichen Melodik und Harmonik bis hin zu einer atonalen und zuweilen taktfreien Musik.

Und dann?

Von seinen Wurzeln um 1900 bis in die 1960er-Jahre lieferte der Jazz stilistisch definierte und benannte Phasen oder Techniken: Ragtime, Blues, Dixieland, Swing, Bebop, Modal Jazz etc. Die größtmögliche Entfremdung von der Hörerschaft erreichte er im Free Jazz um 1970. Danach waren noch großartige Jazzer aktiv, aber analog definierbare und benennbare Stile sind nicht entstanden. Der aktive Jazz heute, bei Amateuren, in Jazzkellern oder bei öffentlich geförderten Ensembles ist größtenteils »retro«, was nicht sehr schmeichelhaft auch »epigonal« genannt wird.

So gesehen läuft die Evolutionskurve des Jazz, wie im Zeitraffer, auffällig parallel zur Evolutionskurve der E-Musik. Die Entfremdung der modernen Kunstmusik begann mit dem Atonalismus, Dodekafonie, und führte dann über Zufallsmusik, grafische Musik, Aktionsmusik etc. bis hin zur Minimal Music, die irgendwie eine Rückkehr zum Publikum erstrebt und zum Teil auch erreicht hat. Danach, in den Siebzigern und später, kam in der E-Musik keine nennenswerte, satztechnisch definierbare Phase mehr. Hoffnungsvoll schrieben sich einige zeitgenössische Komponisten »Neue Einfachheit« auf die Fahne, doch richtig begrifflich wurde diese Bezeichnung nicht. Vielmehr sucht jeder Komponist sein eigenes Klangsystem, das natürlich anders sein muss als das, was war oder was andere machen. Oder er greift auf ältere Techniken zurück, die er in irgendeiner Weise neu mixt. Ein neuer Stil oder eine neue, einschlägige Satztechnik ist nicht in Sicht.

In der Musikschule mögen die Schüler den Jazz nicht besonders. Viele Pubertierende beginnen den Drang zum Pop-Rock zu spüren und folgen ihm auch, andere bleiben bei der E-Klassik. Jazz wird in der Musikschule eher von begeisterten Lehrern in kleinen Schüler-Ensembles promoviert. So gesehen gehören die vielen kleineren oder größeren Combos zu den Museen des Jazz.

Ist der Jazz auch so ein Totgesagter, der länger leben wird? Wer weiß das schon.

Wohin geht der Pop-Rock?

Die Unterschiede zwischen Jazz und Pop-Rock sind fließend. Oft handelt es sich mehr um Schwerpunktversetzungen.

In einigen Punkten gibt es dennoch klare Unterschiede; einige satztechnische Merkmale wurden im Verlauf dieses Buches beschrieben (Pop: gerne auch Dreiklänge, Trichorde, modale Vamps. Jazz: Septakkorde, Tensions, authentische Akkordverbindungen.).

Ein besonderes Merkmal ist extrem wichtig für die Abgrenzung des Pop nicht nur zum Jazz, sondern auch zur E-Klassik: **die menschliche Stimme**. Ihre klanglichen Ausdrucks- und Modulationsfähigkeiten, das Feld der Klangfarben und der dynamische Umfang sind im Pop deutlich größer und reicher als in der E-Klassik. Das ist einem technischen Mittel zu verdanken: dem **Mikrofon** und seinem Elektronik-Unterbau.

Die instrumentale Begleitung der Troubadours und Minnesänger der Frührenaissance war leise. Auch die Aufführungen von Madrigalen in den gehobenen Kreisen des Adels fanden in einem eher kameralen Ambiente statt. Gegen instrumentale Begleitungen etwas später, im Barock und in der Frühklassik, war es den Sängern schon ein klein wenig schwerer, anzukämpfen, doch die menschliche Stimme konnte immer noch gut gehört werden.

Das änderte sich zunehmend mit den größer und klanggewaltiger werdenden Orchestern, bis zum Höhepunkt Wagner. Nur wenige Sänger sind von ihrer natürlichen Ausstattung und von ihrer Ausbildung her in der Lage, in einer Wagneroper zu singen. Die ausgeklügelte Gesangs-Ausbildung hat unter anderem als Ziel, die Fähigkeit des Sängers, seine Stimme auch unter den Bedingungen eines Lautstärke fordernden Orchesters musikalisch voll zu kontrollieren. Der Preis ist eine Angleichung, Verkünstlichung der Stimmfarben und eine entsprechende Entfremdung vom tagtäglichen Stimmgebrauch.

Am deutlichsten ist diese Metamorphose bei Wagnersängern zu spüren. Bayreuth ist das Mekka der Wagneroper, Aufnahmen der Aufführungen dort sollten allgemein Maßstäbe für die Gesangskunst sein. Dem ist leider nicht so. Insbesondere bei männlichen Stimmen tauchen Passagen auf, deren Qualität – vorsichtig ausgedrückt – bedenklich ist. Der geniale Tonkünstler Wagner hat in seinen gigantischen Vorstellungen die Grenzen der menschlichen Stimmen stellenweise überschritten.

Ähnlichen Eindrücken kann man sich auch bei Aufführungen von Debussys »Pélleas und Mélisande« nicht erwehren. Streckenweise wird der besondere, subtile harmonische und melodische Fluss der Musik vom beinahe autoritären Opern-Vibrato der tieferen Stimmen nicht begleitet, sondern eher übertönt.

Ein heikles Thema, das etwas mit Idolen und mit beruflichem Stolz zu tun hat. Man sollte lieber nicht versuchen, einem Sonnenanbeter zu erzählen, dass die Sonne dunkle Flecken hat. Empörung ist vorprogrammiert.

Eine professionelle Opernsängerin darf nicht, eigentlich kann sie nicht wie das Stubenmädchen von nebenan singen, das gerade die Kissen lüftet. Und das Stubenmädchen mit seiner süßen Stimme kann nicht auf der Opernbühne singen, selbst wenn sie noch so sauber und musikalisch ist, denn sie würde nicht gehört. Das Orchester würde sie erschlagen.

An dieser Stelle setzt das **Mikrofon** ein. Horchen wir in Aufnahmen von Pop-Stimmen hinein: heiserer, fast Sprechgesang bei Louis Armstrong, glasklares Vibrato bei Edith Piaf, ganz normales Singen bei den Beatles, wie von den Nachbarjungen, die an der nächsten Straßenecke abhängen. Streng kratzendes Timbre bei James Brown, einfaches und warmes Singen von Dido in »Paris«, ein wenig metallisches, aber unglaublich musikalisches und flexibles Singen bei Christina Aguilera – alle diese Stimmen begeistern Abermillionen von Fans. Und sie sind unbrauchbar auf der Opernbühne.

Für den Klassik-Freund klingt es vielleicht befremdlich: **Das Mikrofon hat die Stimme wieder vermenschlicht**. Es ist nicht Zufall, dass bei einem Popsong hauptsächlich die Stimme genannt wird, dann erst, im Kleingedruckten, der Komponist oder Arrangeur (wenn überhaupt). Der Klassik-Fan kauft sich Musik von Chopin, vielleicht von einem bestimmten Pianisten gespielt.

Der Pop-Fan lädt sich seinen musikalischen Wunsch aus dem Internet herunter. Oder er kauft sich eine CD mit Justin Biber oder Queen – so gut wie nie eine Musik von diesem oder jenem Komponisten.

Verwandt mit dem Problem der Klangfarben menschlicher Stimmen ist das Problem der Klangfarben der instrumentalen Parts. In den 1960er-Jahren, mit den Moog Synthesizern, später mit MIDI, hat sich ein neuer Begriff für elektronisch generierte oder gesteuerte Klangfarben etabliert: der **Sound**. Tonstudios sind heute komplexe Klangmaschinen, die von ausgebildetem Personal bedient werden. Das Nachahmen akustischer Instrumente ist teilweise so weit fortgeschritten, dass solcher Einsatz in Tonstudios Routine geworden ist.

Der eigene Schwerpunkt ist jedoch nicht die Nachahmung, sondern die tonträgergerechte Gestaltung von Aufnahmen sowie die Kreierung von Klängen, die mit akustischen (klassischen) Instrumenten nicht realisierbar sind. Und die Bearbeitung der menschlichen Stimme bis zur Perfektion.

Klassische Orchester und Tonstudios produzieren Musik im Parallel-Lauf. Wie lange noch? Die Frage ist ungerecht, denn Glaubensgemeinschaften leben länger als ihre Mitglieder. Radikal unterscheiden sich die Entstehungsprozesse des Musikwerks in Klassik, Jazz und Pop-Rock.

- Der E-Komponist schreibt die Partitur, die E-Instrumentisten führen sie auf.
- Der Jazzer ist oft Komponist und Instrumentist in einem. Die Bandmitglieder einigen sich auf ein Thema und ein Lead Sheet, und jeder improvisiert in seiner Art.
- Rock entsteht heute oft in Schulen, Klubs oder Jugendtreffs. Der eine kann Sax oder Gitarre, der andere kann Keyboard oder Schlagzeug, sie setzen sich zusammen und machen Musik. Aus diesem Amateurfeld tut sich die eine oder andere Band hervor. Mit ganz viel Talent, Fleiß und Glück kommt sie hoch hinauf.
- Pop ist von vornherein eher eine Sache für Profis. Der Songwriter komponiert ein Stück, oder der Sänger trällert dem Songwriter oder Arrangeur seine

musikalische Idee, und wenn das Ganze Hand und Fuß hat, wird der letzte Schliff im Tonstudio gemacht, vielleicht mit Studio-Musikern, die sehr gut im Vom-Blatt-Spielen sind, denn Tonstudio-Zeit ist teuer. Manchmal sind begabte und gut ausgebildete Protagonisten der Szene Sänger, Komponisten und Instrumentisten zugleich.

Bezeichnenderweise müssen die Akteure einer Pop-Produktion unter Umständen physikalisch nicht einmal am gleichen Ort sein. Das Internet und die Kommunikation über Bits und Bytes erledigen das.

So gesehen ist ein Popsong fast so etwas wie ein Industrieprodukt. Was überhaupt nicht zum Schluss führen darf, dass die Gefühle zu kurz kommen würden. Im Gegenteil. Emotional gesehen gehört der Pop zu den stärksten musikalischen Darbietungen.

*

Eine Frage, die grundsätzlich nicht ungestellt bleiben darf: Für viele E-Musiker ist Pop mehr oder weniger eine billige Unterhaltungsmusik, um die es sich beruflich nicht lohnt, sich mehr als nötig zu kümmern. Fast könnte man ihnen Recht geben, wenn man die Klavierauszüge der Songs spielt, bei denen die Studio-Sounds nicht dabei sein können. Wenn man den Song nicht schon kennt und die eigenen Erinnerungen und Vorstellungen nicht hineindichtet, bieten Klavierauszüge von Noch-Nicht-Gehörtem dem Spieler etwa so viel wie dem Kunstliebhaber ein schwarz-weißes Foto eines farbenfrohen Ölgemäldes.

Auch produziert der Pop Unmengen an Gelegenheitsmusik und Füllmaterial, das den »repräsentativen Durchschnitt« als tatsächlich minderwertig erscheinen lassen kann.

Aretha Franklins Song »Chain of Fools« hat 1967 und bis heute – ein halbes Jahrhundert später – noch viele, sehr viele Hörer emotional in die Knie gezwungen. Über YouTube (erst 2005 gegründet) wurde der Song bis Ende 2017 knapp fünfeinhalb Millionen Mal aufgerufen.

Der ganze Song fließt über *einem einzigen Blues-Akkord,* C-moll, manchmal ein bisschen dur. Alles in einem einfachen Viervierteltakt, in binärem Swing gehalten. Die Melodie – ein paar Töne, mit dritter Blue Note, streckenweise nur ein Moll-Trichord.

Wer die Besonderheiten der Rhythmen und der Klänge in dieser Musik nicht hören kann – oder nicht will – für den gibt diese Musik außer der unglaublichen Stimme dieser »Crazy Baby«, wie Duke Ellington Aretha Franklin nannte, auch nichts her. Man könnte sagen, ein IT-Problem: Informationskanäle, die nicht entsprechend programmiert sind, können auch nichts Verständliches weiterleiten.

Ist es möglich, dass ein Musiker gleichermaßen Bach, Chopin, Debussy, Aretha Franklin, Miles Davis und Christina Aguilera liebt? Kann man Maria Callas' Singen in »Madame Butterfly« und James Browns brutales Reibeisen ins gleiche Musikerherz schließen? Die Frage ist eigentlich ein bisschen heuchlerisch. Denn ja, mehr Musiker, als man glaubt, fühlen so.

Es ist auch eine Frage des Alters. Ein französisches Sprichwort, das in unserer aufgeklärten, von Wunschdenken und nicht selten von der von getönten Brillen des »Political Correctness« geprägten Gesellschaft ungerne gehört wird, lautet: Wer mit 20 nicht schön, mit 30 nicht stark, mit 50 nicht reich und mit 60 nicht weise war, wird es nie sein. Zu Deutsch: Was Hänschen nicht lernt, lernt Hans nimmer.

Man kann sich massenhaft mit Gegenbeispielen trösten, doch für die Musikkonsumenten gilt: Ab 25 gibt es kaum eine Chance, die Musikvorlieben zu erweitern, geschweige denn zu ändern. Wer mit 20 Prokofjew, Miles Davis, den Sugababes oder Helene Fischer nicht die ewige Liebe geschworen hat, wird es nie tun.

Manche Freunde der E-Musik sind nicht bereit, sich selber irgendwie unanständige Neigungen zur U-Musik einzugestehen. Die Kriterien Zugehörigkeitszwang und Gruppenidentität, oder einfach eine einseitige Erziehung hindern sie daran. Oder manchmal Gehör-Defizite, in einer E-Musik-Welt, in dem das einfache musikalische Gehör immer mehr aus dem Blickfeld wegrutscht. Einem hoch qualifizierten Musiker, der nicht sofort den Unterschied zwischen einem Dur- und einem Mollakkord hört, kann man es nicht verübeln, wenn ihm die dorischen Akkorde oder die Substitutdominanten nichts sagen. Und im Pop, der gut und gerne mit allerlei Akkorden daherkommt, wird er auch nichts entdecken. Auch von einem Farbblinden, der Rot von Grün nicht unterscheidet, kann man nicht erwarten, dass er die Schönheit einer Baccara-Rose wahrnimmt.

Soll das heißen, dass ein musikalisch weniger begabter Mensch entsprechend weniger Freude an Musik hat? Da ist was dran. Zwar kann der Unterschied zwischen hochbegabt und minder begabt groß sein, aber null Begabung gibt es nicht. Viel wichtiger ist die Existenz von Kompensationsmechanismen. Musik ist eine multidimensionale Kunst. Melodische oder polyfonische Tonhöhengestaltung, strenger oder dehnbarer Rhythmus, vokale und instrumentale Klangfarben und noch vieles mehr, sogar das Visuelle – unmöglich alles aufzuzählen – bestimmen die Anziehungskraft einer Musik für eine Hörergruppe. Man denke auch an die sozialen Funktionen der Musik, die recht wenig mit Moll von Dur Unterscheidung zu tun haben.

Wenn eine einzelne Wahrnehmungsfähigkeit des Hörers schwächer ausgeprägt ist, haben die anderen Fähigkeiten größeren Einfluss auf die Gefühle.

Im Extremfall reicht einem Laien Stimme, Text und die visuelle Darbietung eines Popsongs, um seinen Hautorgasmus zu bekommen – wenn er in diesem Wahrnehmungsmodus aufgewachsen ist. Ähnliches gilt für den Klassik-Fan, oder auch für den Emigranten, der im Radio die Folklore seiner Heimat hört.

Möglicherweise wird auf dieser Schiene der überraschende, millionenschwere Erfolg des **Hip-Hop**, der Rapper erklärbar. Es ist der rhythmische, deklamatorische Drive, der die Fans mitreißt. Die musikalische Kulisse ist unerlässlich, wie beim Tanz, aber nicht primär. Auch die Zusammenstellung des musikalischen Hintergrunds ist anders: Erst wurden »Samples« eingesetzt, kopierte Fragmente aus irgendwelchen Platten. Mit der Zeit kam die Begleitung immer mehr aus Computern und Sound-Maschinen. Viele der Produzenten in ihrem eigenen Ton-Studio können kaum Noten lesen und haben nur rudimentäre Theoriekenntnisse, doch bei virtuosem Umgang mit Musik-Software und gutem Gespür für die Erwartungen der Fans kommen die meist nur zwei nötigen Takte zusammen. Rap ist eine eigene Kunstform, kein musikalisches Genre.

Was nun?

Pop-Rock ist der einzige die ganze Welt umfassende Musikstrang, dessen Zukunft vorerst keine existenziellen Fragen aufwirft. Ob es uns ideologisch in den Kram passt oder nicht, sie ist sicher und sie kommt, diese Zukunft.

Verschwinden werden die anderen Stränge nicht, vielleicht mit Ausnahme der Folklore, der in der Steinzeit geborene Musikstrom, der sich sozio-kulturell bedingt stetig ausdünnt.

Klassik und Jazz werden wahrscheinlich in ihren Nischen weiterleben, bis in Zeiten, für die es in unserer sich rasend entwickelnden Gesellschaft unmöglich ist, Voraussagen zu machen.

Seit der Jahrtausendwende, vielleicht schon ein wenig früher, scheint sich im Pop-Rock etwas zu ändern. Durchkomponierte harmonische Phrasen wie in den Jahrzehnten vor 2000, und auch die in den Jahren nach ca. 1980 dominierenden Vier-Akkorde-Vamps sind nicht mehr so ganz das Maß aller Dinge. Die Trichorde, die schon bei der

Geburt von Beat/Pop diesen in die Wiege gelegt wurden und bislang Markenzeichen des Pop-Rock waren, erklingen heute seltener und sind nicht mehr ganz so kadenziell wie in den Jahren davor. Sind sie auf dem absteigenden Ast, wie vor 300 Jahren die picardische Terz oder, wenn auch nur für einen Dornröschenschlaf, die Hemiole? Stattdessen erscheinen im Pop-Gesang immer mehr Rap-ähnliche Darbietungen.

Anscheinend keimt da etwas. Aber was?

Wer meint zu wissen, was nach dem Impact der Elektronik und der Informationstechnologie die Zukunft für die Menschheit und für die Musik bringt, der sollte besser die Inschrift über dem Tor zum Inferno aus Dante Alighieris »Divina commedia« um 1.300 n.Chr. wertfrei betrachten:

»Lasciate ogni speranza, voi che'ntrate.« (Lasset jede Hoffnung, ihr, die ihr eintretet.).

* * *

Index

Akkord-Türme 196

Akkordverbindungen 161, 162

Akzentäquivalente Takte 41

Akzent-Vererbung 47

Authentisch 162, 239

Avoid Notes 191

Backbeat 70

Barock 63

Bausteine 16

Bausteine, rhythmische 29

Betonungen, natürlich, künstlich 40

Betonungseigenarten ternärer Wörter
116

Bezugswert 16, 25, 27, 33

Binäre Gruppen 21

Binäre Synkopierung 32

Binäre u. ternäre Zählzeiten 43

Bitonie, Rufterz 123

Blue Notes 190, 192

Blues-Form 194

Blues-Skala 160, 195

Bollywood 64

Chromatik 145

Chromatische Heptatoniken 157

Chromatische Sequenz 178

Contretemps 59

Dehnbare Rhythmen 62

Deutsche u. französische Auffassung
31, 41

Deutsche u. französische Orthografie
49

Diatonisch 131

Diatonische Modi 141

Dissonanzen 185

Dorische Akkorde 155, 167

Dur-Septakkord 155, 161

Eieruhren 18, 19

Flamenco-Akkorde 211

Flamenco-Dominanten 217

Flamenco-Rhythmus 76

Flamenco-Skala 160, 213

Formgefühl 21, 204

Freie Dur-Septakkorde 222

Freier Dur-Septakkord 161

Freitonal 146, 227, 230

Funktionstonal 148, 150

Gruppen von Impulsen 18

Gruppierung der Notenwerte 111

Hemiole 55

Heptatonische Skalen 136

Huapango 79

Impuls 16, 18, 26

Impuls, primär 18

induzierte Impulse 22

Jazz-Dissonanzen 190

Jazz-Orthografie 203

Kirchentonarten 139

Klauseln 145, 148

Konstruktivismus 231

Kritische Töne 153

Lamento-Akkorde 212

Leitereigen 131

Leitmetrum 27, 77, 84

Leitton 145, 147

Metrum 27

Modal 146, 167, 225

Modale Weltkarte 234

Molldur 150

Musikdiktat 118

Näherungsmethode Rhythmus 104

Neues Zeitalter 238

Obertöne 167

Oligochordien 123

Organal 167

Organum 137

Orient-Skalen 158, 215

Pausen im Rhythmus 59

Pentatonische Skalen 128

Plagal 162, 163

Plastischer Rhythmus 72

Polymetrie 82, 84

Polymetrik und Polyrhythmik 75

Polymodal 219, 221

Polytonal 220

Power-Chords 218

Präpentatonik 123

Pseudoakzent 48

Pseudosynkope 53

Quartfallsequenz 180

Quintenbreite 131

Quintfallsequenz 176

Rhythmische Wörter 111, 114

Sequenzen 173

Sequenzen - Bausteine 173

Serialismus 231

Shuffle 65

Silbische Rhythmen 25

Skalentheorie 200

Sowjetische Musik 235

Struktur und Funktion 170

Subtonika 145, 149

Swing 66

Swing, binär, ternär 66, 68, 69

Swing-Triphasen 90

Synkopen, Pseudosynkopen 52

Synthetische Tonsysteme 227

Tabelle tonal modal 226

Takt 27, 33

Tetrachord 143

Tetratonie 126

Tonal 225

Tonalität 145

Tonfeld 131

Tonvorrat 131

Trichord 128

Triphase 77, 85, 86

Tritonie 124

Tritonus 137, 138

Tritonus-Substitut 208

Ungleichmäßige Takte 45

UngleichmäßigeTakte 37

Unterteilung der Notenwerte 47

Unterteilungs-Algorithmus 93

Urzelle 26

Vamp 127

Variable Takte 40

Verlängerte Zählzeiten 43

Zählzeit 33

Zelle, binär, ternär 24

Zwölftonmusik 230

www.ingramcontent.com/pod-product-compliance
Lightning Source LLC
Chambersburg PA
CBHW080131270326
41926CB00021B/4438